El exilio republicano español en México y Argentina
Historia cultural, instituciones literarias, medios

Andrea Pagni (ed.)

Estudios latinoamericanos

Dirección

**Walther L. Bernecker
Sabine Friedrich
Titus Heydenreich
Andrea Pagni
Gustav Siebenmann
Hanns-Albert Steger**

Vol. 51

Andrea Pagni (ed.)

El exilio republicano español en México y Argentina

Historia cultural, instituciones literarias, medios

Iberoamericana · Vervuert · Bonilla Artigas Editores
2011

Redacción:

Universidad de Erlangen-Nuremberg
Centro de Estudios de Área
Sección Iberoamérica
Bismarckstr. 1
D-91054 Erlangen
Alemania

Publicación financiada con ayuda de ProSpanien, el Programa de Cooperación Cultural entre el Ministerio de Cultura de España y Centros de enseñanza superior alemanes y con el apoyo de la fundación Dr. German Schweiger-Stiftung.

© Manuel Ángeles Ortiz, VEGAP, Madrid, 2011

© Iberoamericana, Madrid 2011
Amor de Dios, 1 – E-28014 Madrid
Tel.: +34 91 429 35 22
Fax: +34 91 429 53 97
info@iberoamericanalibros.com
www.ibero-americana.net

© Vervuert, 2011
Elisabethenstr. 3-9 – D-60594 Frankfurt am Main
Tel.: +49 69 597 46 17
Fax: +49 69 597 87 43
info@iberoamericanalibros.com
www.ibero-americana.net

© Bonilla Artigas Editores, S. A. de C. V., 2011
Cerro Tres Marías # 354
Col. Campestre Churubusco
C.P. 04200 México, D. F.
www.libreriabonilla.com.mx

ISBN 978-84-8489-570-1 (Iberoamericana)
ISBN 978-3-86527-625-4 (Vervuert)
ISBN 978-607-7588-38-2 (Bonilla Artigas)

Depósito Legal:

Cubierta: Michael Ackermann
Impreso en España
The paper on which this book is printed meets the requirements of ISO 9706

Índice

Presentación 9
Andrea Pagni

1. MÉXICO

Un exilio en vilo 21
Clara E. Lida

Los estudios sobre el exilio republicano en México 33
Walther L. Bernecker

La mitificación nacionalista de España en las revistas del exilio de 1939 59
Francisco Caudet

Historiadores españoles exiliados en América Latina.
El caso de Ramón Iglesia Parga 77
Alicia Alted Vigil

Luis Buñuel en México: ¿una época de oro? 93
Friedhelm Schmidt-Welle

2. ARGENTINA

¿Un Meridiano que fue exilio?
Presencia española en el campo cultural argentino (1938-1953) 107
Alejandrina Falcón

Los exiliados y las colecciones editoriales en Argentina (1938-1954) 129
Fernando Larraz Elorriaga

Los editores españoles y la traducción en la Argentina:
desembarco en tierras fértiles 145
Patricia Willson

Intelectuales españoles en el campo cultural argentino:
Francisco Ayala, de *Sur* a *Realidad* (1939-1950) 159
   Raquel Macciuci

¡No pasarán! Formas de resistencia cultural de los artistas republicanos
españoles exiliados en Buenos Aires... 189
   Diana Beatriz Wechsler

Notas bio-bibliográficas.. 209

Presentación

Los aniversarios como el que implicó, en el año 2009, la conmemoración de setenta años de exilio republicano, suelen conducir a hacer balances, a interrogarse por el sentido actual, por la reconstrucción y la proyección del pasado. Son sobre todo las "fechas in-felices", como las denomina Elizabeth Jelin (2002), las que con mayor premura exigen una y otra vez la puesta a punto del trabajo de la memoria colectiva y cultural. Con ese motivo reunimos a mediados de 2008, al borde de una nueva conmemoración, en la Universidad de Erlangen-Nürnberg a un conjunto de especialistas en torno a la pregunta por las líneas de investigación que se han ido perfilando y por la dirección que han tomado los estudios sobre el exilio en la última década, en momentos en que la generación de quienes vivieron esa experiencia va desapareciendo y legando, necesariamente, su memoria a nuevas generaciones. No sorprende que el IV Congreso Internacional del Grupo de Estudios del Exilio Literario (GEXEL), que tuvo lugar en diciembre de 2009 bajo la dirección de Manuel Aznar Soler, girara en torno a la segunda generación del exilio, un aspecto que ha ido adquiriendo inevitablemente nueva visibilidad con el paso de los años.

Nosotros optamos por otra alternativa: la de centrarnos en los cruces entre las teorías y los estudios sobre la cultura, sus medios y sus instituciones, por un lado, y los estudios sobre el exilio republicano, por el otro, para orientar el encuentro en relación con debates que se han intensificado en los últimos diez años, y ver de qué modo estas inflexiones teóricas permiten nuevas aproximaciones al tema, generando nuevas preguntas y ampliando el espectro de los objetos de estudio. Ello implicaba, a diferencia del congreso organizado por GEXEL, poner otra vez en el centro de mira al exilio intelectual, una zona intensamente estudiada en los últimos treinta años, pero que puede ser interrogada desde nuevos ángulos. Decidimos focalizar menos a los actores específicos, sus experiencias y sus memorias, que a los espacios en los que se insertaron, que contribuyeron a transformar y en los que se movieron; atender menos a los datos y las obras como productos acabados, si bien siempre abiertos a nuevas lecturas e interpretaciones, que a los procesos y las actividades que incidieron en la historia cultural y en las transformaciones del respectivo campo intelectual –desde lo académico, pasando por la industria editorial hasta la cultura visual y los medios–. Allí donde el foco recae en actores específicos, lo que interesa es la interacción con los medios y las instituciones en los que incide la actividad de los exiliados. Por eso, Friedhelm Schmidt-Welle pregunta por el modo en que Luis Buñuel se incorpora al cine mexicano y en qué medida ese cine marca su obra –y no al revés–; Diana

Wechsler interroga el proceso de incorporación de Manuel Ángeles Ortiz en la escena artística de Buenos Aires; Raquel Macciuci enfoca el proceso a través del cual Francisco Ayala fue instalándose en el medio editorial argentino; y Alicia Alted Vigil recupera la compleja trayectoria del historiador Ramón Iglesia Parga en un medio que no le fue particularmente favorable. En cada caso, el acento está puesto en la interacción y los contextos institucionales y mediales.

Vinculamos esta opción con otra, que consistió en esbozar, como objetivo a largo plazo, una perspectiva comparada. Elegimos centrarnos en México y Argentina, porque en ambos países se despliega en la época en cuestión una intensa actividad cultural, vinculada en parte con el desplazamiento desde la España republicana vencida a los espacios culturales argentino y mexicano,[1] mientras que las políticas oficiales respecto del exilio no podrían haber sido más desiguales, por lo que valía la pena iniciar un estudio comparativo de los mecanismos y las dinámicas de los campos culturales en relación con las respectivas políticas de Estado. Teníamos en claro que no sólo la experiencia misma, sino también el estado de los estudios sobre el exilio republicano en México y en Argentina era muy dispar. Si Walther L. Bernecker reseña, en su contribución para este volumen, una obra notable en lo que se refiere al caso mexicano, que implica el procesamiento de una parte importante de las informaciones, los materiales y datos disponibles, en el caso argentino queda todavía, a pesar de la importante pero puntual labor realizada, mucho por hacer.[2] Nos interesaba, a partir de los aportes individuales centrados en este primer simposio ya sea en el caso de México o de Argentina, la posibilidad de que el debate nos llevara a interrogar comparativamente ambos campos culturales, a fin de avanzar, a través de la comparación, hipótesis de trabajo para pensar y analizar los aparatos y mecanismos de importación cultural respectivos desde la incidencia del exilio y las modalidades que fue adquiriendo en cada uno de los dos contextos nacionales, tan diferentes entre sí. Este procedimiento fue pensado con un primer paso, al que deberían seguir otros, en los que las aportaciones estuvieran enmarcadas, desde el inicio, en una perspectiva comparada.

Las transformaciones en las instituciones culturales y las redefiniciones identitarias que tuvieron lugar tanto en México como en Argentina desde media-

---

[1] En 1947 Pedro Henríquez Ureña observaba que hasta 1936, Madrid había sido "el centro, puramente cultural, en que se apoyaba la unidad del idioma español en América; ahora esta dirección cultural está repartida entre México y Buenos Aires como centros principales de producción editorial" (2007: 268). Las cifras que proporciona García (1965: 59 y ss.) hablan por sí mismas: en 1937 se publican en Argentina 817 libros, en 1938 1.739, en 1942 3.778 y en 1944 la cifra de títulos publicados alcanza a 5.323.

[2] Véanse los estudios de Schwartzstein (2001) y de Zuleta (1999), y más recientemente las tesis doctorales de Bocanegra Barbecho (2006) y Díaz-Regañón Labajo (2010), que estudian aspectos específicos.

dos de los años treinta y en las que incidió el exilio republicano tienen que ver, en el marco de las respectivas políticas nacionales, con la relación entre los intelectuales y el Estado, y con la actitud –coincidente en el caso mexicano, divergente en el argentino– del Estado, por una parte, y de los intelectuales, por la otra, ante los avances del fascismo en Europa. Se observa en este período un aumento de la actividad de importación cultural, vinculado con la reflexión de los intelectuales acerca de la función de relevo que le cabría, frente a la Europa en guerra, a América Latina como heredera de la cultura europea amenazada por la barbarie fascista en sus diversas variantes; un aumento relacionado también –de manera directa y oficial en el caso mexicano, e indirecta en el argentino– con las políticas internacionales asumidas por los gobiernos respectivos ante la Guerra Civil española, el exilio republicano y la Segunda Guerra Mundial.

Si bien la presencia española había sido hasta el último tercio del siglo XIX, por motivos históricos, más fuerte en México que en Argentina, entre 1880 y 1930 la emigración masiva condujo al Río de la Plata a más de un millón de españoles, mientras que en 1930 los residentes españoles en México no llegaban a 50.000.[3] Emilia de Zuleta observa que en la sociedad mexicana "la inmigración previa había dejado profundas desconfianzas" y remite a "la sombra de la colectividad española preexistente, los *gachupines*, conservadores, según la opinión establecida entre muchos", mientras que en el caso argentino existía debido a la inmigración masiva un "sólido y complejo tejido de interrelaciones entre ambos países": "¿Quién no tenía en estas tierras algún pariente?" (Zuleta 1999: 35). Alejandrina Falcón subraya en su aporte al presente volumen, que "la Argentina albergaba la colonia de españoles más numerosa del mundo fuera de España y la segunda comunidad de inmigrantes en Argentina después de la italiana". Sin embargo, como se sabe, a México ingresaron, gracias a la hospitalidad del gobierno de Lázaro Cárdenas, más de 20.000 exiliados republicanos, mientras que Argentina recibió, debido a la política restrictiva del presidente Ortiz, diametralmente opuesta a la de Cárdenas, solamente a unos 2.500 exiliados.[4]

Es casi lógico pensar que la diferencia del entorno –no sólo político, sino también social y cultural– al que llegaron los intelectuales exiliados influyó en el modo en que se fueron instalando y en la actividad que desplegaron. Clara E. Lida estudia en este volumen las ambigüedades del exilio en "un México que, en

---

[3] <http://www.inegi.gob.mx/prod_serv/contenidos/espanol/bvinegi/productos/integracion/pais/historicas10/Tema1_Poblacion.pdf> (última consulta: 31.12.2010).
[4] Schwarzstein (1997) señala que de los 147 españoles republicanos que llegaron a comienzos de noviembre de 1939 a bordo del *Massilia* a Buenos Aires, en tránsito a otros países, sobre todo a Chile, unos cincuenta pasajeros pudieron quedarse en Buenos Aires, debido a la intervención de Natalio Botana, el director del diario *Crítica*, que "instaló el tema de la Guerra Civil española en la sociedad argentina". Ése fue "el grupo más numeroso de republicanos que llegó a la Argentina antes de 1940". Véase también Schwarzstein 2001: 123-138.

su mayoría, todavía era indígena y mestizo, predominantemente agrario, políticamente autoritario", y donde, a pesar de la actitud del gobierno cardenista, "el proceso de adaptación del refugiado a un nuevo entorno extraño fue lento, difícil, a veces hostil". Y mientras que, debido a la magnitud y las características del exilio en México, fue factible la creación de colegios a los que las familias de refugiados enviaron a sus hijos, con consecuencias no siempre favorables a la integración, en Argentina las bajas cifras del exilio, su perfil marcadamente intelectual, pero también el tipo de sociedad aluvial a la que los exiliados llegaban, no favoreció desarrollos de ese tipo. También Francisco Caudet pone en su contribución el acento sobre "la difícil y finalmente imposible integración de representantes de la subcultura española en la cultura mexicana que era [...] la cultura dominante". Podría pensarse que a la apertura política de México repecto de los exiliados republicanos correspondía, en Argentina, un entorno social y cultural más acorde a los hábitos y costumbres de quienes llegaban desde España, pero también ésta es una hipótesis de trabajo surgida del debate generado en el marco del coloquio y abierta a discusión.

Las diferencias entre México y Argentina, que se ponen de manifiesto, pero también se extreman en el caso específico del exilio republicano, son de larga data. Parece obvio remitir al abismo que separaba el centro colonial de la Nueva España, erigido en el corazón de una alta cultura autóctona, y la periferia colonial del Río de la Plata surgida al borde inhóspito de la pampa, factores que inciden todavía en el siglo XX, como lo analiza Darcy Ribeiro distinguiendo entre "pueblos testimonio" y "pueblos transplantados" (1985). En lo que hace específicamente al siglo XX, basta pensar en la distancia que media, en 1910, entre la Revolución mexicana y los festejos del Centenario en la París de América del Sur, y en la subsiguiente gestación de nacionalismos de diverso cuño en México y Argentina. Con el golpe de Estado del general José Evaristo Uriburu, empieza en 1930 en Argentina la "década infame", caracterizada por una incidencia militarista que seguirá vigente hasta finales del siglo XX, y por el desarrollo de una fracción intelectual católico-nacionalista y, paralelamente, un afianzamiento de la fracción de los intelectuales críticos alineados bajo las divisas del internacionalismo antifascista. En México la del treinta es la década de Lázaro Cárdenas, en la que se sentó la base institucional que garantizaría de ahí en más que el reconocimiento y la consagración intelectual pasaran, en última instancia, por el vínculo con el Estado (Miller 1999: 52). Y los años cuarenta, en los que México consolidó el poder del Estado y cooptó a sus intelectuales, son en Argentina los años de ascenso del nacional-populismo peronista, que, si bien consiguió atraer a una restringida franja del campo intelectual, generó un aumento del potencial crítico en la fracción opuesta. En el ya citado estudio sobre la relación de los intelectuales con el estado modernizador en el siglo XX, Miller concluye que tanto en México como en Argentina los intelectuales vieron limitado su campo de acción por las respectivas políticas estatales y por el peso del nacionalismo, pero con la diferencia crucial de que el Estado mexicano invirtió recursos en la creación de una base institucional para sus intelectuales y les ofreció incentivos para cooptarlos, cosa que en Argentina no ocurrió. En el caso de México se generó entonces una relación estrecha, aunque no sin ambigüedades, entre intelectuales y Estado, mientras que en Argentina la distancia que separaba y hasta escindía a la fracción más fuerte del campo intelectual, la de los intelectuales críticos, respecto del poder político fue en aumento a partir de 1930. Estas diferencias en la relación básica entre intelectuales y Estado en ambos países tuvieron necesariamente implicaciones en lo que se refiere a los márgenes de libertad de acción de los intelectuales españoles exiliados, cuyo estudio comparativo está todavía por hacerse.

Sin embargo, hay también puntos en común entre Argentina y México durante las décadas del treinta y cuarenta. En ambos países, el campo intelectual estuvo dominado por el debate entre nacionalismo e internacionalismo, aunque la constelación política fuera muy diferente en el México de Cárdenas, Ávila Camacho y Alemán, y en la Argentina de la década infame y del primer peronismo. La actuación de muchos intelectuales en esos momentos, sus escritos, y específicamente su actividad en el marco del aparato de importación cultural, con o contra las políticas oficiales, constituyen tomas de posición, intervenciones claves en ese debate. "Durante un largo período, tiene muchísimo sentido en América Latina defender 'la aristocracia intelectual'. Más que un signo de elitismo desdeñoso, es la defensa del espacio desde donde se resiste el anti-intelectualismo que domina la vida nacional", observa Carlos Monsiváis refiriéndose a Alfonso Reyes (1989: 117).[5] Esto es válido para México y también para la Argentina de la época, donde en septiembre de 1936 tuvo lugar el XIV Congreso Internacional del PEN Club, que provocó violentas reacciones entre los representantes del nacionalismo cultural.[6] Con motivo de este congreso y sobre el trasfondo de tales polémicas, comenzaron a redefinirse en Argentina "tanto el rol del escritor como los modos

---

[5] Ignacio Sánchez Prado remite en este contexto al "occidentalismo" que Alfonso Reyes convirtió en "una narrativa consistente sobre las genealogías de la literatura mexicana" y elaborando "un concepto de literatura nacional como heredera directa de todo el legado occidental, que pertenece a ella en términos de igualdad y desde una posición específica" (Sánchez Prado 2006: 137). De un modo similar a Monsiváis, Sánchez Prado lee en el occidentalismo de Alfonso Reyes la "utilización estratégica de recursos y gesto del 'archivo' occidentalista como forma de resistencia" a la hegemonía del Estado nacional mexicano (142).
[6] La revista *Criterio* comentaba como sigue la propuesta de que el escritor judío Emil Ludwig, asistente al congreso, escribiera una biografía de San Martín: "Así como es alemán, suizo y judío todo en uno, ¿este 'ciudadano del mundo' es también argentino? Este izquierdista desarraigado de todos los países; incapaz de amar a ninguno; que sólo ve con buenos ojos la antipatria por excelencia que es el comunismo; que no conoce ni puede sentir nuestras tradiciones, nuestra misión espiritual y cultural, ni nuestro idioma; ¿cómo puede permitirse este don Juan de Afuera, y –sobre todo– cómo puede permitírsele perpetrar el atentado de ese libro?" (cit. en Manzoni 2009: 562 y ss.).

de representación y autorrepresentación de los intelectuales" (Manzoni 2009: 542), y se abandonó la concepción elitista de la república de las letras, que había dominado durante las tres primeras décadas del siglo XX (Dalmaroni 2006). Estos aspectos deberían tomarse en cuenta al realizar un estudio comparativo de la inserción y la actividad de los intelectuales republicanos españoles en los campos culturales argentino y mexicano.

Además de la constelación política internacional y nacional, los años treinta y cuarenta fueron importantes en lo que hace a los actores y las prácticas del aparato importador en ambos países, ya que se dio el paso decisivo hacia la profesionalización de la labor traductora en estrecha relación con el auge editorial, un aspecto al que se refiere en este volumen, para el caso argentino, Patricia Willson. En lo que respecta a México, el tema ha sido parcialmente estudiado, sobre todo en relación con la figura de Alfonso Reyes (Pérez Martínez 1994) y la historia del Fondo de Cultura Económica (Díaz Arciniega 1996), que propuso, en el momento de ser creado, un "plan de traducciones al español de obras fundamentales para la modernización de la enseñanza universitaria" (Sorá 2010: 538). Pero falta un análisis en profundidad que permita ponderar la injerencia del exilio republicano en el marco del aparato mexicano de importación cultural, y compararlo con el caso argentino.

Las ciudades de Buenos Aires y México constituyen zonas de contacto en las que se van afinando, con diferentes matices, los mecanismos de importación cultural. En Buenos Aires, un grupo de intelectuales fundó en 1931 la revista *Sur* y dos años más tarde la editorial homónima como un emprendimiento privado, basado en la fortuna familiar de Victoria Ocampo, miembro de la elite liberal porteña. Hacia fines de la década se crearon, en un ambiente propicio, las editoriales Sudamericana, Emecé y Losada, también como empresas privadas, sin participación alguna del Estado argentino. Fernando Larraz Elorriaga estudia en su contribución para este volumen el papel que desempeñaron en Buenos Aires los editores españoles republicanos. En México se fundó en 1934, con apoyo del Estado mexicano, el ya mencionado Fondo de Cultura Económica, cuyo primer director fue Daniel Cosío Villegas. Jesús Silva Herzog, uno de los motores y miembros de la Junta de Gobierno del FCE, recuerda en sus memorias que los miembros de dicha Junta desempeñaban cargos de responsabilidad en el gobierno, por lo cual llegaron a tener "poder e influencia" (Silva Herzog 1972: 485), y viceversa: "Por algo así como por tradición, a los secretarios de Hacienda los nombrábamos presidentes de la Junta de Gobierno (de la editorial)" (487). Semejante relación con el Estado habría sido impensable en el caso de las editoriales argentinas, ya que los intelectuales críticos nucleados en ellas eran de tendencia opositora y los editores republicanos no podían contar tampoco con el apoyo del gobierno argentino. Las consecuencias que constelaciones tan distintas tuvieron para el desarrollo de los respectivos mercados editoriales son un objeto de estudio comparado todavía pendiente.

Presentación

También las políticas académicas y la actividad de investigadores exiliados en las las universidades de ambos países merece estudiarse comparativamente, analizando las modalidades de incorporación y trabajo en diferentes áreas de docencia e investigación en las universidades mexicanas y argentinas, y su influencia en la evolución de las respectivas disciplinas, revisando también las redes entre ambos mundos académicos.

Podría pensarse que el desarrollo de los respectivos campos intelectuales y la peculiar relación de cada uno con el campo de poder político, tanto en lo que los asemeja como en lo que los diferencia, condujo a estrategias culturales específicas, que se manifestaron en las prácticas de uno y otro país, y en el modo en que, por ejemplo, la importación cultural, un aspecto central para los estudios del exilio intelectual republicano, fue llevada a cabo como parte de la intervención intelectual –en cooperación con el Estado o en oposición a las políticas oficiales.

Agradecimientos

El uso de la primera persona del plural para referirme a la organización y el planeamiento del simposio que dio pie a este libro no es mayestático, sino que remite al grupo de estudiosos de la Sección Iberoamérica del Centro de Estudios Regionales de la Universidad de Erlangen-Nürnberg, que contribuyó desde un comienzo a la concepción y planificación del encuentro. En especial, agradezco a Walther L. Bernecker por su invalorable ayuda logística y sus amistades ibéricas y transatlánticas, que facilitaron la invitación de Alicia Alted Vigil y Clara E. Lida; y también por la visita guiada a través de las calles de Nürnberg que ofreció a todos los participantes y cuyo punto de llegada fue su propia casa, en la ciudad vieja. Fuera de Erlangen, fue invalorable el apoyo de José Manuel López de Abiada, quien en la etapa inicial me facilitó los contactos de Francisco Caudet y Manuel Aznar Soler. No todos los invitados pudieron asistir –Manuel Aznar, que iba a hablar de la Unión de Intelectuales Españoles en México, tuvo que desistir a último momento–, y no todos los que asistieron están presentes en este volumen: contamos en el simposio con las valiosas contribuciones de John Mraz sobre la fotografía de los hermanos Mayo, y de José Manuel López de Abiada, sobre el campo editorial republicano desde la víspera de la República hasta el final de la Guerra Civil, que por motivos diversos no hemos podido incluir en este libro. Desde Buenos Aires y La Plata Alejandrina Falcón y Raquel Macciuci, que no participaron del encuentro, pero se han especializado en temas vinculados con la propuesta de este simposio, aceptaron contribuir con artículos redactados especialmente para este libro.

El encuentro de estudiosos de México, Argentina, España, Suiza y Alemania en Erlangen fue posible gracias a la generosa ayuda de ProSpanien, la organización del Ministerio de Cultura del Gobierno de España, y de la Fundación Staedtler Stiftung, cercana a la Universidad de Erlangen-Nürnberg. La edición de este libro en la colección de Estudios Latinoamericanos de la Sección Iberoamérica fue financiada con el apoyo, nuevamente, de ProSpanien, y también de otra fundación cercana a la universidad, la German Schweiger-Stiftung. Vaya nuestro agradecimiento a estas instituciones, y también a la editorial Iberoamericana/Vervuert que publica, desde hace muchos años ya, la colección Estudios Lationoamerikanos/Lateinamerika-Studien de la Sección Iberoamérica.

Bibliografía

BOCANEGRA BARBECHO, Lidia (2006). "El fin de la Guerra Civil española y el exilio republicano: visiones y prácticas de la sociedad argentina a través de la prensa. El caso de Mar del Plata, 1939". Tesis doctoral. Universidad de Lleida. Extractos disponibles en <http://www.lbocanegra.eu/index.php?id=9&sez=tesis> (última consulta: 31.12.2010).
— (2007). "El impacto del exilio republicano español en la sociedad argentina. Una visión a través de la prensa marplatense, 1939". En: Congreso Internacional: A 70 años de la Guerra Civil española, *Ariadna Tucma. Revista Latinoamericana*, Buenos Aires, pp. 1-17.
— (2009). "La República Argentina: el debate sobre la guerra civil y la inmigración". En: Mateos, Abdón (ed.). *Ay de los vencidos. El exilio y los países de acogida*, Madrid: Eneida, pp. 189-234.
DALMARONI, Miguel (2006). *Una república de las letras. Lugones, Rojas, Payró. Escritores argentinos y Estado*. Rosario: Beatriz Viterbo Editora.
DÍAZ ARCINIEGA, Víctor (1996). *Historia de la casa: Fondo de Cultura Económica, 1934-1996*. México: Fondo de Cultura Económica.
DÍAZ-REGAÑÓN LABAJO, María Aránzazu (2010). "El exilio científico republicano en Argentina. Contribuciones e impacto de los médicos, biomédicos y psicoanalistas españoles en la ciencia argentina (1936-2003)". Tesis doctoral. Universidad de Salamanca.
GARCÍA, Eustasio A. (1965). *Desarrollo de la industria editorial argentina*. Buenos Aires: Fundación Interamericana de Bibliotecología Franklin.
HENRÍQUEZ UREÑA, Pedro (2007). *Historia cultural y literaria de la América Hispánica*. Madrid: Verbum.
JELIN, Elizabeth (comp.) (2002). *Las conmemoraciones: Las disputas en las fechas "infelices"*. Buenos Aires: Siglo XXI.
LIDA, Clara E. (2009). "Los historiadores emigrados y México". En: *Caleidoscopio del exilio. Actores, memoria, identidades*. México: El Colegio de México, pp. 113-120.
MANZONI, Celina (2009). "Vacilaciones de un rol: Los intelectuales en 1936". En: Manzoni, Celina (dir.). *Historia crítica de la literatura argentina*. Vol. 7: *Rupturas*. Buenos Aires: Emecé, pp. 541-568.
MILLER, Nicola (1999). *In the Shadow of the State. Intellectuals and the Quest for National Identity in Twentieth-Century Spanish America*. London/New York: Verso.
MONSIVÁIS, Carlos (1989). "Las utopías de Alfonso Reyes". En: *Asedio a Alfonso Reyes, 1889-1989: en el centenario de su natalicio*. México: IMSS/UAM-A, pp. 105-119.
PÉREZ MARTÍNEZ, Herón (1994). "Alfonso Reyes y la traducción en México". En: *Relaciones. Estudios de Historia y Sociedad*, XIV, 56, pp. 27-74.

RIBEIRO, Darcy (1985). *Las Américas y la civilización. Proceso de formación y causas del desarrollo desigual de los pueblos americanos*. Buenos Aires: Centro Editor de América Latina.

SÁNCHEZ PRADO, Ignacio M. (2006). "Naciones Intelectuales. La modernidad intelectual mexicana de la constitución a la frontera (1917-2000)". Tesis doctoral. University of Pittsburgh. Disponible en <http://etd.library.pitt.edu/ETD/available/etd-05032006-151829/unrestricted/Sanchez_Prado_ETD_2006.pdf> (última consulta: 31.12.2010).

SCHWARZSTEIN, Dora (1997). "La llegada de los republicanos españoles a la Argentina". En: *Estudios Migratorios latinoamericanos*, 37, CEMLA, pp. 423-447.

— (2001). *Entre Franco y Perón: memoria e identidad del exilio republicano español en Argentina*. Barcelona/Buenos Aires: Crítica/Planeta.

SORÁ, Gustavo (2010). "Misión de la edición para una cultura en crisis. El Fondo de Cultura Económica y el americanismo en Tierra Firme". En: Altamirano, Carlos (ed.). *Historia de los intelectuales en América Latina. II: Los avatares de la "ciudad letrada" en el siglo XX*. Buenos Aires: Katz, pp. 537-566.

ZULETA, Emilia de (1999). *Españoles en la Argentina: el exilio literario de 1936*. Buenos Aires: Atril.

1. México

Un exilio en vilo

CLARA E. LIDA
El Colegio de México

Rara vez el desplazamiento de un país a otro es terso y fluido, pero cuando este traslado se realiza forzado por circunstancias ajenas a sus actores, la suma de desgarramientos, amarguras, tropiezos y sinsabores es inevitable. Si a esto añadimos la incertidumbre que acompaña un asentamiento que se desea provisional pero cuyo fin no se avisora, podemos comprender el inevitable sentido de extrañamiento que conlleva todo destierro, por breve que sea. Está claro que el caso del exilio republicano no sólo se inserta en el desgajamiento doloroso de la Guerra Civil, sino que ha sido uno de los destierros más largos –si no el más duradero– de la Europa occidental y del mundo hispánico en la edad contemporánea.

Ahora bien, aun suponiendo que el exiliado se resigne ante el destierro forzado, la inserción en un nuevo entorno y la inseguridad que esto lleva aparejado son elementos que se suman al extrañamiento original. De hecho, sean cuales sean las circunstancias particulares del arribo, la inserción no es un proceso lineal, breve y fluido. Por el contrario, la llegada, la exploración, el conocimiento y el reconocimiento no son sólo cuestión de espacios, sino que dependen de tiempos diversos: el social y el personal, el del trabajo y el del ocio, el de la aceptación y el del rechazo, el de las alegrías y el de la nostalgia, el del país receptor y el del expulsor. Todos estos tiempos se manifiestan en el proceso de asentamiento del exiliado en las diversas esferas de actividad pública y privada; pero, a su vez, estos tiempos desiguales también inciden en un sentido de lo extraño, difícil de remontar. Así, la inserción y el desarraigo son la cara y cruz del exilio: los dos lados de una misma moneda.

Mi propósito en estas páginas es centrarme en el caso mexicano que sin duda es el que más conozco, sin que esto me impida en ocasiones compararlo con otros exilios. De hecho, el grueso del exilio que tuvo lugar en México fue, junto con el más numeroso en Francia, el que más largo tiempo radicó en el lugar de asilo. Otros, por razones históricas y políticas diversas, si bien incluyeron contingentes nutridos, aunque no tan grandes, como en los casos extremos y disímiles de la Unión Soviética y la República Dominicana, no tuvieron la permanencia del francés ni del mexicano.

Tampoco la tuvieron en otros países de Hispanoamérica, donde la recepción fue limitada, pues detrás de muchos gobiernos existía más simpatía por los países del Eje que por las ideologías liberales y progresistas. Por ello mismo, la ayuda rara vez fue oficial sino privada, como la de las antiguas organizaciones inmigrantes españoles en el caso de la Argentina, y se reservó, sobre todo, a individuos que llegaron a cuentagotas, con evidente predominio de las elites profesionales, académicas, artísticas, científicas y aquellas formadas por periodistas y actores.[1]

1. La recepción mexicana

No me extenderé en los datos que todos conocen, pero quisiera recordar someramente algunos. El México que recibió cerca de unos 20.000 republicanos mayores de 15 años era un país que en la década de 1930 se recuperaba paulatinamente de los efectos de una larga y devastadora revolución y de sus secuelas, y entraba en una época de estabilidad política, de expansión y de transformación material, en la que se trataba también de consolidar el nuevo Estado. Si bien desde la posrevolución habían existido simpatías y coincidencias entre los gobiernos mexicanos y sus elites políticas e intelectuales y sus contrapartes liberales y progresistas españolas, esto se acentuó durante la Segunda República, bajo el gobierno de Lázaro Cárdenas lo cual conllevaría a una natural solidaridad de México con los vencidos (Matesanz 1999). Además, en las esferas oficiales también se materializó la idea de que traer al país a los españoles refugiados que se encontraban fuera de España y que poseían un alto grado de calificación laboral, profesional y técnica resultaría en un importante aporte de capital humano para México y contribuiría a la expansión del país en los ámbitos económicos y culturales. Este objetivo quedaría explícito casi desde el comienzo mismo del exilio; por ejemplo, en su penúltimo informe de gobierno, el 10 de septiembre 1939, el presidente Cárdenas (1978: 165) señalaba su esperanza de que incluso sus enemigos políticos reconocieran "los beneficios que recibe México con la aportación de esas energías humanas que vienen a contribuir con su capacidad y esfuerzo al desarrollo y progreso de la nación" (ver Lida 1995a). Esta política cardenista –en líneas generales continuada por sus sucesores– fue a la vez un acto generosamente solidario del Gobierno mexicano y una decisión indudablemente interesada en capitalizar para el país el alto nivel de preparación de los refugiados.

Sin embargo, para un país pobre como lo era México, los apoyos eran escasos, por lo cual gran parte de los recursos financieros para esta inserción provino menos del gobierno de México que de las organizaciones generadas por el propio gobierno republicano a poco de concluir la guerra, primero del Servicio de Evacuación de Republicanos Españoles (SERE), con su Comité Técnico de Ayuda a los Republicanos Españoles (CTARE), y luego de la Junta de Ayuda a los Republicanos Españoles (JARE). Estas instituciones socorrieron a la gran mayoría de

---

[1] Sobre América Latina ver las colaboraciones en Pla Brugat 2007b.

los refugiados, financiaron gran parte de sus proyectos culturales y, por un tiempo, crearon en México fuentes de trabajo con los fondos que originalmente provinieron de la propia República ya en el exilio.[2] Recordemos por otra parte que la población más afectada fue precisamente aquella que por su alto grado de educación y nivel de preparación laboral apoyó a la República liberal y democrática en su afán modernizador. Esto explicaría por qué el perfil ocupacional de este exilio en México también fue particular, pues tuvo un predominio de los sectores terciario (43,30%) y secundario (18,75%) sobre el primario (sólo el 6,84%), y por qué dentro de este exilio, más del 5% de los refugiados que llegaron entre 1939 y 1944 estaba vinculado a la educación, sin contar los varios centenares de investigadores y artistas destacados que ingresaron al pujante mundo académico y cultural mexicano que se desarrolló también en esos años y que los españoles contribuyeron a fortalecer y expandir (Lida/García Millé 2001).

Dadas las coyunturas favorables en el propio desarrollo de México, sabemos que, dentro de lo dramático del exilio, los refugiados peninsulares, con sus pluralidades sociales, regionales, ocupacionales y demográficas, ingresaron exitosamente al mundo laboral mexicano, y que por su nivel de capacitación, lo hicieron en puestos técnicos, económicos, educativos, culturales, artísticos altos, a veces más altos que los de sus contrapartes mexicanas.[3]

Por ejemplo, las políticas gubernamentales facilitaron la inserción sorteando las trabas de las leyes laborales ante la contratación de extranjeros. Es más, en 1940, el presidente Cárdenas promulgó un decreto extraordinario que facilitaba la adopción de la nacionalidad mexicana para los españoles que la solicitaran, en vista de que México no reconoció nunca al régimen franquista y no reconstituyó sus relaciones diplomáticas con España hasta 1977. Durante todo ese tiempo sólo se reconoció como legítimo al gobierno de la República en el exilio.

Aunque los intentos por allanar el camino fueron varios, es bien sabido que los itinerarios del exilio no son solamente geográficos, sino que todo exiliado transita también por espacios vitales nuevos y desconocidos, y que a partir de esa experiencia crea y construye su propio *itinerario emocional* (Lida 1991 y 1997; Sánchez Vázquez 1997a y 1997b). Por lo que sabemos, en este camino los contrastes fueron profundos, y los sentimientos y experiencias contradictorios. Los emigrados pasaron de lo cotidiano a lo extraño; de tener una identidad nacional a ser extranjeros, cuasi apátridas; de haber sido participantes activos en la vida pública a permanecer como meros observadores. En otros ámbitos el itinerario

---

[2] Pla Brugat 1999; Herrerín 2007; sobre la República en el exilio, ver Fernández 1976 y Marichal 1976.
[3] Sobre la oposición de varios sectores de la sociedad mexicana, incluyendo los laborales, contra los exiliados, ver Pérez Vejo 2001.

fue igualmente complejo: los exiliados pasaron de una España en creciente desarrollo, con una intensa vida cultural, y de una República que se concebía paladín de la democracia política, a un México que, en su mayoría, todavía era indígena y mestizo, predominantemente agrario, políticamente autoritario y en un proceso apenas incipiente de despegue material, cultural y científico –en el que los propios españoles eventualmente colaboraron–. Si bien al cabo de largas décadas el país dejó de ser rural para transformarse en urbano e industrial, con un importante crecimiento educativo, y con apertura y cambios políticos cada vez más evidentes, en los primeros lustros, el proceso de adaptación del refugiado a un nuevo entorno extraño fue lento, difícil, a veces hostil –¡y quién sabe si finalmente pleno!

Aunque lo anterior fue evidente, también lo fueron los esfuerzos de México por apoyar a los refugiados, que no tuvieron parangón en otras latitudes. Un ejemplo patente está vinculado a los espacios culturales, científicos y educativos creados *ex profeso* para recibir a los que llegaban. Si no me detengo en el mundo del trabajo manual, mecánico, industrial, comercial y de cuello blanco, es porque pese a su decisiva importancia numérica, su estudio es una asignatura todavía pendiente en las investigaciones sobre el exilio en México.

2. Una casa para el conocimiento

Una de las primeras medidas de ayuda cultural a los refugiados por parte del gobierno de Lázaro Cárdenas fue la fundación, en 1938, con financiamiento total del Estado, de La Casa de España como un centro de investigación y de creación para recibir a los artistas y creadores republicanos más destacados.[4] La gestión de este proyecto cultural se debió a dos grandes hombres de letras mexicanos: el humanista, diplomático y escritor Alfonso Reyes, y el economista, historiador y promotor cultural Daniel Cosío Villegas, que en 1934 había fundado la editorial Fondo de Cultura Económica, la cual con los años se convertiría en una de las más importantes en lengua española.

Sobre La Casa de España y su continuadora, El Colegio de México, ya he abundado en otras páginas y otros más lo han hecho después. Aquí incursionaré en ella muy brevemente, sólo para ilustrar el caso. Por una parte, La Casa seleccionó a los científicos, artistas e intelectuales refugiados más distinguidos como miembros residentes. Por otra, a aquellos que no tenían cabida en ésta, les buscó acomodo en otras instituciones del país. Además, La Casa desarrolló y estrechó

---

[4] Una descripción pormenorizada de las actividades y del perfil profesional de los españoles que se vincularon con esta institución aparece en Lida 1988. Sobre las depuraciones en la Universidad de Madrid ver los recientes estudios en Otero Carvajal 2006.

lazos entre la comunidad académica, científica y artística de México y los recién llegados por medio de exposiciones, conciertos, conferencias, cursos, seminarios e investigaciones en hospitales y laboratorios de la capital y del país. En todos los casos, el presupuesto otorgado por el Estado permitió que estos refugiados recibieran desde el comienzo sueldos y percepciones comparables a las de sus colegas mexicanos, que si no eran altos, al menos eran dignos.

Gracias a todo esto, instituciones tan variadas como la Universidad Nacional y las de los estados, el Instituto Politécnico, el de Bellas Artes, el Conservatorio Nacional, la Escuela Nacional de Antropología e Historia, el Hospital General, el Instituto del Cáncer, el de Enfermedades Tropicales, entre varias otras, se nutrieron de las labores y enseñanzas de estos exiliados. De esta manera, La Casa no sólo se lanzó a una rica y exitosa actividad intelectual y académica propias, sino que funcionó como un centro de selección y de irradiación de talento hacia diversas esferas de la vida cultural mexicana, facilitándoles a los recién llegados sus primeros pasos en el nuevo país. Aunque la intención original de La Casa era dar cobijo transitorio a estos exiliados en tanto pudieran regresar a España, con la caída de la República en 1939 y el gran éxodo español se decidió continuar e intensificar los esfuerzos de ayuda, captando nuevos miembros.

Cabe aclarar que la mayoría de éstos ya eran figuras prestigiosas en sus respectivos campos antes de llegar a México, y que muchos de ellos habían sido catedráticos, directores de observatorios astronómicos, de hospitales y laboratorios de investigación, de museos, e incluso, por mérito académico, varios habían llegado a ser rectores de universidades españolas. En su formación profesional también destacaban los que habían estudiado o trabajado en Alemania, Francia, Inglaterra, Italia, Estados Unidos, Argentina, y en diversas instituciones españolas de primer nivel (ver Llorens 1976; Otero Carvajal 2006). En sus escasos dos años de vida –antes de que a fines de 1940 La Casa de España se transformara en El Colegio de México–, sus miembros habían ofrecido cerca de doscientos cursos, cursillos, seminarios y conferencias increíblemente variados. A esto se sumó una cantidad muy respetable de publicaciones del más alto nivel, que con el pie de imprenta de La Casa fueron apareciendo mes con mes hasta sumar unos cuarenta libros, cuya distribución corría a cargo del Fondo de Cultura Económica.[5] En otras palabras, México se aseguró de que la inserción de los científicos españoles en el mundo de la investigación y de las artes no sólo fuera abierta y plural, sino grandemente fructífera para quienes llegaban y quienes recibían.

El apoyo a estos intelectuales y artistas exiliados plantea, sin embargo, claroscuros y contradicciones. Por un lado, esta solidaridad contribuyó a ampliar el abanico de enfoques y métodos de análisis científico entre la mayoría de los refugiados, así como a estimular el desarrollo e interés en México por las disciplinas

---

[5] Sobre los laboratorios, véanse Lida 1988, Lida/Matesanz 1990 y Enríquez Perea 2001.

que ellos representaban. A esto se sumó su dedicación para formar alumnos en las aulas y los laboratorios, en los talleres y los conservatorios.

Sin embargo, hay otra cara menos feliz de esta medalla. La mayoría de los estudiosos que llegaron en el exilio carecían de familiaridad directa con México; muchos de ellos se habían dedicado a estudiar realidades científicas, históricas y sociales europeas, en especial españolas, y sólo muy excepcionalmente alguien había incursionado en los temas y asuntos mexicanos. Esto significó que muchos, especialmente los mayores, se vieron obligados a sacrificar sus propias trayectorias previas y redirigir sus intereses e investigaciones a temas vinculados con el nuevo país. Qué duda cabe de que este proceso de adaptación significó un duro y enorme esfuerzo, por no decir una violenta cercenadura profesional al abandonar largos años de preparación, investigación y conocimiento especializados para volver a comenzar en campos y temas totalmente desconocidos. Es cierto que para algunos, especialmente para los más jóvenes, el reto fue menos dramático. Es cierto también que muchas de las nuevas miradas a menudo tenían la ventaja de nutrirse de enfoques y conocimientos comparativos.[6] Pero a fin de cuentas, no podemos menos que reconocer los *costos del exilio*, aunque no podamos medirlos: para muchos se trataba de la pérdida de un caudal vital y de un largo compromiso científico invertidos en áreas de conocimientos que ya no se volverían a rescatar. No se necesita mucha imaginación para comprender el dilema: se trataba de quedarse *en vilo*, sin posibilidad de inserción profesional, o de aterrizar la actividad científica en la nueva realidad, aceptando una dolorosa mutilación intelectual difícilmente recuperable.

En contraparte, pese a lo anterior, también se puede afirmar sin el menor reparo que en el ámbito académico, en las artes liberales, la ciencia y diversas profesiones, la acogida oficial e institucional deparada en México al exilio cultural y científico español no sólo no tuvo igual en ningún otro país, sino que fue decisiva para que estos refugiados continuaran trabajando y desarrollándose, apoyados con empleos y medios económicos que les dieran seguridad y, ¡cómo no!, dignidad.

3. Educación en vilo

Otro ámbito en el que México tuvo una política excepcional, pero que tampoco estuvo exento de contradicciones, fue en la educación infantil. Aunque en este caso el gobierno no intervino directamente ni apoyó con recursos públicos, sí facilitó la instalación de colegios para los hijos de los refugiados. El Instituto

---

[6] Para el caso general de los científicos y otros exiliados ver Lida 1988 y Lida /Matesanz 1990; para el caso específico de las ciencias sociales, especialmente de los historiadores, Lida 1995b.

Luis Vives, la Academia Hispano-Mexicana, el Instituto Hispano-Mexicano Ruiz de Alarcón y el Colegio Madrid, por mencionar solamente las primeras escuelas fundadas en la capital del país, fueron instituciones en las cuales los niños y adolescentes españoles pudieron iniciar o retomar los estudios que en España se habían suspendido por la guerra.[7] La creación de estas instituciones –algunas de las cuales han sobrevivido y están cumpliendo ya los setenta años– se debió ante todo al apoyo material de las asociaciones de ayuda a los refugiados. Éstas contribuyeron en diversos momentos con recursos para becas, sueldos, alquileres, etc. a crear establecimientos educativos en los cuales se prosiguieran los estudios interrumpidos en España, pensando que una vez terminada la guerra en Europa, estos niños y sus padres volverían a la Península.

En estos colegios participó la gran mayoría de los maestros y profesores exiliados. Valga, como dato significativo, recordar que uno de los sectores profesionales más representados entre los refugiados que llegaron a México entre 1939 y 1944 estaba vinculado con la educación; esto sin contar los académicos, investigadores científicos y artistas destacados también asilados.[8] Tener como maestros o miembros de los patronatos a personalidades tan notorias como Joaquín Xirau, Agustín Millares Carlo, José Gaos, Emilio Prados, José y Francisco Giral, Pedro Carrasco Garronera, Blas Cabrera, Marcelo Santaló, Francisco Barnés, Rodolfo Halffter, Elvira Gascón, Bernardo Giner de los Ríos, Pedro Bosch Gimpera, entre tantos otros, sin duda auguraba una excelente formación escolar en filosofía, letras, ciencias, artes…

La creación de escuelas como estas fue algo nunca o rara vez visto en otros exilios. Pero su excepcionalidad resultó en una paradoja que ha pasado prácticamente desapercibida. De hecho, este oasis educativo significó que los pequeños españoles quedaran inmersos en la memoria de un mundo del cual habían sido desterrados y permanecieran al margen de la realidad del país receptor, aunque estuvieran obligados, al menos por ley, aunque se aplicara laxamente, a seguir los programas de enseñanza oficiales.[9] En la práctica, las escuelas del exilio trasmitieron la cultura aprendida y enseñada en las escuelas de la Segunda República; es decir, *una cultura en vilo*, desgajada del tronco cultural peninsular, pero sin raíces vigorosas con las cuales arraigar.

Para muchos de aquellos niños refugiados el reconocimiento de y el encuentro con la sociedad receptora tardaría mucho en llegar, ya que se habían

---

[7] Datos sobre estos colegios y su historia en Lida/Matesanz/Morán 1989; una revisión del tema se encuentra en Morán Gortari 2001 y Cruz 1994.
[8] Ver las estadísticas ocupacionales del exilio en Lida/García Millé 2001.
[9] Sandra García de Fez prepara su tesis de doctorado para la Universidad de Valencia sobre la identidad que se trasmitía en estos colegios del exilio por medio de la educación. Por ejemplo, Domínguez Prats (1994: 220), recoge un testimonio que señala que en el colegio Luis Vives se impartía una "Hora de España", en la que se enseñaba historia, geografía y literatura españolas.

formado con la mirada vuelta hacia el recuerdo de una República que ellos mismos casi no habían vivido, basada en la memoria de padres y maestros. ¿Cómo saber si la memoria originaria instilada por sus mayores acabó siendo reemplazada por la conciencia plena de la cultura y de la vida mexicanas, y cuándo, o si el desarraigo llevó a estos niños y adolescentes a sentirse por lustros, décadas, o siempre, ajenos a su propio entorno como lo eran también a su patria de origen? El impacto personal, cultural y social de esa voluntad de conservar la memoria colectiva de una República perdida es todavía una asignatura pendiente de explorar en lo que se refiere a su identidad en México: ¿cómo entender la compleja relación entre la inclusión en el grupo y la enajenación ante el nuevo entorno, entre el destierro y la pertenencia, entre el paulatino asentamiento y el hondo desarraigo?

Salvo contadas excepciones, durante varios años el ámbito cultural de esos españoles fue endogámico e hispanocéntrico (o *exiliocéntrico*, por inventar un neologismo más exacto). Para ellos, la integración a la sociedad receptora sólo se produciría, si acaso, al acceder a los estudios superiores o a los lugares de trabajo. Allí se darían los primeros contactos entre los jóvenes exiliados y un mundo mexicano que los pondría a prueba y los retaría a definirse a sí mismos como individuos y como grupo. De cómo este encuentro forjó la identidad del exiliado todavía queda mucho por conocer y entender. Alguno que en la senectud ha recuperado recuerdos y consideraciones sobre su experiencia juvenil en México, lo ha hecho desde la dualidad, subrayando la no pertenencia, en esa frase que, vuelta tópico, resulta tan reveladora: "ni de aquí, ni de allá", pese a haber llegado a México de niños o apenas rayando la adolescencia y haberse naturalizado mexicanos de joven (Blanco Aguinaga 2006: especialmente 188-196).

Con el correr del tiempo –ahora ya bastante mayores, si es que no han desaparecido–, muchos se han ido mostrando muy identificados con la España de hoy, cuya nacionalidad se han apresurado a recuperar para sí y para sus hijos –cuando no también para sus nietos–, lo cual, a menudo, ha significado también ciertos beneficios económicos, como la seguridad social u otros. Habría que conocer mejor si a la par que se intensificó la relación con esta España postfranquista, también varió su relación con un México hoy económicamente más vulnerable que el que años atrás los acogió en medio de la tragedia y les dio "pan, trabajo y hogar" (Díez-Canedo 1945: 68).

4. Conclusiones

Podríamos seguir historiando otros ámbitos y temas, pero estos dos ejemplos contrapuestos bastan para ejemplificar contrastes de la inserción en México. Ambos casos –La Casa de España y los colegios para niños y jóvenes– fueron un intento de facilitar la integración al nuevo país y evitar un choque cultural, pero los resultados fueron complejos.[10] Gran parte de los intelectuales y científicos que llegaron encontraron facilidades laborales reales, pero a cambio se vieron empujados a redirigir sus intereses hacia los problemas y temas de un país que apenas conocían, abandonando sus labores de años. En este sentido, al exilio político y geográfico se sumó el *exilio del quehacer profesional*. En cambio, las escuelas y otros espacios educativos y sociales se esforzaron por conservar la cohesión del grupo y preservar una identidad colectiva exiliada que pudo mantenerse viva y seguir construyéndose a sí misma en el destierro mexicano y al margen de la identidad cultural del país. En este sentido, para el exilio, la memoria fue a la vez constitutiva y forjadora de la identidad.

En retrospectiva, pues, nos encontramos con una experiencia surcada de contradicciones y paradojas que no siempre se han examinado en profundidad. No cabe duda de que la voluntad del exilio de mantener una identidad cohesionada ante la perspectiva de un eventual regreso, que se pensaba pronto, forjó una comunidad vuelta sobre sí misma, que permitió que el ingreso de los refugiados en la sociedad receptora se produjera sin la disolución violenta de su propia identidad.

Paradójicamente, lo que debió ser un proceso paulatino que integrara la identidad cultural originaria con la cultura receptora, resultó en un desarrollo a menudo desigual y contradictorio que exige explorar aún más la relación del colectivo exiliado con México y con España. Las preguntas subsisten: ¿acaso la inserción fue gradual, pero definitiva o, por el contrario, el exilio se mantuvo en vilo, con el rostro vuelto hacia atrás, sin sumarse plenamente a la cultura mexicana, pero sin tener otra de la cual formar parte, que no fuera la del exilio en sí mismo? Surge la duda de si el hecho de que México no sólo no forzara la asimilación de los recién llegados, sino que les permitiera la creación de espacios propios, contribuyó a que la integración no se realizara plenamente, o sólo fuera superficial y limitada. Además recordemos que México mantuvo restricciones legales y constitucionales respecto de la participación de los extranjeros en la política nacional; para un contingente tan ampliamente politizado en sus orígenes como el español, éste tal vez hubiera sido un mecanismo dinámico de integración al país. Valdría la pena reflexionar comparativamente con otros casos de refugiados. Seguramente la experiencia fue muy distinta para el grueso de los españoles que se quedaron, por ejemplo, en Francia, donde la integración, cuando no la asimilación, desde lo lingüístico hasta lo laboral, desde lo educativo hasta lo político, fue imprescindible para poder subsistir. Pese a que la vida del exilio en ese país fue mucho más accidentada y difícil que en México, los niños y jóvenes españoles, quiérase o no, se educaron en escuelas públicas y en francés, y para evadir la marginación y el prejuicio eventualmente se vieron obligados a inte-

---

[10] Para más detalles sobre los temas aquí tratados, ver Lida 2009. Véase también el importante estudio de Caudet 1997.

grarse a la cultura propia de la sociedad de acogida.[11] El contraste con México es evidente.[12]

Es cierto que el exilio en México nunca fue monolítico y que las experiencias variaron según las edades de quienes llegaron, su educación, su condición social, sus circunstancias vitales. Sin embargo, en términos generales, al menos durante varios lustros, el exilio fue en sí mismo una militancia, una profesión de fe, aunque en un destierro tan largo como la vida del dictador eventualmente fuera inevitable buscar sostén en el entorno de acogida. Cuándo, cómo, entre quiénes y hasta qué punto se alcanzó o no una inserción voluntaria y se redefinió la identidad individual y la colectiva es, como ya se señaló, algo que realmente desconocemos y que todavía queda como una asignatura pendiente que exige un desglose cuidadoso según los grupos y subgrupos que formaron el exilio: hombres y mujeres; niños, jóvenes y adultos de edades diversas; grado de educación y lugar donde se realizó; actividad laboral y nivel económico; lugar de asentamiento; nivel y tipo de cultura; y muchas otras variables. Sin duda, en la pequeña cotidianidad individual se produjeron contactos y surgieron afectos de los cuales quedan testimonios y anécdotas, pero en la vida colectiva, el insularismo, la endogamia y la introversión parecerían haber dominado.

Resta aún a los historiadores explorar mejor este tema, saber, en fin, si el exilio alguna vez dejó de estar en vilo, sobre qué realidades se cimentó y conocer el cómo y el cuándo de este proceso.

Bibliografía

ANGOUSTURES, Aline (1997). "Les réfugiés espagnols en France de 1945 à 1980". En: *Revue d'Histoire Moderne et Contemporaine* 44, 3, pp. 457-483.
BLANCO AGUINAGA, Carlos (2006). *Ensayos sobre la literatura del exilio*. México: El Colegio de México.
CÁRDENAS, Lázaro (1978). *Palabras y documentos públicos: 1928-1970*. Vol. 2. *Informe de gobierno y mensajes presidenciales de año nuevo, 1928-1940*. México: Siglo XXI.
CAUDET, Francisco (1997). *Hipótesis sobre el exilio republicano de 1939*. Madrid: Fundación Universitaria Española.
CRUZ, José Ignacio (1994). *La educación republicana en América (1939-1992). Maestros y profesores valencianos en el exilio*. Valencia: Generalitat Valenciana/Comissió per al V Centenari del Descobriment d'América.

---

[11] Los matrimonios mixtos también fueron frecuentes entre los exiliados en Francia, según lo muestra Angoustures 1997; ver la distinción ya clásica entre asimilación e inserción en Gordon 1964.
[12] Sobre los mecanismos de acogida e integración en Francia y México desde el final de la Guerra Civil hasta los años cincuenta, ver Dávila 2009.

DÁVILA, Claudia (2009). *Les réfugiés espagnols de la Guerre Civile en France et au Mexique. Histoire comparée des politiques d'asile et des processus d'intégration (1939-1975)*. Paris: Université Denis Diderot, Paris VIII (Jussieu).
DÍEZ-CANEDO, Enrique (1945). *Epigramas americanos*. México: Joaquín Mortiz.
DOMÍNGUEZ PRATS, Pilar (1994). *Voces del exilio. Mujeres españolas en México (1939-1950)*. Madrid: Comunidad de Madrid.
ENRÍQUEZ PEREA, Alberto (comp.) (2001). *Exilio español y ciencia mexicana. Génesis del Instituto de Química y del Laboratorio de Estudios Médicos y Biológicos de la Universidad Nacional Autónoma de México (1939-1945)*. México: El Colegio de México/Universidad Nacional Autónoma de México.
FERNÁNDEZ, Alberto (1976). "Las formaciones políticas del exilio". En: Abellán, José Luis (dir.). *El exilio español de 1939*. Madrid: Taurus, pp. 121-177.
GORDON, Milton M. (1964). *Assimilation in American Life: The Role of Race, Religion and National Origins*. New York: Oxford University Press.
HERRERÍN, Ángel (2007). *El dinero del exilio. Indalecio Prieto y las pugnas de posguerra (1939-1947)*. Madrid: Siglo XXI.
LIDA, Clara (1988). *La Casa de España en México*. México: El Colegio de México.
— (1991). "Del destierro a la morada". En: Naharro-Calderón, José María (coord.). *El exilio de las Españas de 1939 en las Américas: ¿Adónde fue la canción?* Barcelona: Anthropos, pp. 63-86.
— (1995a). "Lázaro Cárdenas y la Guerra Civil española". En: *Claves de Razón Práctica* 57, pp. 66-72.
— (1995b). "Sobre los historiadores españoles exiliados en México". En: *Revista de la Universidad de México* 532, pp. 11-15.
— (1997). *Inmigración y exilio. Reflexiones sobre el caso español*. México: El Colegio de México/Siglo XXI.
— (2009). *Caleidoscopio del exilio. Actores, memoria, identidades*. México: El Colegio de México.
LIDA, Clara/GARCÍA MILLÉ Leonor (2001). "Los españoles en México: de la guerra civil al franquismo, 1939-1950". En: Lida, Clara (comp.). *México y España durante el primer franquismo, 1939-1950. Rupturas formales, relaciones oficiosas*. México: El Colegio de México, pp. 203-252.
LIDA, Clara/MATESANZ, José Antonio (1990). *El Colegio de México: una hazaña cultural, 1940-1962*. México: El Colegio de México.
LIDA, Clara/MATESANZ, José Antonio/MORÁN, Beatriz (1989). "Las instituciones mexicanas y los intelectuales españoles refugiados: La Casa de España en México y los colegios del exilio". En: Abellán, José Luis/Monclús Antonio (coords.). *El pensamiento español contemporáneo y la idea de América*. Vol. II: *El pensamiento en el exilio*. Barcelona: Anthropos, pp. 79-158.
LLORENS, Vicente (1976). "La emigración republicana de 1939". En: Abellán, José Luis (dir.). *El exilio español de 1939*. Tomo I. Madrid: Taurus, pp. 95-200.
MARICHAL, Juan (1976). "Las fases políticas del exilio (1939-1975)". En: Abellán, José Luis (dir.). *El exilio español de 1939*. Tomo IV. Madrid: Taurus, pp. 227-236.
MATESANZ, José Antonio (1999). *Las raíces del exilio. México ante la guerra civil española, 1936-1939*. México: El Colegio de México/Universidad Nacional Autónoma de México.
MORÁN GORTARI, Beatriz (2001). "Los que despertaron vocaciones y levantaron pasiones. Los colegios del exilio en la Ciudad de México". En: Sánchez Andrés, Agustín/Figueroa Zamudio, Silvia (coords.). *De Madrid a México. El exilio español y su impacto sobre el pensamiento, la ciencia y el sistema educativo mexicano*.

Morelia/Madrid: Universidad Michoacana de San Nicolás Hidalgo/Comunidad de Madrid, pp. 209-245.

OTERO CARVAJAL, Luis Enrique (dir.) (2006). *La destrucción de la ciencia en España. Depuración universitaria en el franquismo.* Madrid: Universidad Complutense.

PÉREZ VEJO, Tomás (2001). "España en el imaginario mexicano: el choque del exilio". En: Sánchez Andrés, Agustín/Figueroa Zamudio, Silvia (coords.). *De Madrid a México. El exilio español y su impacto sobre el pensamiento, la ciencia y el sistema educativo mexicano.* Morelia/Madrid: Universidad Michoacana de San Nicolás Hidalgo/Comunidad de Madrid, pp. 23-93.

PLA BRUGAT, Dolores (1999). *Els exiliats catalans. Un estudio de la emigración republicana española en México.* México: Instituto Nacional de Antropología e Historia/Orfeó Català de Mèxic/Libros del Umbral.

— (2007a). "Un río español de sangre roja. Los refugiados republicanos en México". En: Pla Brugat, Dolores. *Pan, trabajo y hogar. El exilio republicano español en América Latina.* México: Instituto Nacional de Migración/Instituto Nacional de Antropología e Historia, pp. 35-127.

— (2007b). *Pan, trabajo y hogar. El exilio republicano español en América Latina.* México: Instituto Nacional de Migración/Instituto Nacional de Antropología e Historia.

RUBIO, Javier (1977). *La emigración de la guerra civil de 1936-1939. Historia del éxodo que se produce con el fin de la II República española.* 3 tomos. Madrid: Librería Editorial San Martín.

SÁNCHEZ VÁZQUEZ, Adolfo (1997a). *Del exilio en México. Recuerdos y reflexiones.* 2ª edición aumentada. México: Grijalbo.

— (1997b). *Recuerdos y reflexiones del exilio.* Barcelona: GEXEL.

VILANOVA, Antonio (1969). *Los olvidados. Los exilados españoles en la segunda guerra mundial.* Paris: Ruedo Ibérico.

Los estudios sobre el exilio republicano en México

WALTHER L. BERNECKER
FAU Erlangen-Nürnberg

1. Infraestructura, fuentes, libros de consulta

La emigración de la Guerra Civil española es el éxodo más dramático de la historia de España dado que no admite parangón con ninguno de los precedentes en cuanto a volumen, composición y trascendencia, tanto dentro como fuera del país. Y aunque la bibliografía sobre este exilio es ingente, sigue habiendo hasta hoy grandes lagunas y discrepancias de interpretación. Además, los autores que se ocupan del exilio no sólo discrepan en apreciaciones de aspectos parciales, sino también en lo que se refiere al exilio en general. Por mencionar sólo dos casos contrapuestos: mientras que el dirigente anarquista Fidel Miró sostiene en su libro *¿Y España cuándo?*: "Sí, políticamente hemos fracasado, después de haber sido vencidos" (1959: 196), muy al contrario Juan Marichal caracteriza la historia del exilio como "la historia de una *Numancia* admirable" (en Alted 1993: 15).

Empecemos, como es pertinente para un historiador, con las fuentes. La publicación de fuentes es una categoría especial de libros sobre el exilio. Con motivo del 75º aniversario de la proclamación de la Segunda República y del 70º aniversario del comienzo de la Guerra Civil, la Asociación para el Estudio de los Exilios y Migraciones Ibéricos Contemporáneos (AEMIC) tomó la iniciativa de dedicar, en el año 2007, un número monográfico de su revista *Migraciones & Exilios* a los archivos del exilio español. En este número se ofrece, en un esfuerzo de sistematización, un estado de la cuestión. El dossier se abre con sendos artículos sobre los archivos públicos (de titularidad estatal) y los pertenecientes a las organizaciones políticas y sindicales. A continuación, una serie de artículos están consagrados al análisis de las fuentes de archivo en diferentes países de acogida, entre ellos, México. Y, finalmente, se incluye un grupo de trabajos que toman en consideración una serie de temas trasversales en relación con el propio exilio español de la Guerra Civil: fuentes orales, exilios catalán y vasco, literatura y cine en el exilio. Indudablemente, este número monográfico es una referencia ineludible para los estudiosos del exilio de 1939.

Una mención aparte merece el Ateneo Español de México, fundado en el año 1948 por los exiliados españoles, que cuenta con uno de los mayores acopios documentales, bibliográficos, hemerográficos, artísticos, fotográficos y audiovisuales sobre aspectos vinculados a la Segunda República española, la Guerra

Civil y el exilio en México y otros países. Desde 2007 dispone también de un boletín electrónico.

En este rubro hay que mencionar también las entrevistas realizadas a distinguidos universitarios exiliados en México por Ascensión H. de León Portilla (1978) y la compilación de documentos sobre las relaciones entre la República española y México, a cargo de Antonio Matesanz (1978), obra de consulta obligada para todos los interesados en conocer la política que el Gobierno mexicano sostuvo frente a la República española. El compilador ha hecho uso de documentos exclusivamente mexicanos y presenta, por lo tanto, la perspectiva del país receptor.

Otra compilación de fuentes es el medio centenar de cartas entre José Puche, presidente del Comité Técnico de Ayuda a los Republicanos en México (CTARE), y Alfonso Reyes, presidente de La Casa de España en México, editadas por Alberto Enríquez Perea. El epistolario pone en evidencia el gran interés que hubo por el destino de los republicanos españoles que llegaban a México en calidad de asilados políticos (Enríquez Perea 2004). Las cartas, escritas entre 1939 y 1940, revelan que José Puche y Alfonso Reyes estaban empeñados en trabajar conjuntamente para resolver la cuestión de la integración laboral de los refugiados españoles en México, para que pudieran encontrar un trabajo digno que les permitiera vivir con decoro.

Una institución muy vinculada desde sus orígenes a los exiliados españoles, el Instituto Nacional de Antropología e Historia (INAH) de México, dio en los años setenta y ochenta un paso decisivo para el conocimiento y la recuperación de la memoria histórica española, al poner en marcha el proyecto "El Archivo de la Palabra". El resultado del esfuerzo efectuado por un grupo de investigadoras españolas y mexicanas ha sido la creación de un valioso archivo oral compuesto de más de cien entrevistas realizadas a los exiliados, en las que a los recuerdos personales se suman reflexiones sobre la guerra, el exilio, el régimen franquista, la España de la Transición, el problema de la vuelta y el final del exilio (ver Cordero Olivero 1997: 25). Primeros resultados del trabajo con "El Archivo de la Palabra" –después Departamento de Estudios Contemporáneos del INAH– son las cuatro publicaciones que aparecieron con el título de *Palabras del exilio* entre 1980 y 1988. En el primer tomo se reproduce la entrevista que María Luisa Capella realizó al doctor José Puche Alvarez, que estaba al frente del CTARE; el segundo tomo se centra en la travesía del Sinaia; el tercero se ocupa de seis antropólogos hispano-mexicanos; y el cuarto de "la vuelta", del regreso a España de los exiliados republicanos. Otro resultado del trabajo con "El Archivo de la Palabra" es el estudio de Pilar Domínguez Prats: *Voces del exilio. Mujeres españolas en México (1939-1950)* (1994).

Las obras de Patricia Fagen (1975) y de Ascensión H. de León Portilla (1978) aportaron los primeros testimonios de los protagonistas. A esos testimonios directos también se puede acceder a través de las crónicas escritas por Carlos Martínez (1959) y de las numerosas memorias publicadas desde los primeros años del exilio hasta hoy, si bien la biografía es un género que muchos refugiados se han resistido a utilizar. Una de las mejores bibliotecas del exilio es la de la Fundación Universitaria Española, que en el año 2003 ya había reunido unos 2.000 tomos sobre el exilio republicano español, y desde entonces hasta hoy ha incrementado sensiblemente sus fondos (Piedrafita Salgado 2003: 7). La Fundación, que custodia también los fondos del Archivo del Gobierno de la Segunda República Española en el Exilio, es junto con la Biblioteca del Exilio, un centro privilegiado para la investigación del tema. Con los materiales de la Biblioteca, Fernando Piedrafita Salgado ha reunido una bibliografía que abarca el período entre 1936 y 1975, comprende obras de exiliados editadas en el extranjero, obras de exiliados editadas en España durante su exilio, sus memorias, autobiografías y biografías, obras cuyo tema es el exilio en general o en forma particularizada (Piedrafita Salgado 2003: 10). La recuperación del tema del exilio se debe también al empeño puesto en él por fundaciones como la Pablo Iglesias o Francisco Largo Caballero, así como por instituciones como el Centro de Investigación y Estudios sobre la República Española (CIERE) con su revista especializada *Cuadernos Republicanos*.

Los estudiosos disponen, desde hace años ya, de una serie de bibliografías, manuales, etc., que pueden ser consultados para una primera orientación. Para dar muestra de la labor productiva que los intelectuales estaban realizando en sus países de acogida, empezaron a publicar ya a partir de 1943 el *Boletín Informativo de la Unión de Profesores Universitarios Españoles en el Extranjero (Sección de México)*, al que vendrían a sumarse otros boletines, y, en 1950, el libro de Julián Amo y Charmion Shelby, que registra en forma de catálogo lo publicado hasta entonces por los intelectuales españoles en América. Julián Amo era un bibliógrafo español de la diáspora del 39; inició el trabajo sobre "la obra impresa" en la Biblioteca del Congreso de Washington a finales de 1945, y cuando tuvo que dejar el trabajo por enfermedad, retomó esa labor Charmion Shelby. En este catálogo se incluyen libros de creación, ensayos o traducciones de obras extranjeras, folletos, artículos y música impresa de centenares de intelectuales españoles. Prologada por uno de los grandes valedores de los españoles exiliados en México, Alfonso Reyes, esta publicación mostró en fecha muy temprana lo que estaba suponiendo la persistencia del exilio para la cultura española. Más tarde, siguieron los catálogos de exposiciones organizadas por el Ateneo Español de México en 1979 y 1989 (ver Alicia Alted en Caudet 2005: 13).

Una bibliografía de 1997 sobre el exilio catalán en México registra 57 títulos específicos; de los que se publicaron en los primeros cuarenta años del exilio, que constituyen aproximadamente la mitad del total, una tercera parte puede considerarse fuentes primarias, documentales (Pla *et al.* 1997). En los años noventa empiezan a publicarse obras de consulta. Aparecen dos diccionarios, el *Diccionari dels catalans d'Amèrica* (1992) y el *Diccionario de los catalanes de Méxi-*

co (1996), coordinado por José María Murià. Si bien ambos registran la presencia de catalanes en América y México, respectivamente, a lo largo de los siglos, los refugiados de 1939 tienen un peso destacado en ellos. Entre las obras de consulta, puede mencionarse también el *Diccionario del exilio español en México* (1997) de Eduardo Mateo Gambarte, un volumen bio-bibliográfico y hemerográfico sobre unos treinta escritores exiliados.

Clara muestra de la importancia que se le está dando hace años en España al exilio de la Guerra Civil, es el hecho de que los estudiosos de este tema ya han formado una estructura investigativa. Aquí hay que mencionar, en primer lugar, el Grupo de Estudios del Exilio Literario (GEXEL) con sede en la Universidad Autónoma de Barcelona, bajo la dirección de Manuel Aznar Soler, y la Asociación para el Estudio de los Exilios y Migraciones Ibéricos Contemporáneos (AEMIC) con sede en la Universidad Nacional de Educación a Distancia (UNED), que publica la revista *Migraciones & Exilios*.

2. Instituciones, asociaciones, organizaciones

La labor historiográfica sobre las asociaciones y organizaciones políticas en el exilio apenas ha avanzado sustancialmente desde finales de los años setenta, cuando aparecieron las aportaciones de Javier Rubio (1977) sobre los refugiados, la política de las potencias occidentales y las organizaciones republicanas. Más bien, la historiografía ha estado profundamente influenciada por la literatura de combate, como se puede apreciar todavía en un libro tan reciente como el de Secundino Serrano (2005) sobre la actuación de los republicanos españoles durante la Segunda Guerra Mundial, que lanza fuertes críticas hacia la gestión de los dirigentes republicanos repitiendo la acusación de que se olvidaron del problema de los refugiados, y de que la Junta de Auxilio a los Republicanos Españoles (JARE) habría actuado de manera sectaria e inoperante. Otro de los autores que se había ocupado antes del tema, José Carlos Gibaja (2005), interpreta la acción de Indalecio Prieto en la JARE como exclusivo intento de consolidar su posición en el socialismo español.

Uno de los primeros estudios sobre la política de las organizaciones exiliadas frente al régimen franquista es, desde una perspectiva libertaria, el de José Borrás, que se concentra en los años 1944-1950, ya que –al decir del autor– éste fue el único período en el que se presentaron ocasiones favorables "de dar cima al objetivo que, con tanto empeño como ceguera, perseguía [...] el conjunto de los sectores exiliados del antifascismo hispano" (1976: 6). También Julio Aróstegui se ocupa de las organizaciones socialistas en el exilio en su estudio sobre Francisco Largo Caballero. Centrando su interés en el papel del líder sindical y jefe de Gobierno republicano hasta mayo de 1937, analiza los esfuerzos de Largo Caballero por introducir la estrategia plebiscitaria como propuesta formulada en la búsqueda de una alternativa para el régimen de Franco al final de la Segunda Guerra Mundial, alternativa llamada por Aróstegui "transición y plebiscito" (1990: 21), alternativa que en su época fue conocida como "plebiscito" y que las publicaciones sobre el tema atribuyen generalmente en exclusiva a Indalecio Prieto.

Prácticamente todos los estudios que se ocupan de la política de las instituciones republicanas en el exilio, hablan también de la política mexicana de asilo. Las primeras publicaciones tenían un carácter meramente hagiográfico, contrastando positivamente la política mexicana con la de otros países latinoamericanos. Entretanto, las apreciaciones son más cautelosas y diferenciadas. Hoy rige más bien la interpretación reciente de Abdón Mateos, quien califica la política mexicana de asilo como "contradictoria, carente de medios e improvisada" (2005: 91), una valoración que se desprende de la pugna entre diversas secretarías de Estado por controlar la inmigración de los republicanos españoles.

Marichal (1976) y Abellán (1983) hablan, como la mayoría de los autores, del año 1950 como comienzo de la segunda fase del exilio político, fracasada en la primera fase la emigración republicana en su intento de derrocar a Franco, cuyo régimen logró estabilizarse en aquellos años. La segunda fase del exilio se caracterizó por una atomización de las fuerzas republicanas y por el traslado del centro político del exilio de México a Francia. La frustración de muchos exiliados, al ver difuminarse progresivamente toda posibilidad de restaurar a corto plazo un régimen democrático en España, tuvo gran influencia en la actitud de numerosos exiliados. En adelante, tuvieron que adaptarse más plenamente a la sociedad mexicana, y los fuertes lazos políticos dentro del grupo exiliado se fueron disolviendo, para ser sustituidos por unas relaciones sociales más abiertas hacia la sociedad mexicana.

Uno de los tempranos libros sobre las instituciones de la República en el exilio es el estudio de José María del Valle (1976). Más tarde, y con mucho mayor acopio de documentos, la acción de gobierno y la administración republicana en México fueron analizadas por María del Rosario Alonso García (2004), básicamente con los fondos del Archivo del Gobierno de la Segunda República Española en el Exilio, depositados en la Fundación Universitaria Española. La autora hace un análisis de las tareas de información y propaganda entre 1945 y 1962. Junto con otros libros recientes, como el de Miguel A. Yuste de Paz sobre la Segunda República en exilio a principios de la Guerra Fría (2005), el de Milagrosa Romero Samper sobre las instituciones republicanas en el exilio y los diferentes grupos políticos (2005), y el de Javier Cervera Gil con el título *La guerra no ha terminado* (2007) permiten tener un conocimiento mucho más depurado y profundo de los avatares de la política en el exilio.

Sólo desde muy recientemente se conoce de manera detallada, gracias al exhaustivo estudio de Ludger Mees (2006), el papel decisivo que jugó José Antonio Aguirre, presidente del Gobierno vasco en el exilio, en la recomposición de las instituciones republicanas en México, debido al excelente entendimiento del lehendakari con Diego Martínez Barrio, que le permitió ejercer una influencia decisiva sobre el devenir de las instituciones en los dos primeros años de su existencia. A partir de 1948, Aguirre coincidió con Indalecio Prieto en la apertura de los republicanos hacia los monárquicos liberales y católicos.

En lo que concuerdan la mayoría de los autores es en atribuir parte de la responsabilidad del fracaso político del exilio a la desunión de las organizaciones republicanas. En 1983, Hartmut Heine examinó la evolución de las organizaciones y los partidos antifranquistas desde 1939 a 1956 resaltando el alto grado de desunión republicana.

Un capítulo especial en el marco de la abundante producción historiográfica del exilio, y al mismo tiempo uno de los temas más polémicos, es el de la ayuda republicana a los refugiados. Durante mucho tiempo, predominaron las aportaciones de una literatura histórica politizada por los enfrentamientos intrarrepublicanos durante la Guerra Civil. Entre estas obras combativas, se pueden citar, entre muchas otras, las de Amaro del Rosal y Francisco Olaya Morales. Amaro del Rosal afirmaba que la República había tenido que soportar sucesivamente los golpes de Franco, de Casado y Prieto (Rosal 1977). La última versión del libro de Olaya Morales *La gran estafa de la Guerra Civil* lleva un clarísimo subtítulo: *La historia del latrocinio socialista del patrimonio nacional y el abandono de los españoles en el exilio*. Según este autor, los socialistas eran culpables de todas las desavenencias que sufrirían los exiliados. En la contraportada del libro se dice que la "falta de transparencia e irresponsabilidad abocó a miles de españoles al abismo de la muerte y la humillación" (Olaya Morales 2004). Con esta tesis, el autor se inserta en la tradición, perceptible desde hace unos años, de un revisionismo historiográfico frente a la Guerra Civil y la posguerra. En un estudio previo titulado *La gran estafa: Negrín, Prieto y el patrimonio español* (1996), Francisco Olaya ya había censurado el comportamiento de Prieto, quien, después de haber puesto serias reticencias a la reconstitución de las instituciones republicanas, arremetería a partir de 1945 sin tregua contra ellas.

Un tema no menos debatido ha sido y es la cuantía de los fondos manejados por los líderes republicanos, es decir –en palabras de Abdón Mateos–, la "financiación del exilio" (2007: 215). Mientras que Francisco Caudet ha resaltado la carencia de inventario o la mala gestión, Alicia Alted considera en su libro *La voz de los vencidos* (2005) que las finanzas del exilio están pendientes de aclaración.

Indudablemente, los diferentes criterios sobre la asignación de los recursos trasladados a bordo del *Vita* a México, fueron uno de los aspectos cruciales del pleito entre Indalecio Prieto y Juan Negrín. Ayudar inmediatamente a los refugiados, como quería Prieto, o reservar los fondos para el futuro de las instituciones republicanas, posición que defendía Negrín, fue uno de los dilemas más importantes del enfrentamiento entre los dos líderes socialistas (Mateos 2007: 216). Como bien señala Abdón Mateos, "desentrañar la trayectoria de las instituciones de ayuda republicanas a los refugiados de la Guerra Civil es un objetivo historiográficamente decisivo para la historia de España del siglo XX" (2007: 217). Mateos llega a la conclusión de que ni en el caso del Servicio de Evacuación de Refugiados Españoles (SERE) ni en el de la JARE se puede hablar de mala gestión de los recursos republicanos, pues en ambos casos estas instituciones trataron de evitar un gasto excesivo en subsidios. Con esta postura, Mateos contradice las críticas exageradas y apasionadas acerca de la gestión de ayuda republicana a los refugiados, postura ésta que ha impregnado a buena parte de la historiografía. Así afirma José Carlos Gibaja, por ejemplo, que la acción de Prieto en la JARE respondía menos a su sentido de responsabilidad, que al interés por consolidar su posición en el socialismo español (Gibaja 1995: 254).

En el año 2006, el Ministerio español de Asuntos Exteriores y de Cooperación publicó una obra de referencia: *Índices de los documentos de la ayuda a los republicanos españoles en el exilio y del Gobierno de la República en México*. Todavía son pocos los historiadores que han hecho uso de estos fondos; quizá el trabajo con estos documentos contribuya a objetivizar el debate en el futuro. De momento, el estudio más exhaustivo y reciente sobre la financiación del exilio es el voluminoso tomo de Abdón Mateos, titulado *La Batalla de México* (2009). Según Mateos, resulta imposible calcular la cuantía de los fondos localizados en el extranjero al final de la guerra. Negrín estimaba la suma transportada a bordo del *Vita* en unos cuarenta millones de dólares, cifra que le parece razonable a Mateos, quien valora los bienes totales del Estado republicano salvados de la incautación por Franco en cincuenta millones de dólares. En cuanto a la tensa polémica entre Prieto y Negrín acerca del uso que debería darse a estos fondos, Mateos se inclina claramente por la posición de Prieto haciendo ver que la única alternativa realista y moralmente aceptable era el empleo de tales recursos para paliar la situación de los refugiados. Esa política defendida por Prieto obtuvo el apoyo de la mayoría de los representantes republicanos a través de la diputación permanente de las Cortes, reunida en Francia. Buena parte de las autoridades mexicanas veía con malos ojos que no se invirtiera la mayor parte de los recursos de la JARE en México, sino en Francia. Este hecho era un factor de agitación de los Negrinistas contra Prieto, al sostener que ellos habían realizado inversiones en el país, mientras que los rivales sacaban los recursos de México.

La fractura del exilio tuvo consecuencias desastrosas para la causa de la República. Se puede decir que fue su acta de defunción, aunque seguramente era inevitable, debido al creciente aislamiento político de Negrín. Al final de la Segunda Guerra Mundial volvió a reabrirse el debate sobre la financiación del exilio, debido a la decisión del Gobierno mexicano de reconocer el establecimiento de las instituciones republicanas españolas y transferirles los remanentes de los fondos de la JARE. Los aproximadamente cuatro millones de dólares provenientes de la JARE prácticamente se gastaron en dos años de vida de las instituciones republicanas en el exilio.

Abdón Mateos concluye:

> La creación de estas instituciones republicanas de ayuda a los refugiados después de una derrota en una guerra civil tan devastadora resulta admirable, pues dio testimonio de oposición a la dictadura franquista desde el mismo final de la guerra. Esta actividad republicana, permitida no sólo por los recursos salvados de la derrota de la guerra civil, sino por una voluntad de resistencia política, deslegitimaba la victoria franquista y fue una forma de denuncia exterior de la dictadura (2009: 282).

Extrañamente, Abdón Mateos no menciona en ningún momento el libro de Ángel Herrerín López, *El dinero del exilio*, a pesar de que se ocupa del mismo tema, "Indalecio Prieto y las pugnas de posguerra" (Herrerín López 2007). En varios sentidos, Herrerín había llegado dos años antes de la publicación del libro de Mateos a conclusiones similares, por ejemplo, en cuanto al volumen de los fondos manejados por la JARE y en cuanto a las ventas del material. En otros aspectos, las conclusiones de Herrerín son más críticas que las de Mateos. Así, comentando la supresión de la Comisión de Socorros que controlaba los fondos, concluye: "Desde este momento, la delegación actuó a su antojo y procedió de una forma elitista y partidista en la distribución de las ayudas y en la contratación del personal que trabajaba en la JARE" (2007: 232). Y respecto de la confección de las listas de embarque de Francia a México, la delegación favoreció "a personas y grupos afines como republicanos, socialistas prietistas o nacionalistas, en detrimento de comunistas, socialistas negrinistas o anarquistas" (2007: 234). Lo mismo puede decirse del reparto de los fondos girados a Francia por la Delegación, favoreciendo a personas e instituciones que apoyaban a Prieto en su pleito con Negrín. También en el caso de la República Dominicana hubo similares críticas. Las conclusiones de Herrerín critican tanto la actuación de la JARE como la del SERE; resaltan la falta de control democrático y el duro enfrentamiento de la JARE con la inmensa mayoría de los grupos del exilio: "Tanto el SERE como la JARE olvidaron su objetivo primordial: la ayuda a los exiliados españoles, sin distinción de militancia o afinidades" (2007: 235). La gestión de Prieto es interpretada de manera más ambivalente: por un lado, el político socialista había ocupado el centro de la vida política del exilio español y, por otro, se había convertido en objetivo de críticas y de ira de los que se sentían marginados por su actuación al frente de la delegación de la JARE en México.

Obviamente, las interpretaciones de Herrerín divergen, a pesar de que ambos historiadores consultaron en gran medida las mismas fuentes primarias. Parece que la polémica que se vienen trayendo las distintas facciones desde la Guerra Civil se prolonga –si bien de manera mucho más moderada– en las divergentes interpretaciones de los historiadores de hoy.

Notablemente más favorable a Negrín es el juicio de Enrique Moradiellos en un estudio de 2007. Resalta que, contra la generalizada opinión divulgada por sus enemigos políticos, Negrín y sus colaboradores en el Gobierno republicano en el exilio llevaron a cabo una minuciosa y detallada contabilidad sobre los fondos financieros disponibles y sobre los destinos y aplicaciones (Moradiellos 2007: 118). Tras la consulta y el examen de la vasta documentación, "difícilmente se mantiene la acusación contra el doctor Negrín y sus colaboradores de falta de atención, de despilfarro o dilapidación de caudales públicos" (2007: 118). Moradiellos pasa revista detalladamente al "enorme capítulo de gastos de carácter humanitario", concluyendo que las partidas destinadas a subvenir el funcionamiento de las instituciones republicanas en el exilio no parecen "particularmente desorbitadas ni improcedentes" y que "no es cierta la acusación difundida entonces de que el Gobierno en el exilio apenas prestaba atención a las necesidades de los exiliados y reservaba sus fondos para la acción política y el mantenimiento de instituciones y partidos (y sus dirigentes)" (2007: 121).

Examinado detenidamente las últimas publicaciones –todas ellas documentalmente bien fundamentadas– sobre la gran controversia de posguerra entre Negrín y Prieto, se llega a la conclusión de que los respectivos autores están en condiciones de explicar y justificar el comportamiento y el manejo financiero de los políticos investigados por ellos. La detallada documentación existente no ha llevado pues, hasta ahora, historiográficamente, a una convergencia de conclusiones en la tan traída polémica entre los dos políticos socialistas.

3. Visiones de conjunto

Si en España durante algún tiempo primaban los estudios políticos y literarios de la diáspora republicana, en México se hacía más hincapié en los aspectos culturales y testimoniales del exilio. Los primeros textos sobre los exiliados no eran, en sentido estricto, de caracter académico; respondían más a un intento de justificación que de explicación. En este grupo habría que mencionar el libro de Antolín Piña Soria sobre el presidente Cárdenas y la inmigración republicana, en el que defiende básicamente la política asumida por el presidente mexicano (1939); el recuento de los hombres más conspicuos de la emigración realizado por Mauricio Fresco en *La emigración republicana española: una victoria de México* (1950); y la visión general del exilio de Carlos Martínez, titulada *Crónica de una emigración [la de los Republicanos Españoles de 1939]* (1959).

Estos primeros estudios sentaron las bases de lo que más tarde vendría a ser la imagen definitiva del exilio en México, a saber: que se trataba de un fenómeno que difería radicalmente de la tradicional emigración española a México, lo que quedaba comprobado a través de la vasta labor editorial e intelectual llevada a cabo por los emigrados políticos.

El primer análisis del exilio hecho desde una perspectiva exterior al grupo es de 1950. Ese año, el ya mencionado Mauricio Fresco, funcionario del Ministerio de Exteriores mexicano, publicó *La emigración republicana española*, libro escrito en un tono entusiasta, no exento de triunfalismo. Señalaba el carácter novedoso de la nueva emigración española reforzada, cuyos integrantes diferían totalmente de los antiguos emigrantes, designados despectivamente como "gachupines". La mayor parte del libro se refiere a "los frutos de la emigración en México", centrándose en la labor profesional e intelectual de los exiliados, los individuos más destacados en cada disciplina, los centros culturales, las editoriales, escuelas, etc. Estudios posteriores se guiarían por el libro de Mauricio Fresco, asumiendo ya de antemano dos tesis: la mayor importancia cualitativa de los profesionales intelectuales en el exilio, y las diferencias radicales entre la vieja y la nueva emigración española a México (Domínguez Prats 1994: 14 y ss.). Poniendo énfasis en el exilio intelectual, ya en 1966 José Gaos publicó en la *Revista de Occidente* un artículo de gran trascendencia para la conceptualización del exilio: "La adaptación de un español a la sociedad hispanoamericana", donde utilizó por primera vez el término "trastierro". Su tesis se basaba en las características abiertas de la sociedad mexicana y en la afinidad entre el México de la Revolución y el ideal de la España republicana.

En un artículo panorámico sobre la presencia española en México entre 1930 y 1990, también Dolores Pla clasifica a los españoles en México en tres grupos: los "antiguos residentes", los refugiados republicanos y otro al que llama los "nuevos residentes". Los tres grupos fueron importantes para México debido a su inserción económica y social. En el caso de los refugiados republicanos –grupo que interesa aquí– se puede decir que los 16.000 a 30.000 exiliados constituyeron un grupo de excelencia: el 58,3% del sector terciario estaba formado por profesionales, catedráticos, maestros, intelectuales y artistas, y el 41% del sector secundario provenía de los sectores modernos de la industria (metalurgia, siderurgia, mecánica, electricidad). Por lo tanto, en términos numéricos, los exiliados españoles en México no eran representativos de la España de su tiempo, ya que en términos económicos provenían de los sectores más modernos de la sociedad española, y en términos culturales de los sectores más ilustrados (Pla 2001: 162-165). Esto implica que el perfil del exilio no se asemeja al de la emigración tradicional de españoles a México. Además, los refugiados españoles no se integraron a la comunidad de españoles y sus descendientes, sino que se organizaron por su cuenta creando sus propias instituciones, como los organismos de ayuda SERE y JARE. Algunos de estos organismos, como el Centro Republicano Español, el Ateneo Español de México, fundado en 1949, o colegios como el Instituto Luis Vives, intentaron integrar a toda la comunidad española en México.

En la historiografía sobre la presencia española en México, las publicaciones de y sobre los refugiados de la Guerra Civil española son con mucho las que ocupan el primer lugar en importancia numérica. Los primeros títulos se publicaron ya en el año mismo de la llegada de los exiliados, y desde entonces hasta hoy este grupo no ha dejado de suscitar el interés de los historiadores. La inmensa mayoría de los títulos han sido publicados en México, y casi la mitad de la producción historiográfica son publicaciones de los propios centros y de las organizaciones de los refugiados. De los demás textos, muchos han sido escritos por los mismos refugiados, y algunos de ellos muestran fuertes rasgos autobiográficos.

En los años sesenta y setenta aparecieron algunas obras que pronto se convertirían en clásicas. La monografía de Patricia Fagen, *Exiles and Citizens* (1973) –o, en su versión española, *Transterrados y ciudadanos* (1975)–, es uno de los primeros estudios sobre el exilio que pone especial atención en la labor desarrollada por los intelectuales y profesionistas exiliados. Le siguió, en 1976, la monumental obra dirigida por José Luis Abellán, *El exilio español de 1939*; tema al que Abellán ha dedicado muchos años de su carrera académica y de su vida intelectual, tratando, en sus diversas publicaciones, de insertarlo en sus condicionamientos socio-históricos y analizarlo en sus múltiples manifestaciones. Fruto de esas preocupaciones fue su temprano libro *Filosofía española en América* (1967), reelaborado veinte años más tarde y profusamente ampliado bajo el título de *El exilio filosófico en América* (1998); la obra colectiva ya mencionada, *El exilio español de 1939*, no se propone examinar el exilio en sus diversas manifestaciones políticas, sino poner el acento en su importancia cultural, en sus múltiples aportaciones en los distintos ámbitos de la cultura.

Un estudio muy bien documentado y que ofrece una visión de conjunto, también aparecido a finales de los años setenta, es la ingente obra en tres tomos del español Javier Rubio (1977), que tiene un enfoque de historia social y se concentra casi exclusivamente en aspectos socio-demográficos del exilio. A lo largo de la lectura, se percibe cierta antipatía del autor hacia los republicanos. De carácter general es también la obra de Avel·lí Artís-Gener (1975) y el más reciente estudio de Ignacio Henares Cuéllar (2005), quien con varios colegas de la Universidad de Granada ha editado un tomo sobre los artistas y los críticos españoles en México de 1939 a 1960. A modo de sucinta biografía particularizada, presenta a los artistas y críticos españoles exiliados, y se hace también breve referencia a cada una de las publicaciones periódicas que han servido de semillero para la selección.

En 1989, con ocasión de cumplirse los 50 años del final de la Guerra Civil, se dio en España un nuevo impulso a los estudios sobre el exilio. Varios congresos pusieron al día lo que ya había sido investigado y abrieron nuevas vías de investigación. En Madrid se celebró un simposio sobre *El destierro español en América: un trasvase cultural* (Sánchez-Albornoz 1990); en Puerto Rico hubo un congreso sobre la Guerra Civil y el exilio en Puerto Rico y el Caribe (AA.VV. 1991); en Maryland otro con el título *El exilio de las Españas de 1939 en América: "¿Adónde fue la canción?"* (Naharro-Calderón 1991).

Desde entonces hasta hoy se han seguido sucediendo múltiples encuentros a ambos lados del Atlántico, y casi todos han publicado sus respectivas actas o volúmenes colectivos. Son muchos y muy variados los aspectos particulares que se analizan, y que aportan el material para escribir, alguna vez, una exhaustiva historia del exilio. De los volúmenes colectivos merece destacarse el titulado *Exilio español en México 1939-1982*, escrito bajo los auspicios de la Presidencia de la República durante el gobierno de José López Portillo. Se trata de uno de los libros más completos sobre el exilio republicano español en México (AA. VV. 1982). El cuerpo principal del libro está formado por 32 aportes y contiene además un amplio índice bio-bibliográfico de los exiliados. Algunos textos analizan la actividad que desarrollaron los refugiados en diversos ámbitos –educación, filosofía, historia, antropología, arquitectura, matemáticas, etc.–, otros son textos testimoniales sobre los encuentros de mexicanos con exiliados, y finalmente hay trabajos que proponen evaluaciones o análisis generales del exilio. El volumen, naturalmente, no constituye una historia integral del tema, sino que recoge básicamente la obra que dejaron en México las grandes personalidades del exilio español.

El exilio ha sido también objeto de estudio por parte de un grupo de antropólogos mexicanos bajo la dirección de Michael Kenny. El punto de partida de estas investigaciones fue la consideración de los españoles residentes en México como una minoría con características y comportamiento diferenciados, marcados en gran medida por la antigua relación colonial entre el país de origen y el de destino. Tras caracterizar el grupo y buscar las similitudes y diferencias entre el exilio y la colonia de emigrantes económicos, los antropólogos estudiaron su comportamiento, su adaptación a la sociedad mexicana, las diferencias intergeneracionales entre los miembros del grupo, el problema de la vuelta a España, la progresiva fusión de lo que, hasta los años sesenta, fueron dos Españas irreconciliables. La obra coordinada por Michael Kenny, *Inmigrantes y refugiados españoles en México* (1979) aporta los primeros resultados de este análisis. Sobre los españoles residentes en México son fundamentales las más recientes publicaciones de Clara E. Lida, *Una inmigración privilegiada: comerciantes, empresarios y profesionales españoles en México en los siglos XIX y XX* (1994) e *Inmigración y exilio* (1997).

Inmaculada Cordero Olivero analiza en su libro *Los transterrados y España* (1997) la imagen de España en México y la influencia que sobre ella ejercieron los españoles republicanos exiliados. El libro presenta la visión que estos españoles conservaron de su país de origen a lo largo de los años del destierro; su nostalgia de España y de la República que vieron fracasar; el seguimiento de la España de Franco y la impaciente espera de su caída; la frustración de sus expectativas de que se les reconociera su sacrificio y de que el exilio tuviese al fin su recompensa; el advenimiento de la monarquía y la transición a la democracia, que se hizo sin su discurso; y, por último, la proyección de estas inquietudes sobre la sociedad mexicana.

Cordero Olivero ve a los exiliados como catalizadores de la imagen de España en la opinión pública mexicana. Pero primero tenía que saber cuál era esa imagen que los exiliados difundían en México, donde practicaron una continua rememoración de la España vivida, hasta convertirla en "su España". La guerra y el exilio tendieron a ser mitificados, "su" España era un paraíso perdido. Pero también desde España, en cierto modo, se mitificaba el exilio como representante de una España alternativa: la "España de los ideales" frente a la "España de lo posible" que se impuso en la transición (Cordero Olivero 1997: 282). Los exiliados conservaron en México –según la autora– la imagen congelada de las Españas enfrentadas, mientras en la Península esta imagen fue diluyéndose.

Había y hay, además, otra imagen de los exiliados: la intelectual. A los propios refugiados, mantener la imagen de que constituían una emigración de intelectuales les permitía distinguirse de los antiguos españoles residentes, los españoles que habían venido a México a "hacer las Américas", evitando o disminuyendo de esta manera las posibilidades de rechazo por parte de la sociedad receptora. Quien también defendió esta imagen intelectual de los refugiados es el propio Estado mexicano. Como benefactor y responsable de que estuvieran en México, por supuesto ha defendido el importante aporte que implicó la llegada de los exiliados, poniendo en primer plano la presencia de los intelectuales españoles. El ejemplo más acabado de ello es el volumen colectivo antes mencionado, financiado por el gobierno del presidente José López Portillo, y prologado por él mismo (AA. VV. 1982), pero también la obra de Josep Maria Balcells sobre las revistas catalanas en las Américas (1988) o el estudio de Teresa Férriz Roure sobre el trabajo editorial de los catalanes en México (1998), y toda una serie más sobre el exilio político catalán (Ferrer Sanchís 1977; Sauret i Garcia 1979; Díaz Esculies 1991). La mayoría de las obras se publicaban, entretanto, en Cataluña, muchas de ellas con apoyo institucional.

En los últimos quince años aparecieron excelentes estudios de carácter general o bien centrados en aspectos específicos. Entre otros, hay que mencionar *El exilio de las Españas de 1939 en las Américas*, de José María Naharro-Calderón (1991), el volumen compilado por Nicolás Sánchez-Albornoz acerca del destierro español en América como un "trasvase cultural" (1990), y el de Francisco Caudet, *Hipótesis sobre el exilio republicano español de 1939* (1997), un libro que no es propiamente una obra historiográfica, tampoco un ensayo ni un estudio de crítica literaria, sino un poco las tres cosas a la vez, que se aúnan o disocian al socaire de los distintos temas que va abordando. En realidad, el libro es el resultado del diálogo que el autor entabla con los protagonistas de ese exilio en la búsqueda de respuestas a interrogantes planteadas a lo largo de años de estudio. Por eso, en la estructura del libro se van trabando las citas testimoniales con las reflexiones del autor. En sus múltiples trabajos sobre el exilio de 1939, Caudet se ha orientado básicamente hacia el ámbito de las publicaciones periódicas con el referente geográfico de México (Caudet 2007). Sus trabajos son de indispensable consulta para el estudio de esta faceta del exilio y, a su través, para tomar conciencia de lo que supuso para la cultura española.

En la línea de descubrir las huellas de los "cerebros fugados" en México, la "inteligencia peregrina", la obra de Fernando Serrano Migallón constituye una historia cultural del exilio republicano arraigado en la sociedad mexicana. Es la historia de una intelectualidad, y al mismo tiempo de un crisol, en el que ambas culturas se cruzaron y produjeron resultados asombrosos. El rescate por el Gobierno mexicano de esta "inteligencia peregrina" y su incorporación a la vida cultural del país, constituye la parte central del libro. Sendos capítulos están dedicados a los intelectuales en los campos de las humanidades, las ciencias jurídicas y sociales (Serrano Migallón 2006).

En el volumen colectivo *Cátedra extraordinaria "México, país de asilo" 2003-2006* (2007), de Virgilio Zapatero, Tomás Segovia y otros, se aborda el tema del asilo en sus aspectos políticos y jurídicos; el libro incluye, además, experiencias particulares de distintas colectividades o personas aisladas. Virgilio Zapatero aborda el recurrente caso del exilio español haciendo un llamado a la memoria, pero también al reconocimiento del país que brindó asilo, dando entrada a la perspectiva del asilo visto desde la misma España, presentando la historia de la revaloración de los que huyeron, desde el país del que se vieron forzados a salir.

A pesar de la enorme bibliografía sobre el exilio, Dolores Pla llega a la conclusión de que "sabemos mucho de pocos refugiados y prácticamente nada de la mayoría" (2001: 166), ya que se ha estudiado mucho y sobre todo a los que formaban las elites del exilio, y muy poco al resto de los refugiados. En su trabajo sobre *Els exiliats catalans*, Dolores Pla afirma que las formas de inserción a la vida productiva mexicana de estos exiliados no se realizaron a través de los mecanismos propios de la emigración tradicional, ni se dieron en los mismos nichos económicos.

4. La cultura: literatura y editoriales

El tema del exilio que más interés ha suscitado en España es la literatura. Aquí hay que mencionar en primer lugar a Francisco Caudet con su estudio sobre las revistas literarias en México (1992 y 2007); el mismo investigador ya había analizado las revistas *España Peregrina* (1976), y *Las Españas*, en el tomo colectivo compilado por Gabriel Rojo Leyva y James Valender. Se destacan igualmente los estudios publicados alrededor del GEXEL bajo la dirección de Manuel Aznar Soler, como los volúmenes colectivos sobre las literaturas del exilio republicano de 1939 (Aznar Soler 1998); Aznar Soler dirigió también un número especial de la publicación trimestral *Taifa*, con el título *Monográfico sobre el exilio español en México (1939-1977)* (1997), que abarca los campos de la literatura, la música, las artes plásticas, el teatro y el cine. Por supuesto, hay que subrayar aquí también los diferentes estudios de la serie "Literatura del exilio español", editada por el Centro de Estudios Lingüísticos y Literarios de El Colegio de México.

En su mencionada monografía sobre las revistas literarias en México, Francisco Caudet establece una cronología del exilio en dos etapas: la primera, de 1939 a 1950, fue una etapa de intensa actividad coincidente con un protagonismo de los republicanos en los foros internacionales; la segunda, de 1950 a 1971, se caracterizó, fracasada la política republicana de alianzas con las potencias occidentales, por la resistencia a abandonar la lucha que, por otra parte, se había ido trasladando progresivamente al interior de España (Caudet 1992: 721). En la parte final del estudio, Caudet pondera muy equilibradamente la experiencia que el exilio significó para los desterrados, así como culturalmente para México y para España (1992: 723-725).

Desde el día mismo de su llegada, los exiliados españoles en América empezaron a publicar, muchos en editoriales creadas por ellos mismos. Hablar de la producción intelectual de los españoles exiliados implica, por lo tanto, conocer también las editoriales que fundaron o contribuyeron a fundar, sobre todo en México y Argentina, y, en menor medida, en Chile.

En el caso mexicano se centra María Fernández Moya en su artículo sobre los "Editores españoles a ambos lados del Atlántico" (2008), aportando una perspectiva de largo plazo que permite analizar qué supuso el exilio republicano para la edición en español. La amplia perspectiva histórica permite también estudiar los vínculos entre redes sociales, círculos culturales e intereses empresariales. En este sentido, el artículo apoya la teoría, desarrollada, entre otros, por Clara E. Lida, sobre la importancia de las "relaciones oficiosas" entre España y México durante el franquismo (Lida 2001). Muchos exiliados españoles habían estado vinculados en España y siguieron relacionándose en México con el mundo editorial, y todos ellos crearon o participaron en empresas que dinamizaron el panorama editorial mexicano. Al mismo tiempo, fueron estrechas y evidentes las conexiones entre los exiliados españoles en México y el mundo editorial franquista (Santonja 2003).

En cuanto a las editoriales en México hay que resaltar que se creó allí en 1939, con fondos del SERE y dependiente de la Junta de Cultura Española, la editorial Séneca, dirigida por José Bergamín y José Gallegos Rocafull, cuyas publicaciones no se limitaron a la obra del exilio, sino que también incluyeron obras y autores clásicos. Mención aparte merece el Fondo de Cultura Económica, creado con anterioridad al exilio, en 1934, ya que muchos exiliados españoles trabajaban como autores y traductores, sobre todo del alemán y del inglés, para la editorial, que así logró publicar más de cien obras de humanidades traducidas de otras lenguas.

A las ya mencionadas habría que añadir muchas otras editoriales, algunas de las cuales perduran hasta hoy: la editorial Era, con la ejemplar Imprenta Madero; Juan Grijalbo que existe con éxito hasta hoy; la Unión Tipográfica Editora Hispano-Americana (UTEHA); Edición y Distribución Ibero-Americana de Publicaciones (EDIAPSA), cuyo fundador en México, Rafael Jiménez Siles, desarrolló también una importante labor como librero con la creación de las "Librerías de

Cristal", que contribuyeron notablemente a la distribución de la obra escrita de los exiliados.

Al hacer un balance de la producción del exilio en América, estas editoriales son de suma importancia: por un lado reflejan los intereses culturales e intelectuales de muchos exiliados, y por otro fueron durante mucho tiempo el lugar preferido donde ellos mismos publicaban sus obras. Rastrear pues los títulos publicados por las editoriales de los exiliados equivale a buscar y encontrar gran parte de lo que esta generación ha legado al mundo intelectual.

5. Aspectos específicos

Tratados los temas más bien generales del exilio, los autores abordaron temas más concretos y acotados, como el exilio español en la Universidad Nacional Autónoma de México (1991); los primeros tiempos del exilio, presentados por Víctor Alfonso Maldonado en *Las tierras ajenas* (1992); los exiliados en una determinada región, como Chiapas, analizados por María Mercedes Molina Hurtado en su estudio *En tierra bien distante* (1993); la génesis del exilio, en *Las raíces del exilio*, de José Antonio Matesanz (2000); o la presencia catalana en México analizada por Dolores Pla (1999).

En la bibliografía sobre el exilio predominaron y siguen predominando los estudios sobre la obra y el pensamiento de la elite; más tarde se sumaron a este tema estudios sobre la historia política del exilio. Lo que quedó más bien postergado fueron los análisis de historia social, si bien el método de la historia oral, muy usado en los años ochenta, fue la base del estudio de Dolores Pla sobre *Los niños de Morelia* (1985), basado fundamentalmente en entrevistas. Estos cerca de 500 niños, que llegaron en junio de 1937 a México y fueron trasladados a Morelia, constituyen, para la autora, "un punto equidistante" entre los antiguos residentes españoles y los refugiados políticos. A pesar de sus contactos tanto con unos como con otros, los ex niños manifestaron una indefinición étnica: no se sentían ni españoles ni mexicanos. Para ellos, su identidad se resumía en ser "niños de Morelia". Otro estudio sobre niños de la guerra es el de Eduardo Mateo Gambarte, titulado *Literatura de los "niños de la guerra" del exilio español en México* (1996): el autor escribe sobre aquellos españoles que, nacidos entre 1924 y 1939, salieron de su país hacia el exilio siendo todavía niños o adolescentes, y se centra en los que de entre ellos se habían dedicado a la creación literaria.

Mención aparte merecen los estudios fundamentales de Clara E. Lida sobre *La Casa de España en México* y *El Colegio de México* (Lida 1988 y 2000), ya que se trata de la institución más insigne y de mayor relieve académico fundada por el Gobierno mexicano para los intelectuales españoles exiliados, institución cultural que ha dado prestigio tanto a México como a los exiliados españoles. Clara E. Lida escribe pormenorizadamente sobre la creación, el funcionamiento y el ulterior desarrollo de La Casa que muy pronto se convertiría en El Colegio de México. La Casa de España funcionó como un instrumento para acomodar a los recién llegados en México, especialmente a los relacionados con el mundo intelectual o académico (Lida 1988; Díaz Arciniega 1994). Clara E. Lida presenta su libro como estudio de "un caso ejemplar, resultado de ese gran gesto humanitario de Lázaro Cárdenas y de México" (1988: 9 y ss.). Identifica a Alfonso Reyes y Daniel Cosío Villegas como las primeras figuras señeras de la institución, y presenta la historia de La Casa de España como parte de la historia de la cultura en México y de la cultura española del primer tercio del siglo XX.

Era de esperar que con el avance de los estudios de género, las mujeres exiliadas se convirtieran en objeto de estudios específicos. Entretanto, existen varias publicaciones, entre las que se destaca Pilar Domínguez Prats, quien ha sacado a la superficie, en su estudio sobre las mujeres españolas en México (1994), un aspecto poco frecuentado en la historia del exilio. En su monografía, que se concentra en la primera década después de la Guerra Civil, alcanzan alto grado de visibilidad las mujeres sin notoriedad pública. La autora registra y documenta los procesos que muestran claramente que las cosas fueron también en el exilio más difíciles para las mujeres que ya habían logrado una cierta relevancia en el mundo de la política o de las letras, que para los varones en situaciones similares. Domínguez Prats pudo consultar en Madrid el archivo que contiene los "Documentos de ayuda a los republicanos españoles en México (1939-1948)"; los expedientes personales de este archivo aportan datos significativos sobre la vida familiar de los refugiados y sobre la vida política y cultural del exilio hasta 1948.

Se ha estudiado también el exilio de los científicos (Giral 1994). El estudio más reciente sobre el exilio científico es la publicación del grupo investigador complutense, formado por Luis Enrique Otero Carvajal, Mirta Núñez Díaz-Balart, Gutmaro Gómez Bravo y Rafael Simón Arce, que junto con su colega mexicano José María López Sánchez presentaron los resultados de su investigación sobre la depuración universitaria en el primer franquismo bajo el título *La destrucción de la ciencia en España* (Otero Carvajal 2006). Los autores hacen un inventario lo más completo posible del proceso de depuración de profesores universitarios y describen detalladamente los mecanismos de esa depuración y los nuevos rumbos de los científicos en México, siendo este país el destino principal de muchos refugiados. El Colegio de México y la escuela de Leopoldo Zea y Victoria Villoro son los símbolos más conocidos de la inteligencia expulsada. Mientras El Colegio sigue existiendo, la Unión de Profesores Universitarios Españoles en el Extranjero dejó de existir en 1954, después de haber condenado reiteradamente el sistema franquista. Otras monografías se ocupan de los médicos españoles en México (Somolinos d'Ardois 1966), del exilio pedagógico (Lozano Seijas 1999) o del "pensamiento español contemporáneo y la idea de América", como reza el título de la obra colectiva coordinada por José Luis Abellán y Antonio Monclús (1989), que investiga en dos tomos un campo fundamental de análisis de ideas contemporáneas en España en relación con el tema de América. El exilio de 1939 ayudó a cambiar decisivamente la imagen de España ante la opinión pública latinoamericana, pues miles de profesionales de las más altas especialidades se instalaron en diversos países de América Latina, sobre todo en México.

6. Perspectivas regionalistas

Desde la instauración del Estado de las Autonomías en España, ha aumentado notoriamente el interés por investigar el destino de los exiliados de una determinada Comunidad Autónoma. Este interés se ha desarrollado ante todo en Cataluña y en Valencia. Ya se ha hablado del libro de Dolores Pla sobre los exiliados catalanes en México, que quiere ser básicamente una historia social del exilio, pero el interés por los catalanes y la literatura catalana en el exilio viene de mucho antes. Aquí habría que mencionar la temprana obra de Manuel Andújar sobre *La literatura catalana en el destierro* (1949), el libro de Antoni Peyrí sobre *Els metges catalans emigrats* (1953), la fundamental obra de Albert Manent sobre la literatura catalana en el exilio (1989), las bibliografías de Albert Manent y Joan Crexell (1988 y 1989), el estudio de Josep Maria Balcells sobre las revistas catalanas en las Américas (1988), el trabajo de Teresa Férriz Roure sobre la labor editorial de los catalanes en México (1998), y muchos otros títulos sobre el exilio político catalán (Ferrer Sanchís 1977; Sauret i Garcia 1979; Díaz Esculies 1991). La mayoría de las obras se publicaron, entre tanto, en Cataluña, muchas de ellas con apoyo institucional.

De la diáspora valenciana en el exilio se ocupa el libro de Santi Cortés sobre el valencianismo republicano (1993), la compilación de Albert Girona y María Fernanda Mancebo sobre el exilio valenciano (1995), y el estudio de José Ignacio Cruz sobre los profesores valencianos en el exilio (1994). Este último se centra en la tarea educativa que realizaron los republicanos en América, dedicando especial atención a las actividades de maestros y profesores valencianos. Y fue México el país donde el colectivo exiliado pudo desarrollar con mayor amplitud una auténtica tarea educativa como grupo organizado: fundaron colegios y trasladaron a ellos ideas, métodos y valores que los partidos republicanos habían llevado a la práctica cuando gobernaban en España. El trabajo de José Ignacio Cruz sigue todas las etapas de la educación republicana en México y contiene un amplio apartado que describe la fundación, principales características pedagógicas y trayectoria de los colegios valencianos en México.

En 1999, conmemorando el 60 aniversario del exilio republicano de 1939, se celebró bajo el título "Sesenta años después" un congreso plural en doce Comunidades Autónomas de España. Promotor y coordinador del Congreso fue el GEXEL. Cada sección ha publicado sus respectivas actas bajo el título general de *Sesenta años después* con la intención –como escribe Manuel Aznar Soler, el coordinador general del congreso, en la presentación de las actas–, de "ayudar a reconstruir, por el futuro de nuestra sociedad democrática, la historia de nuestra tradición política, intelectual y literaria republicana, sin cuyo conocimiento nunca estará completo el patrimonio de la cultura española del siglo XX" (en Balcells/Pérez Bowie 2001: 11). Si bien las ponencias de estos congresos no se limitaban, ni mucho menos, a aspectos regionales de las respectivas Comunidades Autónomas, éstos ocuparon un lugar nada desdeñable. Consultar las Actas –las de Castilla-La Mancha, por ejemplo, fueron editadas por Alicia Alted– significa, pues, encontrar ensayos que muestran las rutas por donde puede proseguir este tipo de investigación. Es de esperar que en un futuro cercano se publiquen más obras de tenor regionalista.

7. Conclusión y prospectiva

Clara E. Lida y Dolores Pla han llamado la atención, en sus últimos trabajos, sobre lo perentorio de conocer la obra realizada por la gran mayoría de los emigrantes forzosos, en concreto su particular proceso de migración o inserción en los países receptores, línea de investigación ésta en la que la historia social está llamada en los próximos años, muy posiblemente, a liderar la historiografía del exilio. José Antonio Matesanz fue pionero de los análisis sociales del exilio español en México al calificarlo como "una España completa en pequeño" y al diferenciar grupos sociales, como los profesionales o los obreros especializados, con el fin de demostrar cómo las diferencias de origen social condicionaron la forma de incorporación de los exilados en la sociedad mexicana. Una "mirada sobre el común de los refugiados" –si bien todavía muy preliminar– echa también Dolores Pla en su breve ensayo sobre "el exilio español en México" (2002). Desde la historia política, y ligado precisamente al fenómeno de la recepción, se requiere abundar en la política oficial desplegada por otros países de acogida más allá de México, como reivindicó hace poco Abdón Mateos (2005).

Además, habría que profundizar en las relaciones entre el interior y el exterior durante el exilio, en las diferencias de actitud entre las comunidades históricas en el exilio, o en las relaciones del exilio con la colonia de emigrantes económicos. Poco se sabe también de las actividades económicas del exilio y del exilio tardío, es decir, de los años sesenta y setenta, cuando los desterrados habían perdido gran parte de su influencia en la sociedad receptora y el exilio se iba agotando.

Últimamente, la investigación está ensanchando las miradas históricas, incorporando una componente comparativa. Los trabajos de Nicolás Sánchez-Albornoz y de Clara E. Lida, incluidos en el tomo colectivo de Pablo Yankelevich, *México, país refugio* introducen la comparación histórica en sus análisis. Sánchez-Albornoz alinea a México junto a los otros países que recibieron a refugiados españoles, lo que permite valorar la magnitud de la empresa mexicana en una perspectiva no siempre explorada en las historiografías nacionales. Por su parte, la propuesta de Clara E. Lida consiste en comparar los exilios español y argentino en México; esta propuesta –a pesar de la asimetría en números y estudios– tiene el mérito de abrir nuevas perspectivas, poniendo en evidencia temas y problemas que merecen una indagación más amplia. También la contribución de Dolores Pla a este tomo colectivo tiene carácter innovador, pues se interna en el complejo mundo de las fracturas políticas, sociales y culturales en el interior de un exilio cuya riqueza también estriba en las diferencias existentes.

Lo enunciado es sólo un botón de muestra de lo que se ha logrado hasta el momento y de lo que queda por hacer. No cabe duda de que en vista del dinamismo de los historiadores del exilio, de la mayor y mejor accesibilidad de las fuentes y de un crecido interés social, tanto en España como en América Latina, la investigación sobre el exilio se está desarrollando por buenos derroteros.

Bibliografía

AA. VV. (1982). *El exilio español en México 1939-1982*. México: Fondo de Cultura Económica/Salvat.
AA. VV. (1991). *Cincuenta años de exilio español en Puerto Rico y el Caribe 1939-1989*. Sada (A Coruña): Ediciós do Castro.
ABELLÁN, José Luis (1967). *Filosofía española en América (1936-1966)*. Madrid: Ediciones Guadarrama.
— (ed.) (1976). *El exilio español de 1939*. 5 vols. Madrid: Taurus.
— (1998). *El exilio filosófico en América. Los transterrados de 1939*. México: Fondo de Cultura Económica.
— (2001). *El exilio como constante y como categoría*. Madrid: Biblioteca Nueva.
ABELLÁN, José Luis/MONCLÚS, Antonio (eds.) (1989). *El pensamiento español contemporáneo y la idea de América*. 2 vols. Barcelona: Anthropos.
ALONSO GARCÍA, María del Rosario (2004). *Historia, diplomacia y propaganda de las instituciones de la República española en el exilio (1945-1962)*. Madrid: Fundación Universitaria Española.
ALTED VIGIL, Alicia (1993). *El archivo de la República española en el exilio, 1945-1977 (Inventario del Fondo París)*. Madrid: Fundación Universitaria Española.
— (2005). *La voz de los vencidos. El exilio republicano de 1939*. Madrid: Aguilar.
ALTED VIGIL, Alicia/LLUSIA, Manuel (2003). *La cultura del exilio republicano español de 1939. Actas del Congreso Internacional celebrado en el marco del Congreso Plural: Sesenta años después (Madrid-Alcalá-Toledo, diciembre de 1999)*. 2 vols. Madrid: Universidad Nacional de Educación a Distancia.
AMO, Julián/SHELBY, Charmion (1994 [1950]). *La obra impresa de los intelectuales españoles en América (1936-1945)*. Madrid: ANABAD.
ANDÚJAR, Manuel (1949). *La literatura catalana en el destierro*. México: Casta-Amic.
ARÓSTEGUI, Julio (1990). *Francisco Largo Caballero en el exilio. La última etapa de un líder obrero*. Madrid: Fundación Largo Caballero.

ARTÍS-GENER, Avel·lí (1975). *La diàspora republicana*. Barcelona: Euros.
AZNAR SOLER, Manuel (dir.) (1997). *Monográfico sobre el exilio español en México (1939-1977)*. Barcelona: Taifa.
— (ed.) (1998). *El exilio literario español de 1939. Actas del primer congreso internacional (Bellaterra, 27 de noviembre-1 de diciembre de 1995)*. Sant Cugat del Vallès: GEXEL/Cop d'Idees.
— (ed.) (2000). *Las literaturas del exilio republicano de 1939. Actas del II Congreso Internacional (Bellaterra 1999)*. Sant Cugat del Vallès: Associació d'Idees.
BALCELLS, Josep Maria (1988). *Revistes dels catalans a les Amèriques*. Barcelona: Generalitat de Catalunya.
BALCELLS, Josep Maria/PÉREZ BOWIE, José Antonio (2001). *El exilio cultural de la Guerra Civil (1936-1939)*. Salamanca: Ediciones Universidad de Salamanca.
BONFIL BATALLA, Guillermo (comp.) (1993). *Simbiosis de culturas. Los inmigrantes y su cultura en México*. México: Consejo Nacional para la Cultura y las Artes.
BORRÁS, José (1976). *Políticas de los exilados españoles 1944-1950*. Paris: Ruedo Ibérico.
CAPELLA, María Luisa (1987). *El exilio español y la UNAM (Coloquio)*. México: Universidad Nacional Autónoma de México.
CAUDET, Francisco (1976). *Cultura y exilio. La revista "España Peregrina" (1940)*. Valencia: Fernando Torres.
— (1997). *Hipótesis sobre el exilio republicano de 1939*. Madrid: Fundación Universitaria Española.
— (2005). *El exilio republicano de 1939*. Madrid: Cátedra.
— (2007 [1992]). *El exilio republicano en México. Las revistas literarias (1939-1971)*. Alicante: Publicaciones de la Universidad de Valencia.
CERVERA GIL, Javier (2007). *La guerra no ha terminado. El exilio español en Francia, 1944-1953*. Madrid: Taurus.
Cincuenta años del exilio español en la UNAM (1991). México: Universidad Nacional Autónoma de México.
CORDERO OLIVERO, Inmaculada (1997). *Los transterrados y España. Un exilio sin fin*. Huelva: Universidad de Huelva.
CORTÉS, Santi 1993). *El valencianisme republicà a l'exili*. València: Generalitat Valenciana.
CRUZ, José Ignacio (1994). *La educación republicana en América (1939-1992). Maestros y profesores valencianos en el exilio*. Valencia: Generalitat Valenciana.
DÍAZ ARCINIEGA, Víctor (1994). *Historia de la casa: Fondo de Cultura Económica 1934-1994*. México: Fondo de Cultura Económica.
DÍAZ ESCULIES, Daniel (1991). *El Catalanisme polític a l'exili (1939-1959)*. Barcelona: Edicions de la Magrana.
Diccionari dels catalans d'Amèrica (1992). Barcelona: Commisió Amèrica i Catalunya.
DOMÍNGUEZ PRATS, Pilar (1994). *Voces del exilio. Mujeres españolas en México (1939-1950)*. Madrid: Comunidad de Madrid.
ENRÍQUEZ PEREA, Alberto (1990). *México y España: solidaridad y asilo político 1936-1942*. México: Secretaría de Relaciones Exteriores.
— (comp.) (2004). *Ayuda a los republicanos españoles. Correspondencia entre Alfonso Reyes y José Puche 1939-1940*. México: El Colegio Nacional.

FABER, Sebastiaan (2002). *Exile and Cultural Hegemony. Spanish Intellectuals in Mexico, 1939-1975*. Nashville: Vanderbilt University Press.
FAGEN, Patricia W. (1973). *Exiles and Citizens. Spanish Republicans in Mexico*. Austin: University of Texas Press.
— (1975). *Transterrados y ciudadanos: los republicanos españoles en México*. México: Fondo de Cultura Económica.
FERNÁNDEZ MOYA, María (2008). "Editores españoles a ambos lados del Atlántico: el sector editorial republicano y la edición en la España franquista". En: *Historia del Presente* 12, 2, pp. 97-110.
FERRER SANCHÍS, Miquel (1977). *La Generalitat de Catalunya a l'exili*. Barcelona: Aymà.
FÉRRIZ ROURE, Teresa (1998). *La edición catalana en México*. Zapopán, Jalisco: El Colegio de Jalisco/Orfeó Català de Mèxic.
FRESCO, Mauricio (1950). *La emigración republicana española: una victoria de México*. México: Editores Asociados.
Fuentes archivísticas para el estudio del exilio republicano de 1939 (2007). *Migraciones & Exilios* 8.
GALLEGO IGLESIAS, María Fátima (2004). *Exil- und Schreiberfahrung spanischer Intellektueller in Mexiko*. Frankfurt am Main: Peter Lang.
GAOS, José (1966). "La adaptación de un español a la sociedad hispanoamericana". En: *Revista de Occidente* 38, pp. 168-178.
GIBAJA VELÁZQUEZ, José Carlos (1995). *Indalecio Prieto y el socialismo español*. Madrid: Pablo Iglesias.
GIRAL, Francisco (1994). *Ciencia española en el exilio (1939-1989). El exilio de los científicos españoles*. Barcelona: Anthropos.
GIRONA, Albert/MANCEBO, María Fernanda (eds.) (1995). *El exilio valenciano en América. Obra y memoria*. València: Instituto de Cultura Juan Gil-Albert/Universitat de València.
HEINE, Hartmut (1983). *La oposición política al franquismo. De 1939 a 1952*. Barcelona: Crítica.
HENARES CUÉLLAR, Ignacio et al. (2005). *Exilio y creación. Los artistas y los críticos españoles en México (1939-1960)*. Granada: Universidad de Granada.
HERRERÍN LÓPEZ, Ángel (2007). *El dinero del exilio. Indalecio Prieto y las pugnas de posguerra (1939-1947)*. Madrid: Siglo XXI.
Índices de los documentos de la ayuda a los republicanos españoles en el exilio y del Gobierno de la República en México (2006). Madrid: Ministerio de Asuntos Exteriores y de Cooperación.
KENNY, Michael et al. (1979). *Inmigrantes y refugiados españoles en México (siglo XX)*. México: Ediciones de La Casa Chata.
LEÓN-PORTILLA, Ascensión Hernández de (1978). *España desde México. Vida y testimonio de transterrados*. México: Universidad Nacional Autónoma de México.
LIDA, Clara E. (1992 [1988]). *La Casa de España en México*. México: El Colegio de México.
— (comp.) (1994). *Una inmigración privilegiada. Comerciantes, empresarios y profesionales españoles en México en los siglos XIX y XX*. Madrid: Alianza Editorial.
— (1997). *Inmigración y exilio. Reflexiones sobre el caso español*. México: Siglo XXI.

LIDA, Clara E./MATESANZ, José Antonio (2000). *El Colegio de México. Una hazaña cultural 1940-1962*. México: El Colegio de México.

LLORENS, Vicente (2006). *Estudios y ensayos sobre el exilio republicano de 1939*. Edición, estudio introductorio y notas de Manuel Aznar Soler. Sevilla: Renacimiento.

LOZANO SEIJAS, Claudio (ed.) (1999). *1939, el exilio pedagógico. Estudios sobre el exilio pedagógico republicano español de 1939*. Barcelona: PPU.

MACDONALD, Nancy (1987). *Homage to the Spanish Exiles. Voices from the Spanish Civil War*. New York: Insight Books.

MALDONADO, Víctor Alfonso (1992). *Las tierras ajenas. Crónicas de un exilio*. México: Diana.

MANENT, Albert (1989). *La literatura catalana a l'exili*. Barcelona: Curial.

MANENT, Albert/CREXELL, Joan (1988). *Bibliografia catalana dels anys més difícils (1939-1943)*. Barcelona: Publicacions de l'Abadia de Montserrat.

— (1989). *Bibliografia catalana: cap a la represa, 1944-1946*. Barcelona: Publicacions de l'Abadia de Montserrat.

MARICHAL, Juan (1976). "36 años de exilio. Las fases políticas del destierro español". En: *Historia* 16, 5, pp. 35-41.

MARTÍNEZ, Carlos (1959). *Crónica de una emigración [La de los Republicanos Españoles en 1939]*. México: Libro Mex Editores.

MATEO GAMBARTE, Eduardo (1996). *Literatura de los "niños de la guerra" del exilio español en México*. Lleida: Pagès Editors.

— (1997). *Diccionario del exilio español en México. De Carlos Blanco Aguinaga a Ramón Xirau*. Pamplona: Eunate.

MATEOS, Abdón (2005). *De la Guerra Civil al exilio. Los republicanos españoles y México. Indalecio Prieto y Lázaro Cárdenas*. Madrid: Biblioteca Nueva.

— (2007a). "El gobierno Negrín en el exilio: el Servicio de Evacuación de Refugiados". En: *Historia del Presente* 10, 2, pp. 143-168.

— (2007b). "Espejismos de la derrota. La ayuda republicana a los refugiados de la Guerra Civil". En: *Ayer* 65, pp. 213-236.

— (2009). *La batalla de México. Final de la Guerra Civil y ayuda a los refugiados, 1939-1945*. Madrid: Alianza Editorial.

MATESANZ, José Antonio (1978). *México y la República Española. Antología de documentos, 1931-1977*. México: Centro Republicano Español de México.

— (2000). *Las raíces del exilio. México ante la Guerra Civil española 1936-1939*. México: El Colegio de México.

MEES, Ludger (2006). *El profeta pragmático: Aguirre, el primer lehendakari (1939-1960)*. Irún: Alberdania.

MEYER, Eugenia (coord.) (1980). *Palabras del exilio I. Archivo de la Palabra del INAH*. México: Instituto Nacional de Antropología e Historia.

— (coord.) (1988). *Palabras del exilio de los que volvieron*. México: Secretaría de Educación Pública.

MIRÓ, Fidel (1959). *¿Y España cuándo? El fracaso político de una emigración*. México: Libro Mex Editores.

MOLINA HURTADO, María Mercedes (1993). *En tierra bien distante. Refugiados españoles en Chiapas*. Chiapas: Gobierno del Estado de Chiapas.

MORADIELLOS, Enrique (2007). "El Doctor Negrín y las cuentas financieras del exilio republicano. Una ponderación rectificadora". En: *Historia del Presente* 10, 2, pp. 115-140.
MURIÀ, José María (coord.) (1996). *Diccionario de los catalanes de México*. Jalisco: El Colegio de Jalisco.
NAHARRO-CALDERÓN, José María (coord.) (1991). *El exilio de las Españas de 1939 en las Américas: "¿Adónde fue la canción?"*. Barcelona: Anthropos.
OLAYA MORALES, Francisco (1996). *La gran estafa. Negrín, Prieto y el patrimonio español*. Madrid: Ediciones Libertarias/Prodhufi.
— (2004). *La gran estafa de la Guerra Civil. La historia del latrocinio socialista del patrimonio nacional y el abandono de los españoles en el exilio*. Barcelona: Belacqva de Ediciones y Publicaciones.
OTERO CARVAJAL, Luis Enrique (ed.) (2006). *La destrucción de la ciencia en España. Depuración universitaria en el franquismo*. Madrid: Editorial Complutense.
PALMA MORA, Mónica (2006). *De tierras extrañas. Un estudio sobre la inmigración en México, 1950-1990*. México: SEGOB.
PEYRÍ I ROCAMORA, Antoni (1953). *Els metges catalans emigrats*. México: Club del Llibre Català.
PIEDRAFITA SALGADO, Fernando (2003). *Bibliografía del exilio republicano español (1936-1975)*. Madrid: Fundación Universitaria Española.
PIÑA SORIA, Antolín (1939). *El Presidente Cárdenas y la inmigración de españoles republicanos*. México: Multígraf. SCOP.
PLA, Dolores (1985). *Los niños de Morelia. Un estudio sobre los primeros refugiados españoles en México*. México: Instituto Nacional de Antropología e Historia.
— (1999). *Els exiliats catalans. Un estudio de la emigración republicana española en México*. México: Instituto Nacional de Antropología e Historia.
— (2001). "La presencia española en México, 1930-1990. Caracterización e historiografía". En: *Migraciones & Exilio. Cuadernos de AEMIC* 2, pp. 157-188.
— (2002). "El exilio español en México. Una mirada sobre el común de los refugiados". En: *Historias. Revista de la Dirección de Estudios Históricos del Instituto Nacional de Antropología e Historia* 53, pp. 49-63.
PLA, Dolores et al. (1993). *Extranjeros en México (1821-1990). Bibliografía*. México: Instituto Nacional de Antropología e Historia.
— et al. (1997). *El exilio catalán en México. Notas para un estudio*. Jalisco: El Colegio de Jalisco.
ROMERO SAMPER, Milagrosa (2005). *La oposición durante el franquismo. 3. El exilio republicano*. Madrid: Encuentro.
ROSAL, Amaro del (1977). *El oro del Banco de España y la historia del Vita*. Barcelona: Grijalbo.
RUBIO, Javier (1977). *La emigración de la Guerra Civil de 1936-1939. Historia del éxodo que se produce con el fin de la II República española*. 3 vols. Madrid: Librería Editorial San Martín.
RUIZ FUNES, Concepción/TUÑÓN, Enriqueta (1982). *Palabras del exilio II. Final y comienzo: el Sinaia*. México: Instituto Nacional de Antropología e Historia.
SÁNCHEZ-ALBORNOZ, Nicolás (comp.) (1991). *El destierro español en América: un trasvase cultural*. Madrid: Instituto de Cooperación Iberoamericana.

SANTOJA, Gonzalo (2003). *Los signos de la noche: de la guerra al exilio, historia peregrina del libro republicano entre España y México*. Madrid: Castalia.

SAURET I GARCIA, Joan (1979). *L'exili polític català*. Barcelona: Aymà.

SERRANO, Secundino (2005). *La última gesta: los republicanos que vencieron a Hitler (1939-1945)*. Madrid: Aguilar.

SERRANO MIGALLÓN, Fernando (2006). *La inteligencia peregrina. Legado de los intelectuales españoles del exilio republicano español en México*. México: Academia Mexicana de la Lengua.

SMITH, Lois Elwyn (1955). *Mexico and the Spanish Republicans*. Berkeley/Los Angeles: University of California Press.

SOMOLINOS D'ARDOIS, Germán (1966). *25 años de medicina española en México*. México: Ateneo Español de México.

TOSSTORFF, Reiner (2000). "Spanische Bürgerkriegsflüchtlinge nach 1939". En: *Exilforschung. Ein Internationales Jahrbuch* 18, pp. 88-111.

VALLE, José María del (1976). *Las instituciones de la República española en exilio*. Paris: Ruedo Ibérico.

YANKELEVICH, Pablo (coord.) (2002). *México, país refugio. La experiencia de los exilios en el siglo XX*. México: Instituto Nacional de Antropología e Historia.

YUSTE DE PAZ, Miguel Ángel (2005). *La II República española en el exilio en los inicios de la Guerra Fría (1945-1951)*. Madrid: Fundación Universitaria Española.

ZAPATERO, Virgilio/SEGOVIA, Tomás et al. (2007). *Cátedra extraordinaria "México, país de asilo" 2003-2006*. México: Universidad Nacional Autónoma de México/Porrúa.

La mitificación nacionalista de España en las revistas del exilio de 1939

FRANCISCO CAUDET
Universidad Autónoma de Madrid

> Jeder Intellektuelle in der Emigration, ohne alle Ausnahme, ist beschädigt und tut gut daran, es selber zu erkennen, wenn er nicht hinter den dicht geschlossenen Türen seiner Selbstachtung grausam darüber belehrt werden will. Er lebt in einer Umwelt, die ihm unverständlich bleiben muss, auch wenn er sich in den Gewerkschaftsorganisationen oder dem Autoverkehr noch so gut auskennt; immerzu ist er in der Irre. [...] Alle Gewichte werden falsch, die Optik verstört.
> Theodor W. Adorno, "13. Schutz, Hilfe und Rat", *Minima moralia*[1]

> El futuro es espacio,
> espacio color de tierra,
> color de nube,
> color de agua, de aire,
> espacio negro para muchos sueños,
> espacio blanco para toda la nieve,
> para toda la música.
> Pablo Neruda, "El futuro es espacio", *Memorial de Isla Negra*

1. El exilio, una herida abierta

Entre lo que dice Adorno y lo que dice Neruda existe la distancia que media entre *lo que hay* –la realidad– y *lo que debería haber* –el ideal–. Tal es, en lo que sigue, mi punto de partida. Pero no para inclinar la balanza por uno u otro de los dos polos de ese eje binario, sino para intentar mostrar su relación que, de un lado, es compleja y, de otro, no está exenta de contradicciones. Era de esperar que así

---

[1] "Protección, ayuda y consejo.– Todo intelectual en el exilio, sin excepción, lleva una existencia dañada, y hace bien en reconocerlo si no quiere que se lo hagan saber de forma cruel desde el otro lado de las puertas herméticamente cerradas de su autoestimación. Vive en un entorno que tiene que resultarle incomprensible por más que sepa de las organizaciones sindicales o del tráfico urbano; siempre estará desorientado. [...] Todas las estimaciones se tornan falsas, la óptica es alterada" (Adorno 1987).

fuera porque se trata de una dialéctica de contrarios generada por el exilio, un castigo del que es parte principal de su perversa maldad el que la herida siga siempre abierta.

Michael Kenny estudió en un importante artículo el grupo de emigrados españoles en México de la vieja colonia española y el de los emigrados políticos, y llegó a la conclusión de que, a pesar de estar en un primer momento separados ideológica y económicamente, la lealtad de los dos grupos a sus valores culturales por sobre los de México justifica hablar de una subcultura española incrustada en la sociedad mexicana (Kenny 1962). También concluía Kenny que el hecho de haber compartido la emigración de los dos grupos esos valores de la subcultura explicaba el proceso de "agachupinamiento" de la mayor parte de los exiliados republicanos. La tesis de José Gaos o de Eduardo Nicol sobre el llamado "transtierro", sobre ese falaz término, comportaba, con independencia del grado de conciencia que de ello tuvieran, la idea de que lo mexicano y, por extensión lo latinoamericano, era, cuando salieron en 1939 de España y mientras vivieron en el destierro, una subcultura de lo español (Caudet 2005: 289-294). Ese supuesto "transtierro" daba expresión, pues, al bálsamo ilusorio de sentirse en tierra de uno cuando en realidad se encontraban en tierra ajena. La tesis sobre el llamado "transtierro" era sobre todo la respuesta a la necesidad de creer que todavía era su tierra aquella tierra que hogaño España había conquistado y colonizado. La necesidad de agarrarse a ese clavo ardiendo facilitaba la retórica del "transtierro", esa quimera del posible y efectivo acomodo de una planta llevada de una tierra a otra. Eran colocadas así casi en pie de igualdad la tierra y la cultura de ambas orillas. Digo casi porque se pensaba, y hasta se llegó a insinuar y dar a entender, que la tierra y la cultura de quienes otrora colonizaron estaba cuando menos un tantito por encima. ¿Se dieron cuenta alguna vez de que ellos, por su condición de exiliados, conformaban un apéndice, una subcultura, que lo era respecto de la tierra y la cultura que les había dado una morada?

Carlos Blanco Aguinaga, que llegó a México siendo un muchacho, expresaba en un congreso que tuvo lugar en Madrid a comienzos de los años noventa sus dudas acerca del "sentido tranquilizador que se quiso dar a nuestras vidas con el término 'transterrado'" (1994: 25). A continuación añadía:

> Mucho me temo que la relación entre América y los españoles que llegaron a ella huyendo del fascismo no se resuelva en el *happy end* del transtierro. Porque los datos de la amplísima y profunda participación del exilio de 1939 en la vida americana, participación ya hace tiempo documentada y reconocida por todos, siendo, como son, el fundamento de una historia del "vivir hacia fuera", no dan cuenta de las ambigüedades y contradicciones, de las procesiones y fantasmas que seguían (y siguen) yendo por dentro, en el interior de la vida de los exiliados (1994: 25).

Apoyándose Carlos Blanco en la poesía que escribieron algunos exiliados –Emilio Prados, León Felipe, Luis Cernuda–, concluía que "en el fondo, en el centro de tanta actividad, siempre hubo un vacío, una presencia de la Muerte que, en última instancia, impidió (¿cómo no iba a impedir?) que los refugiados llegaran a ser auténticamente transterrados" (1994: 27). El Dr. José Puche, ex rector de la Universidad de Valencia, también ha contribuido a este debate introduciendo algunos matices asimismo dignos de ser tenidos en cuenta. Preguntado poco antes de morir acerca de la influencia de los intelectuales españoles en México, contestó en términos muy positivos, tanto por la amplia labor desarrollada durante los largos años del exilio como porque habían encontrado en México todo tipo de facilidades. Sin embargo, añadió una significativa coletilla, en la que dejaba entrever la imposibilidad de una total y completa integración de los exiliados. Con fina ironía, le comentaba el Dr. Puche al entrevistador que los exiliados en el campo de la creación literaria, artística y científica, donde tanto habían sobresalido, se habían movido –que es la diferencia que establece Kenny entre cultura y subcultura– "si no como pez en el agua, pues por lo menos [risa] como el pez en la orilla del agua" (en Capella 1980: 84). Y a la pregunta de qué era para él ser refugiado, con un gran sentido de la realidad –no quiso ir más lejos, decir más de lo justo, porque era una persona afable, respetuosa y conciliadora que estaba, además, sinceramente agradecido a México–, contestó:

> Pues una experiencia muy dura. Porque yo me siento como si hubiera sido una planta que han arrancado de raíz; encuentro que mis raíces se están secando sin haber dado todo lo que podía haber dado como árbol, como planta o como persona (en Capella 1980: 87).

¿Transterrados? ¿Lo eran los exiliados españoles? ¿Lo podían ser ellos o los de cualquier otra nacionalidad? ¿No son todos los exiliados por igual unas "raíces [que] se están secando sin haber dado todo lo que podía haber dado como árbol, como planta o como persona" porque se las ha arrancado de cuajo, violentamente, de su suelo? Jorge Luzuriaga, en un artículo de 1964, hacía por su parte estos comentarios:

> Actividad profesional, vínculos familiares, amistades, identificación con la vida pública del país, todo liga al exiliado al lugar de residencia. Pero continúa sin pertenecer a él. Es ésta una sensación a veces consciente, la mayor parte del tiempo soterrada, que le acompaña constantemente, con independencia de su mayor o menor fortuna en el exilio, de la simpatía o el agradecimiento que sienta hacia el país de adopción. Fuera del círculo personal –familia, amistades, colegas– el país en conjunto, no es el suyo (1964: 347).

María Luisa Capella, que se exilió con sus padres en México a una edad todavía más temprana que Carlos Blanco, recordaba, en 1995, las palabras de Noé Jitrik:

> La pertenencia es la garantía de la legitimidad, lo que permite sentir que se tiene derecho a ser, a estar y a vivir en un lugar, a manipular y a distribuir los códigos... Esa articulación entre pertenencia y modificación es lo que hace no sólo que uno

quiera estar en un sitio, sino que pueda sentir como natural y obligatorio hacer algo para cambiarlo sin perderlo (1995: 61).

Al hilo de esas palabras de Jitrik, concluía María Luisa Capella: "Esta articulación precisamente es la que no pudo darse en México ya que al llegar, todos ellos tuvieron que firmar la condición expresa de no intervenir en política [interna]" (1995: 61). Todo esto contrasta, en suma, con lecturas idealizantes, lecturas que tienen mucho de una suerte de 'literarización de la realidad'. Son las lecturas que hicieron en su día un Gaos o un Nicol, o más recientemente Claudio Guillén en *El sol de los desterrados*, un pequeño libro que, con todo, supone una aportación en muchos aspectos excepcional. Como lo es, por ejemplo, esta reflexión:

> El ser humano, pues, conforme se muda de lugar y de sociedad, se encuentra en condiciones de descubrir o de comprender más profundamente todo cuanto tiene en común con los demás hombres, uniéndose a ellos más allá de las fronteras de lo local y de lo particular: las dimensiones cósmicas de la naturaleza, es decir, de una naturaleza regida por el orden de los astros, que nos comunican unas verdades y unas leyes divinas (Guillén 1995: 22).

Es verdad, o posiblemente lo sea, esto que dice Claudio Guillén. Pero ¿es o puede ser el destierro, sin más, una "muda de lugar y de sociedad"? ¿Se muda o le mudan al desterrado? ¿Por qué no sacar a colación si es de una u otra manera? ¿Acaso no hay una marcadísima diferencia entre hacer algo voluntariamente, o "por el orden de los astros", si es que existe tal cosa como da a entender Claudio Guillén, a que se haga siendo obligado por la fuerza bruta?

Cabe argüir quizás con fundamento que si el exilio cierra al que sufre ese castigo las puertas propias, las suyas, las de su medio natural y nacional, le abre a la vez –puede ser una exultante contrapartida dialéctica– otras nuevas, las de otro lugar, las de otro espacio, la de otra nación, y hasta puede que esa nueva situación lleve al exiliado a reflexionar acerca de la existencia de las "dimensiones cósmicas" a las que alude Claudio Guillén. Pero suele ser más común y más generalizado, y por ello más real, que aparezca y reaparezca en los exiliados, hasta en quienes sienten con más fuerza el llamado de esas "dimensiones cósmicas", la instintiva necesidad, que es un mecanismo de autodefensa, de preservar lo propio y de a menudo incluso pasar de encarecer las particularidades propias a declarar su supremacía. José Pascual Buxó, que acompañó de niño a sus padres al exilio –otro testimonio más de un exiliado llevado al exilio por sus padres, quienes fueron, ellos, no sus hijos, protagonistas de la guerra–, confirma en "Las alas de Ícaro", de manera mítico-alegórica, esta actitud que él observó en la generación de sus padres y también –pocos son los que se libran del maleficio– en la suya:

> Ícaro transterrado, ostentó con orgullo su irrenunciable origen; evocó sin tregua su patria originaria; exaltó el pasado anterior a la desdicha y cuando la memoria faltaba,

suplió los recuerdos imposibles con imágenes artificiosas; se desdobló para el elogio y para la injuria y llegó a pensar [...] que no todos los fantasmas merecían el nombre de Ícaro, sino sólo aquellos que podían honrarse con un linaje heroico (Buxó 1995: 396). La referencia a lo "heroico" está aquí directísimamente relacionada, lo que queda aún más explícito en otras partes del artículo de José Pascual Buxó, con el linaje, es decir, con la nacionalidad española, con la nacionalidad de los exiliados republicanos de 1939. Lo cual, junto con lo hasta aquí aducido, me lleva ya a formular esta ecuación, que es la hipótesis que pretendo presentar y desarrollar en este trabajo:

Elogio del pasado anterior a la desdicha + Huida del presente de desdicha = Discurso épico-nacionalista del linaje.

Esta ecuación conduce –me importa subrayarlo con especial énfasis– a los predios de un discurso voluntarista-irracionalista. Es más que probable que la inculpación de José Pascual Buxó, que acaso era un modo de desahogo o de ajuste de cuentas, iba dirigida contra sus mayores que fueron quienes, cuando él era niño, le llevaron al exilio y le amamantaron con la fe en el linaje. De ese nutriente se tomaron muchas raciones diarias en el exilio español; como en todos los exilios. Ningún exilio, que se sepa, se libra de ese régimen alimentario. Tal vez sea así porque para todos, para los mayores y para los más jóvenes, y ello con independencia de la nacionalidad, el exilio es un mal trago que deja un trauma para el que no hay cura ni remisión. Así es y ha de ser porque en ello consiste el castigo que inflige la bota sádica, las más de las veces militar, del que exilia.

Es una práctica muy socorrida que, aun cuando solamente sirva para aliviar el dolor que produce ese trauma –como en otros traumas de otro signo–, se acuda a la terapia de la narración (ver Caudet 1999). Una terapia que consistió, en el caso español, en ir desgranando en palabras, en un discurso verbal, el recuento de todo cuanto había sido causa del fracaso colectivo de haber llegado a una violentísima guerra y al posterior largo exilio. Un fracaso colectivo que, por esa incapacidad de comprender y de aceptar, abocaba demasiado a menudo a narrar mal, engañosa, enfermizamente, y, también demasiado a menudo, al autoengaño de cantar las excelencias y la excepcionalidad de la nacionalidad y la ideología española-republicana, dos caras, el nacionalismo y el republicanismo, de la misma moneda. Muchos exiliados, cuando tuvieron que abandonar España, empezaron a proclamar, sin contención ni recato, que eran ellos la única y verdadera nacionalidad española, la única y exclusiva representación del linaje.

2. También España desconocía a América

El Gobierno republicano del Dr. Juan Negrín creó en París, en marzo de 1939, la Junta de Cultura Española que recibió el encargo de ayudar al traslado y asentamiento en México de varios miles de exiliados. Allí, el Gobierno republicano patrocinó, a través del Comité Técnico de Ayuda a los Refugiados Españoles, una serie de proyectos agrícolas e industriales para dar trabajo a los exiliados, y financió la revista *España Peregrina* y la editorial Séneca, dos órganos de expresión oficiales de la cultura –en realidad de la subcultura– española en tierras mexicanas. En esos primeros momentos del exilio, se financió con capital mexicano la revista *Romance*, que si bien quería ser un órgano de expresión de la cultura en lengua española, sin el lastre de fronteras nacionales, estuvo hecha, en su primera etapa, por un grupo de exiliados españoles, por un grupo de representantes de la subcultura española en México.

El primer gran error del Gobierno republicano fue poner al frente de *España Peregrina* a José Bergamín y a Juan Larrea. El primero no tenía dotes de gestor y el segundo era un iluminado (Sánchez Barbudo 1980: 97). Los dos compartían, y eso fue otro error más, la misma tendencia a compartimentar lo español y a hacer unos análisis de la realidad española que partían de y conducían a –el rodar de la peonza– una desaforada mitificación de lo español. La mayor parte de los colaboradores de la revista caían en esos procelosos piélagos. Pondré unos pocos ejemplos.

David Lord, en "España y la crisis del hombre", publicado en el número 7 de *España Peregrina*, agosto de 1940, tras distinguir entre el "clericalismo católico" (9), que buscaba "el retorno al feudalismo antidemocrático de la Edad Media" (9), y el cristianismo, que, "se desarrolla lógicamente en socialismo y ésta es la forma que ha tomado en el Mundo Moderno" (9), relacionaba la derrota de España con los peligros que acechaban de manera inmediata al futuro de la civilización occidental:

> La derrota de España fue la derrota moral de Europa, del Mundo Occidental, del Mundo cristiano. La crisis española fue crucial y final. En mayor medida que cualquier otra conocida hasta ahora, marca los límites entre dos mundos –el mundo muerto del viejo hombre cristiano, occidental, y el mundo nuevo del futuro (10).

Todo ello le llevaba a David Lord a esta apocalíptica conclusión: "La tragedia de España ha sido la tragedia del género humano" (11).

Planteado el problema europeo y de la humanidad en estos términos, empezó en *España Peregrina* a pensarse, ni más ni menos, que el futuro de la civilización occidental estaba en el Nuevo Mundo. Claro que a esa conclusión, no es un detalle menor, se había llegado porque Europa se había convertido para los exiliados en una tierra inhóspita. Había un más que evidente oportunismo nacionalista –oportunismo y nacionalismo suelen ir siempre bien cogidos de la mano– en la tesis, defendida después de haber tenido que abandonar a la fuerza Europa, de que América estaba llamada a desempeñar un papel providencial y de que la civilización europea, de la que habían convertido a España en la única y más excelsa representante –así lo aseguraba David Lord en su artículo y lo repetían otros en

España Peregrina–, solamente podría salvarse, e incluso llegar a realizarse de manera plena, en el Nuevo Continente.

Juan Larrea, en un ensayo titulado "Presencia del futuro" y publicado convenientemente a continuación del de David Lord en el mismo número 7 de *España Peregrina*, hacía estas afirmaciones:

> El porvenir de la vida en el planeta Tierra impone a América un presente lleno de urgencias dramáticas, de esperanzas sin límites, de vehemencias incontenibles. Porque América está llamada a ser lo que no pudo ser Europa: el continente de la libertad, de la paz, de la conciencia, es decir, el lugar donde logre ser superado, por fin, ese mundo aborrecible para todo aquel que aspira al desarrollo que la especie promete desde tiempo inmemorial a la sensibilidad y a la inteligencia del ser humano (Larrea 1940: 16).

Juan Gil-Albert ha recordado que en cierta ocasión fue a entregar unos poemas a la redacción de *Cuadernos Americanos* y se encontró allí con Juan Larrea, quien empezó a exponerle

> su concepción de la poesía como receptáculo y expresión, anunciadora del mundo; del Nuevo Mundo, como subrayó. Uno de mis poemas se iniciaba así: "Tal vez el Hijo ha muerto". Larrea me comentó: ha visto usted bien; el Hijo, efectivamente, ha muerto; y añadió: hemos entrado en el reino del Espíritu. Asia fue el reinado del Padre, Europa ha sido el continente del Hijo; América, el Nuevo Mundo, está destinado a ser el del Espíritu, y por eso, fíjese en su hechura: América tiene forma de dos alas extendidas que se unen en el punto corporal, inverosímil, que es el canal de Panamá. El reino del Espíritu ha comenzado ya, y no encontrará fronteras; es el de la poesía liberada, sentenció; nuestro tiempo ha llegado. Ésta fue en su esencia, su exposición (Gil-Albert 1974: 355).

En agosto de 1940, un grupo de jóvenes universitarios hispanoamericanos y españoles iniciaron en México la publicación de la revista mensual *América*. El joven exiliado Juan B. Climent fue el subdirector y uno de los más asiduos colaboradores de esa revista, cuyos rasgos más sobresalientes radican –a diferencia de *España Peregrina*, la revista oficial del exilio republicano– en su capacidad de reconocer las realidades del medio social e histórico americano. Debió a todas luces ser así porque se producía una confluencia de la cultura latinoamericana y de la subcultura española, que se adhería a aquélla como lo que era, un apéndice; y porque quienes hacían esa revista eran todos jóvenes, y la capacidad de comprensión de la nueva realidad y de adaptación a ella era muchísimo más factible que en el caso de los exiliados de generaciones mayores. De ahí que en el editorial del primer número de *América* se adoptase una actitud crítica –aunque constructiva– respecto de España y lo español, y de sus hasta el momento problemáticas relaciones con el continente americano. El discurso de la revista *América* distaba mucho, por consiguiente, del de *España Peregrina*. El editorial del número 1 de *América* deja pocas dudas sobre estos extremos:

> La independencia de los pueblos de América no se redujo a la emancipación política, fenómeno natural en los pueblos que alcanzan una conciencia de libertad, sino que debido a la actuación funesta de los gobernantes españoles de aquella época produjo un desgarramiento moral que destruía los lazos espirituales que unen a los dos países. Desde entonces, España y América han estado vueltas de espaldas una a otra, caracterizándose sus relaciones por el verbalismo petulante y retórico de un lado y la hostilidad y el desvío de otro (en Caudet 2007: 256).

Lo que continuaba en ese editorial es como una declaración de la voluntariosa intención, que era una imperiosa necesidad –una vez, el imperativo de la necesidad– de que la subcultura, el apéndice subrepticio y cuasi marginal, se integrara en la cultura, en el centro abiertamente presente y dominante:

> América, refractaria hacia la España oficial, superficial y pedante en la interpretación del hondo problema espiritual que constituye la comunidad hispano-americana, conoce y comprende ahora a través de la España desahuciada lo que hay en ella de genuino y noble, a la España trabajadora y universitaria, original y fecunda, portadora en la memoria de sus hechos heroicos de las más orgullosas prendas de su raza.
> También España desconocía a América. Sabía de ella a través de la fría rutina de los discursos oficiales en los que se repetían los mismos tópicos sin emoción, con el valor de un rito gastado que resbalaba por la sensibilidad de los españoles sin afectarla (en Caudet 2007: 257).

Romance, revista financiada con capital mexicano –revista, por tanto, de la cultura–, estuvo hecha por la subcultura, por un grupo de españoles, Juan Rejano, Miguel Prieto, Adolfo Sánchez Vázquez, Antonio Sánchez Barbudo, Lorenzo Varela, José Herrera Petere y Juan Gil-Albert, que habían tenido un notorio protagonismo en las revistas más señaladas de la Guerra Civil: *Hora de España*, *El Mono Azul* y otras publicaciones de la retaguardia y de los frentes de guerra. El capital mexicano había decidido, al crear esta revista, servirse de la experiencia de estos escritores exiliados, todos treintañeros, para llevar a cabo un ambicioso proyecto de distribución editorial en toda América Latina. Una de las consecuencias que tuvo la Guerra Civil, fue que España dejó de tener el monopolio de la producción y distribución de libros en América. El reencuentro de España y América por medio del libro, sobre todo en los años veinte y hasta 1936, encubría dos expansionismos: uno, comercial, y otro, de colonización cultural. Terminada la guerra en 1939, México y la Argentina empezaron a reemplazar en esa doble función a España (Caudet 1987).

Cabe albergar la sospecha de que debió entonces resultar difícil a muchos intelectuales latinoamericanos olvidar que Guillermo de Torre había publicado, en abril de 1927, en *La Gaceta Literaria*, revista que en 1940 fue el modelo de

Romance, el polémico artículo "Madrid, meridiano intelectual de Hispanoamérica". Allí llegó a exponer Guillermo de Torre una ristra de desafortunadas ocurrencias, compendio de un rancio nacionalismo que, de un lado, anticipaba el concepto franquista de Hispanidad y de mucho de lo que se estaba escribiendo en *España Peregrina*, y, de otro, que tenía –queda señalado– un fuerte ramalazo nacionalista. Guillermo de Torre estaba defendiendo, en ese artículo de 1927, que se debía eliminar, "de una vez para siempre, en nuestro vocabulario, los espurios términos de América Latina y de Latinoamericanismo" (en Caudet 1993: 138). Temía lo siguiente Guillermo de Torre: "Darles validez entre nosotros equivaldría a hacernos cómplices inconscientes de las turbias maniobras anexionistas que Francia e Italia vienen realizando respecto a América, so capa de latinismo" (en Caudet 1993: 138). Y, por último, declaraba el por entonces teórico vanguardista, haciendo gala de un cegato narcisismo, que Madrid, erigido por él en un anti-París y a la vez en una suplantación de París, era justamente ese supuesto meridiano anunciado en el título del artículo.

La respuesta de América no se dejó esperar. En un artículo de Alberto Zum Felde, aparecido en *La Pluma*, la revista de Manuel Azaña, en agosto de 1927, eran llamados al orden Guillermo de Torre y *La Gaceta Literaria*:

> Quite *La Gaceta* de la cabeza esa ilusión de imperialismo cultural respecto al Plata. América tiene entidad propia distinta a la de España. Otros son nuestros problemas, otras nuestras coordenadas mentales, otra nuestra posición histórica. Cabe, no obstante, comunidad ideal en muchas cosas. Pero esa comunidad sólo podrá afianzarse en el mutuo respeto a las soberanías. Y, sobre todo, ser discretos.
>
> Deseamos mantener, e intensificar más aún, nuestras relaciones intelectuales con España. Pero si España persiste en ese vano empeño de hegemonía cultural, América se vería obligada a adoptar a ese respecto una política intelectual de distanciamiento. A fin de evitar tan lamentable caso, invitamos a *La Gaceta Literaria* de Madrid a retirar las imprudentes palabras (en Caudet 1993: 138).

José Carlos Mariátegui se sumó a esa protesta latinoamericana y en un artículo también de 1927 explicó con claridad meridiana –valga la redundancia– las razones por las que España no podía aspirar al título de directora espiritual:

> La hora no es propicia para que Madrid solicite su reconocimiento como metrópoli espiritual de Hispanoamérica. España no ha salido todavía del Medievo.
> En la ciudad que aspire a coordinarnos y dirigirnos intelectualmente necesitamos encontrar, si no espíritu revolucionario, al menos tradición liberal (en Caudet 1993: 139-140).

En el artículo de Guillermo de Torre había –las materialidades del nacionalismo– el subrepticio empeño, que era el de quienes hacían *La Gaceta Literaria*, de conquistar para la industria editorial española los mercados de América Latina.

Detrás, por debajo y a los lados del proclamado "meridiano intelectual" había un innombrado proyecto comercial.

Romance tenía fundamentalmente –como antaño *La Gaceta Literaria*– el encargo de prestar a la empresa que pagaba la revista una función comercial. Esto lo tuvo siempre muy presente Rafael Giménez Siles, la cabeza visible de Edición y Distribución Ibero-Americana de Publicaciones (EDIAPSA), que editaba *Romance*. Sus desavenencias con los jóvenes redactores, que tardaron poco en aflorar, estuvieron motivadas porque éstos, ingenuos e idealistas, se habían tomado al pie de la letra lo de las metas espirituales de la revista. El espiritualismo de la subcultura, que tenía sus ribetes de nacionalismo, pronto chocó con el nacionalismo mexicano, o, si se prefiere, con el de la cultura dominante. Antonio Sánchez Barbudo recuerda en un ensayo sobre *Romance*:

> Nosotros, los escritores jóvenes, pretendíamos de algún modo influir en la vida mexicana y divulgar nuestros gustos y opiniones. Nuestro españolismo, nada convencional, pero del que estábamos, en parte a causa de la guerra, muy seguros y orgullosos, era un oscuro sentimiento que queríamos imponer... Un españolismo que a los mexicanos debía a veces recordarles –salvando las grandes distancias y diferencias– al de Cortés, el conquistador tan odiado. Pronto hubimos de advertir que nuestras confusas ambiciones eran muy exageradas, ridículas quizá; que no era posible seguir manteniendo esa actitud y que había que disimular, no espantar demasiado (1980: 97).

En el editorial "Sobre los fines de la cultura", publicado en el número 3 de *Romance*, 1 de marzo de 1940, se partía de que "la obra de arte sólo tiene sentido cuando va dirigida al hombre, a todos los hombres, aunque sea a los hombres de un remoto porvenir" y de que "el consuelo del artista, lo que palia su tormento, es saber que su obra sirve. Que sirve, naturalmente, al espíritu" (7).

Sentadas estas premisas, la revista se declaraba partidaria de una literatura "humana", que saliera "de lo más entrañable del hombre y [fuera] dirigida al hombre" (7). Para ello reclamaba libertad para crear, que el artista no tuviera que responder u obedecer dictado alguno. Opuesto *Romance* tanto a la literatura de partido como a la que en nombre de una quimérica pureza se mostraba insolidaria, su meta era conseguir –como se afirma al final del editorial– una literatura del hombre y para el hombre:

> No nos interesa la literatura por la literatura ni el arte por el arte, sino el enderezamiento del hombre hacia su amplio y sin duda dramático porvenir: nos interesa su libertad. Y a este fin de la liberación más completa posible del hombre, dirigimos nuestros esfuerzos, nuestro pensamiento y nuestra pasión (7).

¿Se había superado la nacionalidad, ya solamente había hombres, hermanos…? ¿O era que al materialismo, a los intereses económicos de sus patrocinadores, les resultaba rentable recubrir tales intereses con esos espiritualismos?

Esos espiritualismos, en los que creían los redactores españoles de la revista, eran expresión de una concepción, que traían de España, de hacer promoción y extensión cultural. Los jóvenes redactores de *Romance* habían formado parte durante la República de las Misiones Pedagógicas, durante la guerra habían hecho también obra de propaganda por la causa popular y habían convertido a la cultura, a las letras, en un complemento inseparable de las armas.

Todo ese proyecto, que se manifestó de diversas maneras en *Romance*, no tenía cabida en un México que estaba inmerso, como el resto de América Latina, en graves problemas sociales y económicos. El conjunto de América Latina, en fin, no tenía una economía desarrollada y saneada, no era ese mercado de muchas Repúblicas de habla castellana que EDIAPSA, la distribuidora mexicana de ediciones que hacía la revista, quería conquistar. *Romance* perdió pronto su primera y principal razón de ser: servir de punta de lanza al ensueño materialista de EDIAPSA de controlar esos mercados, de facto inexistentes.

Romance fue, desde el punto de vista de la presencia de los exilados en México, un ejemplo de la difícil y finalmente imposible integración de representantes de la subcultura española en la cultura mexicana que era –insisto– la cultura dominante. Coincidente con ella en el tiempo, *España Peregrina*, la revista por excelencia del exilio republicano, fue el ejemplo más cumplido del fiasco de la subcultura española.

Los proyectos culturales y editoriales de los exilados se fueron mexicanizando muy pronto o sobrevivieron malamente en el gueto. Porque o bien resultaba obligado, como ocurrió en la mayoría de los casos, integrarse en la sociedad que les había dado albergue o bien había que replegarse, reduciendo las publicaciones a meros órganos de expresión de grupos o tendencias estrechamente nacionales de y para la subcultura. Ejemplos de ello son las revista de y para españoles exilados: *El Pasajero* (1943), escrita y editada exclusivamente por José Bergamín; *Los Cuatro Gatos* (1948-1951), revista de la asociación de exilados madrileños; *Sala de Espera* (1948-1951), de Max Aub, que, como *El Pasajero*, giraba, de manera obsesiva, en torno a cuestiones propias de la condición de exilado; *Los Sesenta* (1964-1965), también de Max Aub; y una serie de revistas, también de y para exilados republicanos, en las que los problemas culturales y políticos –teniendo siempre como protagonista a España– estaban estrechamente relacionados: *Las Españas* (1946-1950, 1ª época; 1950-1956, 2ª época); *Ultramar* (1947); *Nuestro Tiempo* (1949-1953); *Boletín de Información de la Unión de Intelectuales Españoles en México* (1956-1961); *Diálogo de Las Españas* (1957-1963); *Comunidad Ibérica* (1962-1971)...

Otra vía, como queda mencionado, fue la mexicanización, una forma de transformar o encubrir lo español. *España Peregrina* se convirtió en *Cuadernos Americanos*; La Casa de España, institución fundada en 1938 para dar albergue a un grupo de intelectuales e investigadores españoles, en El Colegio de México. Este último cambio nominal debió ser particularmente doloroso, porque era sustituido un nombre español, La Casa de España, por un referente francés, el Collège de France.

Había señales, de distintos modos y maneras, de que el pez gordo se comía al pez pequeño, de que la cultura estaba decidida a absorber en ella a la subcultura, o de que había que llegar a la entente de que la subcultura no apareciera en un primer plano e incluso no fuera nombrada por su nombre, porque no estaba ello en los intereses de la cultura mexicana.

Las Españas, representante de las últimas trincheras de la subcultura, con ese título en plural, porque quiso ser la revista de los nacionalismos españoles, provocó la irritación de José Renau, que lanzó contra ella, en el artículo "La causa de España y los especuladores del derrotismo", publicado en *Nuestro Tiempo* (1949), un durísimo ataque. El artículo de Renau, quien, por cierto, había colaborado en los primeros números de *Las Españas*, iba precedido de una breve introducción que incluía estas demoledoras palabras:

> El intelectual de origen pequeño burgués sobre todo, aun el que tiene ideas progresivas, es tan propenso a toda clase de fugas de la realidad, que, en estas circunstancias anormales del destierro, tiene que recurrir a todo su valor político, a todas sus potencias humanas, para no caer en las innumerables trampas que sus flaquezas ideológicas y su propia imaginación le tienden a cada paso (en Caudet 2007: 338).

José Renau concentró más adelante la atención crítica en la posición política del grupo de desterrados que hacía *Las Españas*, tomando como punto de referencia los editoriales, notas de redacción y colaboraciones de los editores y redactores de la revista en sus doce primeros números. Fue constatando, tras una lectura detenida de esos escritos, de los que fue seleccionando algunos fragmentos, que en el grupo de *Las Españas*

> el nacionalismo burgués y el nihilismo anarquista han ido sustituyendo a todo lo que de positivo quedaba en sus posiciones, hasta desembocar en un obsesivo rencor, casi patológico, hacia todo lo que es política, hacia todo lo que de concreto y dinámico existe fuera de sus propios albedríos subjetivos (en Caudet 2007: 339-340).

Relacionó José Renau la actitud de los responsables de *Las Españas* con la Generación del 98; y, de modo particular, con Ganivet y Maeztu. En esta generación había un prefascismo latente, lo cual explica, en palabras de José Renau, que

> el fascismo español, en un margen considerable de su acervo ideológico, no ha tenido necesidad de ir directamente a fuentes extranjeras para conseguir ciertos materiales básicos. Los ha encontrado en el lado reaccionario –muy importante, por desgracia– de nuestra cultura, ya digeridos y adaptados al estilo nacional, listos para ser acoplados en el cuerpo de sus doctrinas totalitarias (en Caudet 2007: 340).

Renau se detenía asimismo en hacer una crítica inmisericorde de las ideas vertidas en *Las Españas* sobre los conceptos de destino y de nacionalidad:

En el ideario de *Las Españas*, uno de los ángulos de esta abstracción fetichista lo expresa la idealización bucólico-democrática de aquellos rudos campesinos medievales en los "verdes o bien sencillos prados" de sus dominios comunales, holgándose con las trovas del mester de clerecía, libres de toda preocupación o constreñimiento económico y de clase [...]. Fuera de estas idílicas interpretaciones subjetivas, de las condiciones reales en que se realizaba la libertad "entera y verdadera" de aquel pueblo foral y comunero, rigurosamente esclavizado por las limitaciones propias de su primitiva economía rural; de las consecuencias prácticas –más acá del ideal jurídico– de una distribución desigual de la riqueza, del poder político y de los privilegios egoístas de ciertas castas; de las causas, en fin, económicas, sociales y políticas, que determinaron la discontinuidad y destrucción de aquellas formas de vida, nada nos dicen los graves auscultadores de nuestra alma nacional (en Caudet 2007: 341-342).

En ese mismo artículo José Renau analizaba además el obsesivo menosprecio que detectaba en *Las Españas* por los temas sociales y políticos, o lo que es lo mismo, la constante negación del protagonismo histórico del proletariado. Denunciaba que, para los redactores de la revista, el motor de la historia no residía en las luchas de clases, sino en las esencias nacionales.

3. Pro y contra la apología de los valores nacionales

La tragedia de España, aunque no lo decía con estas palabras, había espoleado el sentimiento nacionalista. Era una refugio que se recubría y adornaba con el barniz de palabras y más palabras, de disquisiciones y más disquisiciones. Un barniz que, por otra parte –y es lo más significativo– dejaba traslucir la ideología pequeño-burguesa de buena parte del republicanismo español. Tal es el caso de *Pensamiento y poesía en la vida española* (1939), de María Zambrano; *Rendición del espíritu* (1943), de Juan Larrea; *Sentido y significación de España* (1945), de Fernando de los Ríos; *Una pregunta sobre España* (1945), de Antonio Sánchez Barbudo; *Cuestiones españolas* (1946), de José Ferrater Mora; *Topía y utopía* (1946), de Eugenio Ímaz; *Razón del mundo: la preocupación de España* (1962), de Francisco Ayala; *De la España que aún no conocía* (1972), de Américo Castro. El sentimiento nacionalista se encuentra aleteando asimismo en el conjunto de la obra histórica de Américo Castro y de Claudio Sánchez-Albornoz, y en las conocidas disputas, demasiado a menudo lamentables y siempre académicamente inútiles, que mantuvieron durante años estos dos historiadores. No fueron los únicos, por desgracia, en polemizar. El exilio –no sólo el español; es moneda corriente en toda diáspora– está plagado de polémicas y desuniones.

Al conjunto de esos libros se les podría hacer las mismas críticas que José Renau –pienso que le sobraba razón– lanzó contra la revista *Las Españas*. Comparten esos libros y esa revista, lo mismo cabría decir de *España Peregrina*, la acrítica apología de los valores nacionales –es la mala treta que les gastó la impotencia, esa tierra baldía–. Tal apología, sistematizada con abundante aparato de pruebas y fundamentos, por lo general más arbitrarios que científicos, se convierte en una suerte de caparazón bajo el que se pretende poner a salvo, preservándolo del contagio del 'otro' –que suele ser el anfitrión del exiliado–, el patrimonio de la identidad propia, de la tradición heredada. Todo predispone por esos derroteros a que haga acto de presencia el "monstruo", o una cara del "monstruo", al que María Zambrano hacía alusión cuando, recordando su artículo "El español y su tradición" (1937), me escribía el 18 de julio de 1973, con un comentario sobre la fatídica fecha:

> Mi primer trabajillo para *Hora de España* fue "El español y su tradición", escrito apresuradamente, llevada por el entusiasmo, en Chile, donde a la sazón me encontraba –volví a España de donde había salido a últimos de septiembre del 36, en mayo del 37, cuando cayó Bilbao–. Pero a lo largo de mis escritos aparece y reaparece la gran cuestión de España, sí, y de Europa y de cualquier otra parte del mundo. Y creo que es el mantenimiento de la tradición lo que nos ha sostenido en el exilio a los más, sabiéndolo o no. Y una tradición, claro, no se mantiene sin rehacerla, sin rehacerse, iba a decir con palabras de Unamuno, sin "desnacerse" inclusive en ella. Y así, lejos de encontrarse encerrado en ella como quieren los "tradicionalistas", se sale sin ser notado de ella para encontrarse sin más en lo universal. Y cuando se trata de España el tránsito es facilísimo. Porque lo español o se da universalmente, hacia lo universal, o se convierte en... eso, un monstruo.

Pero ¿habitaba ese "monstruo" únicamente, como me daba a entender María Zambrano, en los parajes del enemigo, del franquismo? ¿Era ese atavismo, que jamás resiste los moldes racionales, un patrón mental y de conducta exclusivo de ese enemigo? Y si ese monstruo y ese atavismo llevó a España a una guerra civil, ¿no había de encontrar asimismo resabios de todo ello en el discurso de los exiliados, un discurso a menudo a la defensiva, un discurso hilvanado, como acaso no podía ser de otro modo, con las hilazas de la impotencia y la distorsión? Recuerdo nuevamente que Antonio Sánchez Barbudo reconocía que muchos escritores españoles –se refería él en particular a los jóvenes que hacían esa revista– exhibieron, al poco de llegar a México como exiliados, "un españolismo que a los mexicanos debía recordarles –salvando las grandes distancias y diferencias– al de Cortés, el conquistador tan odiado" (1980: 97).

Pero si unos exiliados más que otros aprendieron mal que bien a disimular la premisa de su superioridad nacionalista, pocas veces se llegó a reconocer –como hacía pasados muchos años Antonio Sánchez Barbudo– que esa actitud era equivocada e infundada, y que, en consecuencia, debía ser superada y repudiada.

Había al menos en esa actitud una circunstancia eximente: el heroico comportamiento de los republicanos durante la guerra, su lección de resistencia, su convicción de que moralmente habían salido, frente al mundo, vencedores. Lo cual explica –no sé si justifica, me inclino a pensar que no– estas otras palabras de María Zambrano sobre la Guerra Civil: "No ha surgido todavía en la cultura humana y menos aún en el poder, ni en el conocimiento, ninguna forma que se muestre capaz de encerrar adecuadamente tal tesoro, tal riqueza humana" (2004: 93). A muchos exiliados, por no decir a todos, la guerra había imbuido de seguridad y de orgullo, de –en palabras de Antonio Sánchez Barbudo– "un oscuro sentimiento que querían imponer" (1980: 97). La seguridad y el orgullo de haber luchado como lucharon insufló en los exiliados ese "oscuro sentimiento" y con él la necesidad de encontrar en el pasado las claves de una derrota que consideraban una victoria. La derrota no era, pues, en cuanto que ellos se habían guiado por una conducta cuyos valores, de marcado signo espiritual, se habían enfrentado con un mundo pragmático, arribista, materialista. España –para ellos solamente había una, la republicana, la que ellos representaban y sobre la que giraba su discurso– era el espíritu, la poesía; Europa y el resto del mundo, la materia, la burda prosa. Ese argumento conducía asimismo a este otro parejo eje binario: la República era el espíritu, la poesía; y el franquismo, la materia, la burda prosa... Se dirimía, en medio del fracaso de la causa republicana, otra lucha no ajena a aquel fracaso. Esa lucha consistía en dilucidar cuál de esos dos mundos presentaba una alternativa más auténtica, más humana, más nación-España. El discurso, así, estaba adquiriendo una dimensión hermenéutica a la vez abstracta y trascendental, y, por ello, no exenta de bizantinismos alienantes. En el caso de *Pensamiento y poesía en la vida española* de María Zambrano, como en el de *Una pregunta sobre España* de Antonio Sánchez Barbudo, algo por igual aplicable a las tesis de Américo Castro o de Claudio Sánchez-Albornoz, por poner dos ejemplos más, tan relevantes como –por mucho que duela tener que decirlo– patéticos, la argumentación se basaba en interpretaciones históricas cientificistas, en elucubraciones literario-voluntaristas, en amagos de autocomplacientes atisbos de dar con la clave resolutoria del papel esencial, trascendental, que desde mediados del siglo XV le había supuestamente correspondido desempeñar en el mundo al español, ser dotado de una condición supuestamente mirífica.

La reacción violenta de José Renau, marxista, era contra *Las Españas* y contra esa mayoría de republicanos exiliados que estaban entregados a tales elucubraciones cientificistas-literario-voluntaristas...

Antonio Sánchez Barbudo, en pura correspondencia con *Pensamiento y poesía en la vida española* de María Zambrano, planteaba en *Una pregunta sobre España* si de verdad era España una esperanza aún para el mundo. Era la suya una pregunta retórica porque ya tenía una respuesta afirmativa. Tal respuesta se basaba en que, en medio del materialismo y pragmatismo dominante en otras fronteras, la patria de don Alonso Quijano, fiel a éste, continuaba siendo un modélico reducto de acendrada raigambre espiritual:

> El español es un ser *excepcional*; lo es porque así se siente, lo es porque con angustia siente fluir su alma, alma que escapa, que él quisiera apresar. Lo que nos parece, pues, particular en el español, es el modo agudo, dramático, que tiene de sentir lo

que es general entre todos los hombres. Lo que hace al español *distinto*, es su ardiente deseo de ser único, esencial, inmortal. Lo *especial* del hombre español es ser, o aspirar a ser –quizás con mas ansia que otros–, verdadero hombre. Y creemos que esa cálida humanidad, este férvido desear, este mantener el alma en vilo, puede explicar muchas de las "anormalidades" del carácter y espíritu de los españoles (Sánchez Barbudo 1945: 235).

Jaime Vicens Vives, adelantándose a las acervas críticas a *Las Españas* de José Renau, había denunciado, ya en 1952, las falacias interpretativas de Castro y Sánchez-Albornoz, que tenían un fondo común con los libros de María Zambrano, Sánchez Barbudo, Juan Larrea, Fernando de los Ríos, José Ferrater Mora, Eugenio Ímaz y Francisco Ayala. En *Aproximación a la historia de España*, dejaba sentado Jaime Vicens Vives que España no era

> un enigma histórico, como opina Sánchez-Albornoz, o un vivir desviviéndose, como afirma su antagonista [Castro]. Demasiada angustia unamuniana para una comunidad mediterránea, con problemas muy concretos, reducidos y "epocales": los de procurar un modesto pero digno pasar a sus treinta millones de habitantes (1970: 31).

Ángel Palerm, en "Las verdaderas causas de la 'decadencia'", publicado en el número 2 de la revista *Presencia*, en 1948, calificaba al Antonio Sánchez Barbudo de *Una pregunta sobre España*, de "epígono de la Generación del 98" (31), generación que –en la misma línea de lo dicho por Vicens Vives– "no da ni propone soluciones, más que de manera fragmentaria y esporádica" (31). Ángel Palerm había dedicado al tema de la "decadencia" española su tesis de maestría, que tituló *España en el siglo xx. La Revolución Española*. De esta tesis publicó el "Preámbulo" en el número 3 de *Presencia*, y en los números 4, 5-6 y 7-8, los restantes capítulos. En el "Preámbulo", señaló que había decidido centrar su estudio en el siglo xx por la proximidad de la Guerra Civil y porque

> jamás ha sido tan vital para los españoles afrontar y resolver el viejo problema (es decir: la manifiesta incapacidad para mantenerse en marcos estrictamente intelectuales y políticos que conducían inexorablemente a continuas crisis de violencia), como lo ha llegado a ser en esta época difícil y dramática (1949: 35).

Tras explicar en ese "Preámbulo" que su método de trabajo había consistido "en dar valor de primacía a la realidad económico-social y a su evolución", insistía en que, con su interés en "abrir los ojos a las verdaderas causas de la Revolución Española, pretendía contribuir a extirpar las raíces malditas de la guerra civil crónica que padece España" (1949: 37).

La propia María Zambrano, en sus conferencias pronunciadas en México en 1939 y recogidas en el mencionado libro, había repetido la cantinela tan del gusto de *Las Españas* y de los autores de los libros citados:

Pueblo rebelde, inadaptado, glorioso y despreciado, enigmático siempre, que se llama España. Su enigma nos presenta hoy, un enigma universal, una interrogación sobre el porvenir. Su pasado está vivo por tanto ya que en él laten las entrañas de este porvenir incierto y que tan desesperadamente esperamos (2004: 97).

También se había referido, de pasada –solamente de pasada–, a unos hechos que saltándose el discurso dominante en su libro de conferencias, entroncaba con el discurso positivista-materialista de Ángel Palerm, Jaime Vicens Vives y José Renau:

> Los hechos son: la falta de grandes sistemas filosóficos, cual los ha habido en los demás países creadores de la cultura europea, y el gran decaimiento que acaeció en la vida española en todos los órdenes, incluso en el del pensamiento, cuando advino la edad de oro de la cultura de Occidente: la edad moderna. Dudoso es, y muy discutido, que hayamos tenido o no Renacimiento, también lo es que hayamos tenido Reforma, pues el hecho de la Contrarreforma podría ya significar una reforma a nuestra manera. Pero lo que no puede entrar en discusión por su evidencia misma es la decadencia rapidísima, casi mortal, que sufrió el espíritu español al triunfar con plenitud la edad moderna, la edad de la burguesía. España no supo vivir con plenitud, con brillantez en esta época, en este clima del capitalismo burgués europeo; no estaba hecha a su medida; se encontró sorprendida, ajena y en seguida hostil contra todo esto tan grandioso, tan potente (Zambrano 2004: 97).

Ese camino, más que el del canto de las supuestas esencias, singularidades, excepcionalidades... nacionales, era el que se debía haber seguido. No haberlo seguido es parte, no menor, del fracaso del exilio.

Bibliografía

ADORNO, Theodor W. (1987). *Minima moralia. Reflexiones sobre la vida dañada*. Versión castellana de Joaquín Chamorro Mielke. Madrid: Taurus.
BLANCO AGUINAGA, Carlos (1994). "Otros tiempos, otros espacios en la narrativa española del exilio en América". En: Sánchez-Albornoz, Nicolás (ed.). *El destierro español en América. Un trasvase cultural*. Madrid: Instituto de Cooperación Iberoamericana/ Siruela, pp. 23-32.
BUXÓ, José Pascual (1995). "Las alas de Ícaro". En: Corral, Rose/Souto Alabarce, Arturo/Valender, James (eds.). *Poesía y exilio. Los poetas del exilio español en México*. México: El Colegio de México, pp. 393-398.
CAPELLA, María Luisa (1980). *Palabras del exilo. 1. (Entrevista al Dr. José Puche)*. México: Instituto Nacional de Antropología e Historia/Librería Madero, pp. 84-87.
— (1995). "Identidad y arraigo de los exiliados (Un ejemplo: mujeres valencianas exiliadas)". En: Girona, Albert/Mancebo, María Fernanda (eds.). *El exilio valenciano en América. Obra y memoria*. Valencia: Instituto de Cultura Juan Gil-Albert/Universitat de València, pp. 53-68.

CAUDET, Francisco (1987). "Las relaciones editoriales e intelectuales entre España e Hispanoamérica: 1930-1943". En: *Las relaciones literarias entre España e Iberoamérica: XXII Congreso del Instituto Internacional de Literatura Iberoamericana, Madrid, 25-29 de junio de 1984*. Madrid: Editorial de la Universidad Complutense, pp. 141-149.
— (1993). *Las cenizas del Fénix. La cultura española en los años 30*. Madrid: Ediciones de la Torre/Ministerio de Cultura.
— (1999). "Narrar el exilio". En: *Romance Quarterly* 46, 1, pp. 5-14.
— (2005). *El exilio republicano de 1939*. Madrid: Cátedra (Col. Historia), pp. 289-294.
— (2007). *El exilio republicano en México. Las revistas literarias, 1939-1971*. Prólogo de Manuel Tuñón de Lara. 2ª edición revisada y ampliada. Alicante: Editorial de la Universidad de Alicante.
DE TORRE, Guillermo (1927). "Madrid, meridiano intelectual de Hispanoamérica". En: *La Gaceta Literaria*, abril de 1927 (ver Caudet 1993: 138-140).
GIL-ALBERT, Juan (1974). *Crónica general*. Barcelona: Barral.
GUILLÉN, Claudio (1995). *El sol de los desterrados: literatura y exilio*. Barcelona: Quaderns Crema
KENNY, Michael (1962). "Twentieth-Century Spanish Expatriates in Mexico: An Urban Subculture". En: *Anthropological Quarterly* 35, 4, pp. 169-180.
LARREA, Juan (1940). "Presencia del futuro". En: *España Peregrina* 7, p. 16.
LORD, David (1940). "España y la crisis del hombre". En: *España Peregrina* 7, pp. 9-11.
LUZURIAGA, Jorge (1964). "Sobre el exilio: 1939-1964". En: *Revista de Occidente* 12, pp. 345-348.
MARIÁTEGUI, José Carlos (1927). "La batalla de *Martín Fierro*". En: *Variedades* XXIII, 24 de septiembre de 1927 (ver Caudet 1993: 138-140).
PALERM, Ángel (1948). "Las verdaderas causas de la 'decadencia'". En: *Presencia* 2, pp. 29-32.
— (1949). "Preámbulo". En: *Presencia* 3, pp. 33-37.
— (1949). "La estructura económica-social y su dinámica". En: *Presencia* 4, pp. 20-42.
— (1949). "El industrialismo y la decadencia". En: *Presencia* 5-6, pp. 38-80.
— (1950). "Economía y sociedad en el campo". En: *Presencia* 7-8, pp. 56-75.
RENAU, José (1949). "La causa de España y los especuladores del derrotismo". En: *Nuestro Tiempo* 2, pp. 18-29 (ver Caudet 2007: 338-342).
SÁNCHEZ BARBUDO, Antonio (1945). *Una pregunta sobre España*. México: Centauro.
— (1980). "El grupo de *Hora de España* en 1939". En: Sánchez Barbudo, Antonio. *Ensayos y recuerdos*. Barcelona: Laia, pp. 89-105.
VICENS VIVES, Jaime (1970). *Aproximación a la historia de España*. Barcelona: Biblioteca Básica Salvat.
ZAMBRANO, María (1937). "El español y su tradición". En: *Hora de España* 4, pp. 263-267.
— (2004). *Pensamiento y poesía en la vida española*. Madrid: Biblioteca Nueva.
ZUM FELDE, Alberto (1927). "El meridiano intelectual de América". En: *La Pluma*, agosto de 1927 (ver Caudet 1993: 138-140).

Historiadores españoles exiliados en América Latina. El caso de Ramón Iglesia Parga

ALICIA ALTED VIGIL
Universidad Nacional de Educación a Distancia

A la memoria de mi padre José María

1. El exilio de los historiadores

> La historia verdadera de una cultura o de una persona no es solamente lo que pasa, el relato fiel de los sucesos, sino algo más: cómo se viven esos sucesos, desde qué situación; cuál es la conciencia que les recoge y aún más: cuál es la esperanza que les atraviesa. Sin eso no hay verdadera historia humana, sino tan sólo amasijo de hechos.
>
> María Zambrano (1951)

Aproximadamente 35.000 republicanos españoles encontraron asilo en el continente americano, unos 22.000 en México. Es sabido que entre ellos se encontraba una parte de la elite política, intelectual y científica de la España del primer tercio del siglo XX. En lo que se refiere al colectivo de los historiadores, al exilio partieron profesores universitarios, de Segunda Enseñanza, docentes de las Escuelas Normales de Magisterio, archiveros y bibliotecarios (poco más de un centenar). No fueron muchos, tomando en cuenta las cifras totales del exilio, pero debido a la altura intelectual de muchos de ellos, la influencia que ejercieron en los países que les brindaron asilo fue decisiva.

En líneas generales se conoce la nómina de los historiadores que se exiliaron, pero sólo los más destacados han sido objeto de trabajos monográficos. Falta todavía mucho por estudiar en este ámbito; por ejemplo, en lo que se refiere al magisterio docente y la actividad de investigación que llevaron a cabo, a la formación de discípulos, sus aportaciones a la historiografía del país de acogida, la difusión social de sus publicaciones, la implantación de sus libros como manuales en centros de enseñanza, sus colaboraciones en la prensa periódica y especializada, las actividades editoriales en las que participaron y las distinciones, premios y homenajes que se les concedieron. Hay otros temas también necesitados de estudios monográficos: la enseñanza de la historia de España en los países de acogida; la formación que recibieron los hijos de los exiliados, tanto por parte de los historiadores refugiados dedicados a la docencia, como por los profesores del país de acogida; la trayectoria de quienes empezaban en España su carrera universitaria de historiadores como auxiliares o ayudantes de cátedra cuando estalló la guerra, y tuvieron que exiliarse.

La historiografía española anterior a 1936 gozaba de una sólida tradición positivista, que se proyectaba sobre todo en los ámbitos de la arqueología con los grupos de trabajo de Hugo Obermaier en Madrid y Pedro Bosch i Gimpera en Barcelona, y del medievalismo con la labor que Ramón Menéndez Pidal y Claudio Sánchez-Albornoz desarrollaban en el Centro de Estudios Históricos (CEH). Este organismo había sido fundado en Madrid en 1910, bajo el amparo de la Junta para Ampliación de Estudios e Investigaciones Científicas (JAE). Su creación estaba enmarcada dentro de un amplio proyecto de política cultural, cuyo principal objetivo era la reforma de la enseñanza universitaria y de la investigación, en línea con las innovaciones pedagógicas y científicas que se estaban produciendo en el resto de Europa. Esto debía traducirse a mediano plazo en el fortalecimiento de las relaciones culturales con el exterior, en especial con los países americanos (Formentín Ibáñez/Villegas Sanz 1992). En un principio el Centro se organizó en diez secciones, que en los años veinte se redujeron a cuatro: Historia del Derecho, dirigida por Claudio Sánchez-Albornoz, Arqueología con Manuel Gómez Moreno, Arte con Elías Tormo y Monzó, y Filología, bajo la dirección de Ramón Menéndez Pidal, que fue designado presidente del CEH, cuyo secretario fue Tomás Navarro Tomás.

La influencia ejercida por Menéndez Pidal en las actividades del Centro fue decisiva. Formado en los principios filosóficos del Krausismo y del positivismo, pertenecía por edad a la Generación del 98, y compartía las posiciones del regeneracionismo y del nacionalismo casticista. Esta base ideológica orientó su metodología de investigación a la vez que influyó en los estudios que se llevaban a cabo en las secciones de Filología y de Historia. El positivismo de Menéndez Pidal estaba centrado en un concepto de "tradición" que encontraba su mejor expresión en la Edad Media peninsular y se proyectaba en la búsqueda de los "valores permanentes" de lo español, implicando una continuidad en el "estilo de vida" del *homo hispanus* desde tiempos anteriores a la romanización y hasta nuestros días.

Estas convicciones ideológicas, que se proyectaban en una determinada concepción de la historia y del quehacer historiográfico, estaban muy alejadas de los planteamientos filosóficos de José Ortega y Gasset, que había dirigido la sección de Filosofía del Centro antes de partir hacia Argentina en 1916. Es sabido que, en la filosofía de Ortega, se destaca el concepto de "circunstancia" que implica una concepción relativista del acontecer humano y por lo tanto de la historia, ya que la persona no puede concebirse de manera independiente de las circunstancias que la rodean y en el seno de las cuales actúa. De ahí su historicidad, que opone lo cambiante y contingente a lo inmutable y permanente. La influencia de Ortega y Gasset se proyectó en una parte de los investigadores del CEH, entre ellos el historiador Ramón Iglesia y el filólogo Américo Castro, así como en otros miembros de la llamada Generación del 14, que por entonces empezaban a incorporarse a esa institución. Todos ellos, además, consideraban necesario integrar lo español en un marco europeo, y ponían el acento en la dimensión europeísta de la cultura española, atendiendo al humanismo renacentista y no a la época medieval.

Durante la Segunda República el presupuesto económico del CEH se incrementó considerablemente, lo que permitió la creación de nuevas secciones y a la vez la multiplicación de sus actividades. La sección de Historia del Derecho se transformó en Instituto de Estudios Medievales, y se establecieron las secciones de Literatura Contemporánea (1932) dirigida por Pedro Salinas, de Estudios Clásicos (1933), al frente de la cual estaba Julián Bofante, y la sección Hispanoamericana (1934) que, dirigida por Américo Castro, se insertaba en el marco de la política de proyección cultural y de relaciones con los países de Hispanoamérica que potenciaron los gobiernos republicanos. Esta sección se constituyó en torno a un pequeño grupo de colaboradores de Américo Castro con carácter de ensayo o experimento. Los primeros colaboradores fueron Ramón Iglesia, su esposa Raquel Lesteiro y Ángel Rosenblat, los tres especialistas en temas literarios y lingüísticos. Ramón Iglesia y Raquel Lesteiro se encargaron de elaborar la edición crítica de la *Verdadera Historia de la Conquista de la Nueva España* de Bernal Díaz del Castillo, mientras que Ángel Rosenblat trabajaba en un inmenso fichero bibliográfico de las lenguas indígenas de América.

En el curso de los años 1935 y 1936 se incorporaron otros estudiosos, como el diplomático salvadoreño Rodolfo Barón Castro, el bibliófilo Antonio Rodríguez Moñino, el historiador mexicano Silvio A. Zavala y Manuel Ballesteros Gaibrois, investigador en la sección de Arte y especialista en arqueología americana. Éstos y otros colaboradores

> ayudaron a Castro a hacer realidad su anhelado sueño de un centro o sección que se dedicara a Hispanoamérica con una doble finalidad: la formación de especialistas en España, contando con la íntima colaboración de otros alumnos extranjeros, y la edición de una revista y una colección de monografías que potenciasen la memoria cultural de todos los pueblos de habla castellana (Bernabéu Albert 2007: 262).

El proyecto de creación de una revista se concretó en 1935 con *Tierra Firme*. De periodicidad trimestral y bajo la dirección de Enrique Díez-Canedo, la revista tuvo una vida efímera, publicando solamente ocho números y los dos últimos, correspondientes al año 1936, en un solo volumen. El objetivo de *Tierra Firme* consistía en contribuir a la difusión de una cultura abierta y progresista entre los países de lengua castellana, pero no fue hasta el número cuatro que se convirtió en una publicación específicamente americanista. Abría este número el trabajo de Ramón Iglesia, "Bernal Díaz del Castillo y el popularismo en la historiografía española" (1935), texto de una de las ponencias que se llevaron al XXVI Congreso Internacional de Americanistas, celebrado en Sevilla en octubre de 1935, y en el que se presentó de manera oficial al grupo de colaboradores de la sección americanista del CEH, cuyas investigaciones respondían a los temas y enfoques dominantes en el americanismo internacional de la época. La Guerra Civil interrumpió bruscamente la actividad cultural y científica que había alcanzado tan altas cotas en el primer tercio del siglo. En lo que se refiere a los historiadores, cortó la trayectoria académica y de investigación de quienes se vieron obligados a expatriarse. En muchos casos sus bibliotecas fueron embargadas, expoliadas o destruidas, con la consiguiente pérdida de los materiales de investigación en curso. Los que se quedaron, fueron expulsados de sus cargos o padecieron otras formas de represión, que incidieron de manera negativa en su actividad docente y de investigación.

Los intelectuales exiliados pertenecían a diferentes generaciones.[1] En cuando a los historiadores, eran miembros de la Generación del 98 los maestros consagrados como Rafael Altamira que, nacido en 1866, tenía 73 años en 1939. A la Generación del 14 pertenecían aquellos historiadores que gozaban de un reputado prestigio en 1936, con una labor académica e investigadora consolidada. A modo de ejemplo citemos a Pedro Bosch i Gimpera (*1891), Américo Castro (*1885), Agustín Millares Carlo (*1893), Claudio Sánchez-Albornoz (*1893), Luis Nicolau d'Olwer (*1889), Juan María Aguilar (*1893), José María Ots Capdequí (*1893), Manuel Isidro Méndez (*1882), José Moreno Villa (*1887) y Wenceslao Roces (*1897).

Los más jóvenes, si bien habían alcanzado en 1936 cierto grado de madurez intelectual, iban a desarrollar en el exilio la mayor parte de su obra académica y de investigación. Todos habían nacido ya en el siglo XX: José Ignacio Mantecón (*1902), José Miranda (*1903), José María Miguel i Vergés (*1904), Ramón Iglesia (*1905), Vicente Llorens (*1906) y, algo más jóvenes, Pedro Grases (*1909), Jenaro Artiles (*1909), Javier Malagón (*1911), Germán Somolinos (*1911), Malaquías Gil Arantegui (*1912), Juan Antonio Ortega y Medina (*1913) y María Ugarte (*1914). Entre los más jóvenes se encontraban Carlos Bosch García (*1919) y Juan Marichal (*1922).

La mayoría de estos historiadores se había formado en un ambiente cultural abierto, integrador y europeísta; aquellos que habían pasado por el CEH estaban impregnados, además, de ese espíritu polifacético e interdisciplinario que Menéndez Pidal había imbuido al Centro. Por ello, al hablar de historiografía y de historiadores en el exilio, es imposible guiarse por un criterio de estricta especialización profesional: más bien hay que referirse a enfoques sectoriales o estudios temáticos (Ortega y Medina 1982). Por otra parte, no fueron sólo los historiadores profesionales quienes escribieron sobre temas de historia. A esta disciplina se

---

[1] Consciente de la problemática que encierra este término, aquí lo utilizo con un propósito meramente didáctico y clarificador.

acercaron también políticos, periodistas, médicos, filólogos, filósofos, historiadores del arte, sociólogos, economistas o antropólogos. A ello se suma el hecho de que la misma situación de desarraigo del exiliado produjo una abundante literatura memorialística y autobiográfica.

Asimismo, hay que tener en cuenta que la gran mayoría de los intelectuales exiliados que llegaron a los diferentes países de acogida del continente americano, apenas se habían dedicado con anterioridad a temas vinculados a la historia de los países que los recibían. Esto dificultó el proceso de adaptación, pero produjo resultados positivos, porque les condujo a una nueva percepción de América y de lo español. Como escribiría el filósofo José Gaos: "Lo que hay de español en esta América nos ha permitido conciliar la reivindicación de los valores españoles y la fidelidad a ellos con la adhesión a los americanos" (en Ortega y Medina 1982: 237). En este sentido, los refugiados fueron "conquistados" por América, y la relación con las culturas de los países hispanoamericanos les permitió proponer análisis enriquecedores sobre la idea de América y la presencia de los españoles en ese continente. Por estos motivos, las reflexiones en torno a la historia de los países de acogida ocuparon amplio espacio en la producción historiográfica del exilio.

Aparte de México, que fue sin duda el país de Hispanoamérica que acogió mayor número de historiadores exiliados, otros países contaron con la presencia más o menos prolongada de estudiosos de la historia llegados de España.

A la República Dominicana y a Cuba arribaron en un principio los exiliados en reemigración desde Francia, pero pocos hicieron de esos países su lugar de residencia permanente. En la República Dominicana se quedaron María Ugarte y Malaquías Gil Arantegui, además de Javier Malagón y Vicente Llorens, quienes orientaron una parte de su quehacer historiográfico al estudio específico del exilio.

María Ugarte era, en 1936, profesora ayudante de Historia Contemporánea de España en la Universidad de Madrid. En Santo Domingo se dirigió hacia el periodismo, fue una de las fundadoras del diario *El Caribe* y directora de su suplemento cultural, y publicó gran cantidad de artículos sobre movimientos coloniales. En cuanto a Malaquías Gil Arantegui, había sido profesor auxiliar de Historia en la Universidad de Zaragoza. En Santo Domingo se incorporó al Instituto Tecnológico Pedagógico y trabajó también en otros organismos públicos y privados dedicados a la enseñanza.

Javier Malagón fue pionero en el estudio de la trayectoria de los historiadores españoles exiliados. Uno de sus trabajos más significativos es el estudio "Los historiadores y la historia en el exilio" (1976). Había cursado Derecho en la Universidad Central de Madrid y había estudiado con una beca en Alemania. En la República Dominicana fue nombrado catedrático de Historia del Derecho español y de Indias de la Universidad de Santo Domingo. La desconfianza del dictador Trujillo hacia los profesores españoles llevó a Malagón y a otros compañeros a abandonar el país.

El valenciano Vicente Llorens había estudiado en la Facultad de Filosofía y Letras de Madrid, completando su formación en Italia y Alemania. Cuando regresó a Madrid en 1933, se incorporó a la sección de Literatura del CEH que dirigía Américo Castro. Llegó en 1939 en reemigración desde Francia a República Dominicana, donde permaneció hasta 1945 como profesor de Literatura en la Universidad de Santo Domingo. En 1945, y gracias a la influencia de uno de sus maestros, Pedro Salinas, fue invitado a la Universidad de Puerto Rico. En 1947, en la Universidad Johns Hopkins (EE UU) retomó el contacto con Américo Castro, quien gestionó su traslado a la Universidad de Princeton, donde impartió clases de Literatura española e hispanoamericana desde 1949 hasta 1972. Llorens es uno de los grandes expertos en el tema de la emigración política española desde comienzos de la Edad Moderna. Su libro *Memorias de una emigración. Santo Domingo: 1939-1945* (1975) recoge recuerdos personales y conversaciones con otros compañeros y amigos en el exilio dominicano.[2]

En Cuba se estableció el historiador Manuel Isidro Méndez. Nacido en Navia (Asturias) en 1882, una parte de su familia estaba vinculada a Cuba, donde había vivido entre 1896 y 1923, año en que regresó a España. Abandonó el país en 1936 para instalarse de manera definitiva en Cuba. Fue el primer biógrafo de José Martí, y su obra *Martí: estudio crítico biográfico*, publicada en 1941, constituyó, en ese momento y a juicio del crítico cubano José Antonio Portuondo, "el mejor estudio interpretativo de la vida y de la obra martiana realizado entre nosotros" (Portuondo 1942).

En Panamá residió Juan María Aguilar, que llegó cuando se estaba poniendo en marcha la Universidad panameña, creada en 1935. Aguilar contribuyó a organizar y sistematizar los estudios históricos y ejerció una notable influencia en la historiografía del país centroamericano.

A Venezuela llegó Pedro Grases en agosto de 1937, después de haber pasado once meses en Francia, donde se había refugiado tras el estallido de la Guerra Civil, obligado por su vinculación con Carlos Pi i Sunyer y la izquierda republicana catalana. En Caracas, Grases desarrolló una inmensa labor en los campos de la docencia, la investigación historiográfica, la documentación bibliográfica y el periodismo. Fue, en suma, un verdadero polígrafo. Llegó a ser un destacado especialista en la obra de Andrés Bello, y se dedicó también a estudiar la trayectoria de Simón Bolívar como ideólogo y estadista en el marco del proceso de emancipación de Venezuela, abordando además otros temas relativos a la historia cultural venezolana.

Es imposible en el marco de este trabajo trazar el perfil de todos los historiadores exiliados en Hispanoamérica, pero no puedo dejar de mencionar la presen-

---

[2] Al igual que Javier Malagón, también Vicente Llorens colaboró en el volumen colectivo dirigido por J. L. Abellán sobre el exilio (Llorens 1976).

cia de Claudio Sánchez-Albornoz en Argentina, donde desarrolló una actividad de inmensa trascendencia. En 1942 se instalaba en Buenos Aires, gracias a la ayuda que le proporcionó la Fundación Rockefeller, para trabajar en el Instituto de Cultura Española Medieval y Moderna vinculado a la Universidad de Buenos Aires. En el seno del Instituto creó en 1944 los *Cuadernos de Historia de España*. Al año siguiente, la Universidad fundó la cátedra de Historia de España y le contrató para que la ocupara. Su magisterio docente y su actividad desde el Instituto contribuyeron a la formación de un conjunto importante de medievalistas argentinos. De entre las más de 300 publicaciones suyas editadas en Argentina, una de las más famosas es su libro *España un enigma histórico* aparecido en 1957 como réplica polémica a la obra de Américo Castro *España en su historia*, aparecida en 1948 y reeditada en 1954 con diversas modificaciones bajo el título *La realidad histórica de España*.

Es indudable que los republicanos españoles contribuyeron a transformar la percepción que se tenía de España y lo español en determinados sectores de las sociedades hispanoamericanas que les acogieron; en este sentido su labor adquirió especial relieve.

2. México, país de acogida

> Casi todos los hombres de la cultura en México somos, de una u otra forma, hijos, nietos o bisnietos de la España cultural, la España del 98, la del 27, la España de la guerra y la España peregrina. Para mi gran fortuna, no fui la excepción. Tuve el honor de ser el último discípulo del maestro José Gaos en El Colegio de México [...]. Mis maestros me introdujeron a la obra de españoles transterrados que me han acompañado toda la vida, hombres injustamente olvidados no sólo en América sino en la propia España: José Medina Echevarría (el primer traductor de Max Weber), Ramón Iglesia (el biógrafo de conquistadores y cronistas), José Miranda (eminente estudioso de las ideas e instituciones políticas de Nueva España)...
>
> Enrique Krauze (2006)

La impronta cultural de los refugiados españoles que arribaron a México y que señala Enrique Krauze en la cita que sirve de epígrafe a este apartado es, si cabe, más evidente en el caso de los historiadores, quienes a juicio de Juan A. Ortega Medina "han dejado una huella permanente, ya temática o metodológica, en los alumnos mexicanos que ellos contribuyeron a formar y que actualmente constituyen, por decirlo así, la plana mayor de los historiadores más representativos del país" (1986: 255). En la misma línea Luis González, discípulo del historiador exiliado José Miranda y miembro de la primera promoción de historiadores del CEH de El Colegio de México, escribía en 1991:

A ellos se debe en gran medida el aumento de historiadores que no ha cesado en el último medio siglo [...]. Hoy quizá sean menos de doce los historiadores expedicionarios sobrevivientes, pero sin duda son más de 400 los clionautas mexicanos que se reconocen hijos o nietos intelectuales de la pléyade española (1991: 263-264).

Según Álvaro Matute, antes de la llegada de los refugiados españoles la historiografía mexicana manifestaba dos vertientes, ambas dominadas por el positivismo: una, vinculada con el empirismo tradicionalista, consideraba que para conocer mejor la historia mexicana había que encontrar y publicar de manera continuada y acumulativa documentos inéditos y cada vez más raros; la otra, la del pragmatismo político, tenía por objetivo la construcción de un pasado que enlazaba con un presente de la Revolución, legitimándolo. Esta concepción de la historia se proyectó en el campo educativo, a fin de modelar a las jóvenes generaciones inculcándoles la versión de la historia de México elaborada por el Gobierno revolucionario. Una tercera corriente, en cierto sentido derivada de la anterior, incorporó elementos marxistas a esa interpretación de la historia, pero sin haber analizado previamente las obras de los teóricos del marxismo (Matute 1981: 11-14).

Juan A. Ortega Medina por su parte distingue cinco escuelas historiográficas en México: la tradicional, hispanista y conservadora; la indigenista de corte liberal y opuesta a la anterior; la neopositivista; la "seudomarxista"; y la prehistoricista, representada por Edmundo O'Gorman, buen conocedor de la filosofía de Ortega y Gasset y contrario desde sus primeros trabajos al positivismo historiográfico (Ortega y Medina 1986).

Además de estas orientaciones de la historiografía mexicana, sobre las que iba a incidir la actividad de los historiadores refugiados, otro aspecto a tomar en cuenta es la profesionalización del historiador desde las primeras décadas del siglo XX, impulsada a través de la creación de instituciones en el marco de las cuales se desarrollaría su labor académica y científica. La institución mexicana más antigua dedicada a la investigación historiográfica era el Museo Nacional de Arqueología, Historia y Etnografía, que recibió esa denominación en 1906, siendo secretario de Justicia e Instrucción Pública y Bellas Artes Justo Sierra. A Sierra se debe no sólo el establecimiento del primer sistema de educación pública en México y la reorganización de la Universidad Nacional, que obtuvo su autonomía en 1929, sino también la creación, en 1910, de la Escuela Nacional de Altos Estudios, de la que egresaron por primera vez historiadores profesionales.

La presencia de Genaro Estrada en la Secretaría de Relaciones Exteriores entre 1930 y 1932 impulsó la edición de documentos relacionados con la historia diplomática. Otras secretarías, como la de Guerra y Marina o la de Economía y Hacienda, organizaron en su seno archivos históricos y patrocinaron la edición de obras de historia y de recopilaciones bibliográficas. Todo ello contribuyó a la institucionalización de la investigación historiográfica y permitió también el despegue de la actividad editorial, esencial para la difusión de las investigaciones, durante el sexenio en que el general Lázaro Cárdenas ocupó el poder como presidente de la República. En 1934 Daniel Cosío Villegas creó la editorial Fondo de Cultura Económica (FCE), orientada en sus inicios hacia la publicación de obras de economía, y también la Universidad Nacional Autóma de México (UNAM) fundó en 1939 su imprenta universitaria.

De las diversas instituciones académicas y de investigación que se crearon en la década de 1930, destaca el Instituto Nacional de Antropología e Historia (INAH), fundado por iniciativa de Lázaro Cárdenas como parte de la Secretaría de Educación Pública (SEP), pero con patrimonio y personalidad jurídica propios. En diciembre de 1940 el Museo Nacional de Arqueología, Historia y Etnografía cambió su nombre por el actual de Museo Nacional de Antropología y su biblioteca pasó a ser la Biblioteca Central del INAH.

Es bien conocida la actitud receptiva de Lázaro Cárdenas hacia los refugiados españoles, a la que también contribuyeron notorios intelectuales mexicanos que habían mantenido fluidas relaciones con intelectuales españoles en los años veinte y treinta. En lo que nos interesa, hemos de destacar a Alfonso Reyes y a Daniel Cosío Villegas.

En 1912, Alfonso Reyes fue nombrado secretario de la Escuela Nacional de Altos Estudios, donde tuvo a su cargo la cátedra de Historia de la Lengua y Literatura Españolas. Entre 1914 y 1924 estuvo exiliado en España y trabajó en el CEH bajo la dirección de Menéndez Pidal, desarrollando además una importante obra periodística y literaria. En junio de 1920 fue designado segundo secretario de la Legación de México en España, y ocupó más tarde otros cargos diplomáticos, antes de regresar a México en febrero de 1939.

Daniel Cosío Villegas, historiador, politólogo, economista y sociólogo, fundó en 1933 la Escuela Nacional de Economía. Al año siguiente, creó la editorial Fondo de Cultura Económica, en la que colaboró un núcleo significativo de refugiados españoles. Cosío Villegas influyó en la decisión de Lázaro Cárdenas de acoger a los republicanos exiliados y gestionó la creación, en agosto de 1938, de La Casa de España en México, que ofreció a los intelectuales españoles un marco institucional para poder continuar con sus actividades profesionales y aportar sus conocimientos al desarrollo de las diferentes disciplinas de su especialidad en el país que los acogía. La Casa, creada teniendo en cuenta como modelo el CEH de Madrid, que tanto Cosío Villegas como Reyes conocían bien, quedó ligada, desde su fundación, a instituciones mexicanas de educación superior. Alfonso Reyes fue su director a partir de marzo de 1939.

El primer historiador exiliado que se vinculó a La Casa de España fue José Moreno Villa y poco después Agustín Millares Carlo. La institución, que desarrolló una serie de actividades culturales cada vez "más ricas y variadas" conforme se incorporaban nuevos intelectuales, intensificó en los momentos finales de la guerra sus gestiones para recibir a escritores, artistas, científicos, que, en muchos casos, solicitaban ser acogidos, y empezó a funcionar como "centro de distribución e irradiación del talento republicano hacia las distintas esferas profesionales mexicanas" (Lida/Matesanz/Morán 1989: 121). Además, los intelectuales acogidos desarrollaban sus actividades también en contacto con otras instituciones de cultura superior del país.

No voy a detenerme en las circunstancias que llevaron a la transformación de La Casa de España en El Colegio de México en octubre de 1940. Lo cierto es que había que dar una estabilidad y continuidad a la institución más allá de la circunstancia que estaba en su origen, y con la creación de El Colegio de México, que abrió sus puertas explícitamente también a los mexicanos, se trató de hacer frente a las reacciones suscitadas en distintos medios contra la política cardenista de apoyo a los exiliados de la República (ver Lida 1988; Lida/Matesanz 1990).

Aparte de Moreno Villa, Ramón Iglesia y Millares Carlo, estuvieron también vinculados a esa institución el político e investigador Luis Nicolau d'Olwer, Rafael Altamira que llegó a México en 1945 con 78 años y renovados bríos para investigar e impartir clases y conferencias, el paleógrafo y bibliógrafo José Ignacio Mantecón, José María Miguel i Vergés, especialista en la historia de la independencia mexicana, y José Miranda, que provenía del campo del derecho político y fue quien "más temas aportó a la historiografía mexicana" (Lira 1998: 150).

Pero no sólo El Colegio de México se benefició con la presencia de los historiadores españoles, éstos además se incorporaron a otras instituciones, en especial a la UNAM, que se encontraba en esos momentos en plena etapa de expansión. A ésta se vinculó Rafael Altamira, uno de los historiadores que a lo largo de su carrera profesional más se preocupó por acercar y dar a conocer Hispanoamérica a los españoles y España a los hispanoamericanos (ver Peset 1987). De gran relevancia fue también la aportación de Agustín Millares Carlo, que entre 1939 y 1958 impartió clases de Paleografía y de Lengua y Literatura Latinas en la UNAM. Su actividad como latinista fue esencial para la consolidación de la sección de Filología Clásica dentro de la Facultad de Filosofía y Letras, al igual que del Centro de Traductores, hoy Centro de Estudios Clásicos. A esto hay que añadir su importante labor como historiador y bibliógrafo americanista (Enríquez Perea 2003). Otros historiadores que ejercieron la docencia en la UNAM fueron el bibliógrafo José Ignacio Mantecón, Wenceslao Roces, traductor de gran parte de la obra de Marx y de otros escritores marxistas publicados por el FCE, José Miranda, Carlos Bosch García, y Juan Antonio Ortega Medina, miembro este último, además, de la Academia de la Historia Mexicana.[3]

Otras instituciones en las que los historiadores transterrados impartieron clases fueron el Departamento de Investigaciones Históricas del INAH, la Escuela Normal Superior, el México City College, la Universidad de las Américas, la

---

[3] Para mayor información consultar Capella 1987; León Portilla 1989; y Ortega y Medina 1989. Un perfil bio-bibliográfico de los historiadores citados en Ortega y Medina 1982.

Escuela de Historia de la Universidad Iberoamericana, la Escuela Nacional de Bibliotecarios y Archivistas. Sus investigaciones fueron recogidas en libros y publicaciones periódicas entre los que destacan las revistas *Cuadernos Americanos* e *Historia Mexicana*. Los historiadores españoles, que desempeñaron, además, un imporante papel como traductores, crearon escuelas y formaron discípulos: "En sus clases –escribe Luis González– aquellos historiadores de palabra fácil devolvían al relato histórico su dimensión de cuento oral que divierte y enseña"; pero no solamente transmitieron conocimientos sobre los hechos históricos sino que "los métodos de historiar observados desde 1940 [en la historiografía mexicana] arrancan de los cursos y la obra escrita de los maestros españoles de la República" (1991: 263).

Esta influencia renovadora en el campo de la historiografía mexicana, la corroboran también Álvaro Matute y Clara E. Lida. Escribe el primero:

> A partir de 1940, mexicanos y transterrados se dedicaron, como nunca antes en México, a investigar, enseñar, traducir y editar, de manera que, académicamente, México se puso al día en más de una especialidad. Los campos de la historiografía y la teoría de la historia se enriquecieron con esa experiencia (1981: 17).

Por su parte Lida habla de la existencia de una "imbricación directa" entre los historiadores mexicanos y los españoles, que gozaban de reconocido prestigio académico. Gracias al impulso de la Junta para Ampliación de Estudios, algunos de ellos habían perfeccionado su formación en universidades extranjeras, participado en encuentros científicos y colaborado en publicaciones internacionales. Eran auténticos profesionales en su ámbito; de ahí la influencia positiva que ejercieron sobre los historiadores mexicanos. Como subraya Clara E. Lida,

> [...] los refugiados españoles no se limitaron a investigar y enseñar cómo se hace historia, sino que, como conocedores de la gran bibliografía europea, colaboraron en la construcción de una sólida biblioteca de historia, a través de sus traducciones para el Fondo de Cultura Económica y otras editoriales mexicanas [...].En realidad, a partir de la Segunda Guerra mundial, la historiografía mexicana y las instituciones mexicanas que cultivaban la historia, quedaron en deuda con los historiadores emigrados que llegaron de España a México hacia fines de los años treinta (2006: 156-157).

3. Trayectoria vital y pensamiento historiográfico de Ramón Iglesia Parga

> El trabajo de investigación en los archivos [...] no tiene más valor que el de un entretenimiento. Nadie puede trabajar en historia, evidentemente, sin haber hecho esta labor previa de investigación exhaustiva sobre algún tema menudo; pero creer que esa es la única labor histórica es tomar el rábano por las hojas. La labor pro-

piamente dicha del historiador no comienza hasta que, en presencia de un cierto número de materiales, de documentos del pasado, por fuerza limitados e incompletos siempre, no emprende su labor de elaboración y síntesis.

Ramón Iglesia (1944)

Una de las figuras más interesantes pero menos estudiadas de este conjunto de historiadores, es Ramón Iglesia, quien, a pesar de su muerte prematura, contribuyó con su concepción antipositivista a dar nuevos impulsos a la teoría y la historia de la historiografía en México.

Había nacido en Santiago de Compostela en 1905 y estudiado historia en la Facultad de Filosofía y Letras de la Universidad Central de Madrid. En 1925 comenzó a trabajar en el CEH, colaborando con Dámaso Alonso en su edición del *Enquiridion* de Erasmo, hasta que en 1928 fue nombrado lector de español en la Escuela Superior de Comercio de Goteburgo en Suecia. En 1930 regresó a España e ingresó por oposición en el Cuerpo Facultativo de Archiveros, Bibliotecarios y Arqueólogos al año siguiente. Hasta 1936 trabajó en la Biblioteca Nacional de Madrid y paralelamente reanudó sus tareas en el CEH, donde llegó a dirigir la sección Hispanoamericana y la secretaría de la revista *Tierra Firme*. Entre 1932 y 1936 se dedicó a preparar la edición crítica de la *Verdadera Historia de la Conquista de la Nueva España* de Bernal Díaz del Castillo, interrumpida por el estallido de la guerra.[4] Cuando en 1931 se crearon las Juntas de Ofensiva Nacional Sindicalista (JONS), Ramón Iglesia estaba entre los miembros del comité organizador, presidido por Ramiro Ledesma Ramos, pero al producirse la fusión de las JONS con Falange Española en 1934, Iglesia hacía tiempo que se había alejado de las Juntas.[5]

Su evolución ideológica le llevó a afiliarse al Partido Comunista de España. Entre 1936 y 1939 combatió en el Ejército republicano como voluntario, llegando a alcanzar el grado de capitán. Tras la caída de Barcelona a principios de 1939, se produjo el éxodo masivo hacia Francia de civiles y militares republicanos, entre los que se encontraba Ramón Iglesia. En junio de ese año llegó a Veracruz en el Sinaia, y fue invitado a incorporarse como becario en La Casa de España para continuar sus estudios sobre la historiografía de la conquista de la Nueva España. Desde 1941 tuvo a su cargo la cátedra de Historiografía en el CEH de El Colegio de México, donde desarrolló una importante labor docente, investigadora y de traducción. En 1946 se instaló definitivamente en Estados Unidos, donde

---

[4] Esta edición fue publicada de manera incompleta en 1940 en Madrid, por el Instituto Fernández de Oviedo del CSIC, sin mención del nombre de Ramón Iglesia, lo que le afectó profundamente.

[5] Para más datos biográficos consultar Bird Simpson 1948; Lira 1998: 143-147; Castañón 2000; Bernabéu Albert 2005; ver el *curriculum vitae* de Ramón Iglesia en Soler Vinyes 1999: 107-111.

ya había dictado clases como profesor invitado. Allí ejerció la docencia en las universidades de Illinois y Wisconsin. A nivel personal, fue una etapa muy difícil debido a "los trastornos producidos por un tumor cerebral nunca detectado por los médicos" (Iglesia Lesteiro 1999: 1253). Ramón Iglesia se suicidó en Madison el 5 de mayo de 1948. En una nota necrológica, José Miranda escribía:

> Fueron rasgos señalados de la personalidad espiritual de Ramón Iglesia el temperamento exaltado y la buena y generosa índole: la pasión y la nobleza. Ambas parecían emanar en él a raudales, espontánea y efusivamente, sin artificio ni sujeción, y afloran por doquier en su vida y obra (1948: 140).

Hondamente influenciado por la filosofía de Ortega, Iglesia consideraba que había que aplicar a la historia y al estudio de la historia el concepto de perspectiva o circunstancia. Contrario a la metodología positivista, pensaba que había que indagar el pasado a partir de los significados humanos de los hechos históricos. En la medida en que los seres humanos están condicionados por sus circunstancias, Iglesia sostenía que la realidad histórica no puede ser estática ni acabada, sino que debe ser diversa y cambiante en el espacio y en el tiempo. Y además, el historiador se acerca a ella con su propia subjetividad y la de su entorno generacional; cada generación trata de comprenderse a sí misma a través de una reinterpretación del pasado, que no puede ser percibido en sí mismo, sino siempre desde la perspectiva y a través de la mente del historiador que lo recrea.

Estas ideas las proyectó Iglesia en su quehacer como historiador, fuertemente influido por su experiencia personal de la Guerra Civil:

> Pero estalla la guerra, tomo parte en ella, y adquiero así una experiencia directa, vivida, de los problemas militares, experiencia que no me hubieran dado todos los libros de historia del mundo. Y veo de cerca cuál es en la guerra –esa piedra de toque de todos los valores humanos, pues en ella existe de continuo la presencia de la muerte, más desvanecida y oculta en la vida ordinaria– el papel de los jefes, de los jefes que saben mandar, y de los soldados que saben obedecer y morir, la necesidad profunda de la jerarquía y de la disciplina en un ejército, cosas todas que habíamos ido olvidando, desdeñando tal vez, en nuestra sociedad civilizada, liberal e individualista. Ello me lleva a revisar toda mi concepción de una serie de problemas históricos (Iglesia Parga 1944: 57-58).

Su concepción de la historia le llevó también a revisar el papel desempeñado por figuras como Cristóbal Colón, Hernán Cortés o Bernal Díaz del Castillo, a quienes ya se había acercado en los años treinta y cuya función reinterpretaba una década más tarde, traspasado por la experiencia de la guerra (Iglesia Parga 1942 y 1944).

Tanto en sus obras monográficas como en sus estudios teóricos y metodológicos, como por ejemplo "La historia y sus limitaciones", texto de dos conferencias pronunciadas en la Universidad de Guadalajara en 1940, o "Sobre el estado actual de los estudios históricos", también de 1940, Iglesia combatió la historiografía positivista y el apego de la misma a los hechos tal y como éstos aparecen reflejados en los documentos, insistiendo en la falsa objetividad de los mismos, pues todo documento encierra una doble subjetividad, la del autor y la de la "lectura" que del mismo hace el historiador. Criticaba también la obsesión positivista de acumular documentos y el exceso de erudición. Su postura le creó una serie de problemas con otros colegas españoles y mexicanos, lo que unido a otras circunstancias, hizo que optara por marcharse a Estados Unidos.

Su último escrito publicado fue la disertación que leyó en febrero de 1947 en la Universidad de Wisconsin, con el título: "The old and the new in the Spanish generation of 1898", en la que, a partir de los postulados historiográficos que siempre había defendido, señala la "coherencia perfecta y sostenida" en el reaccionarismo del ideario de esa generación, con la excepción de Antonio Machado, "que creyó hasta el fin en la democracia y en el pueblo español, que le siguió en su éxodo y murió en la frontera" (Iglesia Parga 1947: 99).

Bibliografía

Bernabéu Albert, Salvador (2005). "La pasión de Ramón Iglesia Parga (1905-1948)". En: *Revista de Indias* LXV, 235, pp. 755-772.
— (2007). "Los americanistas y el pasado de América: Tendencias e instituciones en vísperas de la Guerra Civil". En: *Revistas de Indias* 239, pp. 251-282.
Bird Simpson, Lesley (1948). "Ramón Iglesia y Parga, 1905-1948". En: *The Hispanic American Historical Review* XXVIII, 2, pp. 163-164.
Capella, María Luisa (comp.) (1987). *El exilio español y la UNAM*. México: Universidad Nacional Autónoma de México.
Castañón, José Manuel (2000). "Ramón Iglesia: Del historiador como héroe clásico". En: Aznar Soler, Manuel (coord.). *Sesenta años después. Las literaturas del exilio republicano de 1939*. Vol. 2. Sant Cugat del Vallès: GEXEL, pp. 595-600.
Enríquez Perea, Alberto (2003). "Agustín Millares Carlo en México (1938-1958)". En: Alted, Alicia/Llusía, Manuel (dirs.). *La cultura del exilio republicano español de 1939*. Madrid: Universidad Nacional de Educación a Distancia, vol. 2, pp. 415-426.
Formentin Ibáñez, Justo/Villegas Sanz, María José (1992). *Relaciones culturales entre España y América: La Junta para Ampliación de Estudios*. Madrid: MAPFRE.
González, Luis (1991). "Historiadores en el exilio". En: Sánchez-Albornoz, Nicolás (comp.). *El destierro español en América. Un trasvase cultural*. Madrid: Siruela, pp. 259-266.
Iglesia Lesteiro, María Fernanda (1999). "Mi padre Ramón Iglesia (Un historiador de la Generación del 27)". En: Álvarez, Rosario/Vilavedra, Dolores (coords.). *Cinguidos por unha arela comun. Homenaxe o Profesor Xesús Alonso Montero*. Santiago de Compostela: Universidade de Santiago de Compostela.
Iglesia Parga, Ramón (1935). "Bernal Díaz del Castillo y el popularismo en la historiografía española". En: *Tierra Firme* 4, pp. 5-18.

— (1942). *Cronistas e historiadores de la conquista de México. El ciclo de Hernán Cortés*. México: El Colegio de México.
— (1944). *El hombre Colón y otros ensayos*. México: El Colegio de México
— (1947). "El reaccionarismo de la Generación del 98". En: *Cuadernos Americanos* 23, pp. 91-99.
KRAUZE, Enrique (2006). "Gratitud y compromiso". En: *Letras Libres* 8, 95, pp. 16-19.
LEÓN-PORTILLA, Ascensión Hernández de (1989). "Presencia española en la UNAM". En: Abellán, José Luis/Monclús, Antonio (coords.). *El pensamiento español contemporáneo y la idea de América*. Vol. II: *El pensamiento en el exilio*. Barcelona: Anthropos, pp. 159-206.
LIDA, Clara E. (1988). *La Casa de España en México*. México: El Colegio de México.
— (2006). "Los historiadores emigrados y México". En: AA. VV. *Científicos y Humanistas del Exilio Español en México*. México: Academia Mexicana de Ciencias, pp. 89-98.
LIDA, Clara/MATESANZ, José Antonio (1990). *El Colegio de México: una hazaña cultural, 1940-1962*. México: El Colegio de México.
LIDA, Clara E./MATESANZ, José Antonio/MORÁN, Beatriz (1989). "Las instituciones mexicanas y los intelectuales españoles refugiados: La Casa de España y los Colegios del exilio". En: Abellán, José Luis/Monclús, Antonio (coords.). *El pensamiento español contemporáneo y la idea de América*. Vol. II: *El pensamiento en el exilio*. Barcelona: Anthropos, pp. 79-155.
LIRA, Andrés (1998). "Cuatro historiadores". En: Abellán, José Luis (coord.). *Los refugiados españoles y la cultura mexicana. Actas de las primeras jornadas celebradas en la Residencia de Estudiantes en noviembre de 1994*. Madrid/México: Residencia de Estudiantes/El Colegio de México, pp. 135-154.
LLORENS, Vicente (1975). *Memorias de una emigración. Santo Domingo: 1939-1945*. Barcelona: Ariel.
— (1976). "La emigración republicana de 1939". En: Abellán, José Luis (dir.). *El exilio español de 1939*. Vol. I. Madrid: Taurus, pp. 97-200.
MALAGÓN, Javier (1976). "Los historiadores y la historia en el exilio". En: Abellán, José Luis (dir.). *El exilio español de 1939*. Vol. V. Madrid: Taurus, pp. 247-353.
MATUTE, Álvaro (1981). *La teoría de la historia en México (1940-1973)*. México: SEP Diana.
MÉNDEZ, Manuel Isidro (1941). *Martí: estudio crítico biográfico*. La Habana: P. Fernández.
MIRANDA, José (1948). "Ramón Iglesia Parga (1905-1948)". En: *Revista de Historia de América* 25, pp. 138-148.
ORTEGA Y MEDINA, Juan Antonio (1982). "Historia". En: AA. VV. *El exilio español en México 1939-1982*. México: Fondo de Cultura Económica/Salvat Editores Mexicana, pp. 237-294.
— (1986). "La aportación de los historiadores españoles transterrados a la historiografía mexicana". En: *Estudios de Historia Moderna y Contemporánea de México* 10, pp. 255-279, < http://www.iih.unam.mx/moderna/ehmc/ehmc10/10131.html > (última consulta: 4.11.2010).
— (1989). "Contribución de los historiadores y antropólogos transterrados a la UNAM". En: Abellán, José Luis/Monclús, Antonio (coords.). *El pensamiento espa-

ñol contemporáneo y la idea de América. Vol. II: *El pensamiento en el exilio*. Barcelona: Anthropos, pp. 243-253.

PESET, Mariano (1987). "Rafael Altamira en México: el final de un historiador". En: Alberola, Armando (ed.). *Estudios sobre Rafael Altamira*. Alicante: Diputación Provincial de Alicante, pp. 251-273.

PORTUONDO, José Antonio (1942). "Tarjetero: Cuba Literaria". En: *Revista Bimestre Cubana* 50, 1, pp. 98-107.

SINAIA. *Diario de la primera expedición de republicanos españoles a México* (1999). Edición facsímil. Madrid: Instituto de México en España.

SOLER VINYES, Martí (1999). *La Casa del Éxodo. Los exiliados y su obra en La Casa de España y El Colegio de México (1938-1947)*. México: El Colegio de México, 1999.

ZAMBRANO, María (1951). "El nacimiento de la conciencia histórica". En: *Cuadernos de la Universidad del Aire* 36, pp. 41-50.

Luis Buñuel en México: ¿una época de oro?

FRIEDHELM SCHMIDT-WELLE
Universidad Nacional Autónoma de México/El Colegio de México

En 1946, Luis Buñuel se traslada a México después de su segunda estancia, en gran parte infructuosa, en Estados Unidos, donde había vivido desde 1938. Digo infructuosa porque no le fue posible rodar ni una película durante esos años aunque había trabajado para la industria cinematográfica. En Hollywood se había dedicado al doblaje de películas y a la supervisión de filmes sobre la Guerra Civil en España que nunca se estrenaron (Buñuel 1982: 174; Sánchez Vidal 1999: 44 y 46). Más tarde, en Nueva York, había trabajado para la Oficina de Asuntos Inter-Americanos (Bureau of Inter American Affairs) en el Museo de Arte Moderno, es decir, para la mayor instancia de la propaganda bélica estadounidense (Barbáchano 2000: 149-151; Buñuel 1982: 175; de la Colina/Pérez Turrent 1986: 45), y después de que lo hubieran despedido a causa de una denuncia por parte de Salvador Dalí, otra vez en Hollywood (Buñuel 1982: 177-185).

En México, en cambio, realiza la mayor parte de su producción fílmica, en concreto 20 de las 32 películas que firma como director, entre ellas éxitos artísticos como *Los olvidados*, *Nazarín* y *El ángel exterminador*, y algunos éxitos de taquilla que se inscriben en la línea del cine melodramático mexicano de estas décadas. ¿La época mexicana de Buñuel será, entonces, una época de oro? ¿Una edad de oro no solamente del cine mexicano, sino también del director aragonés?

En este artículo, intentaré una valoración crítica de las actividades de Buñuel en México considerando sus logros, sus fracasos y sus compromisos políticos y estéticos. Quisiera señalar de entrada que no se trata aquí de proponer una interpretación de su estética cinematográfica, sino de analizar la ubicación de Buñuel y su producción fílmica en el contexto mexicano o, en términos de Pierre Bourdieu, en el campo de la cinematografía mexicana, entre finales de la década de 1940 y 1965, año en que realiza su última película en este contexto, antes de pasar a trabajar en Francia o con financiamiento de la industria cinematográfica francesa en su última fase como director.

Analizaré tres niveles de las relaciones profesionales del director español-mexicano: con los exiliados españoles en México, con los intelectuales mexicanos, y en lo que respecta a su ubicación en la industria cinematográfica mexicana.

Aunque Buñuel llega a México en 1946, ya tenía renombre en este país debido al estreno de *Un chien andalou* en 1938, cuando su primera película se había mostrado en el marco de una conferencia de André Breton en el Palacio de Bellas Artes de la Ciudad de México (Fuentes 1993: 22). En ese entonces, algunos jóvenes artistas e intelectuales mexicanos, entre ellos uno de los representantes más importantes de la vanguardia literaria, Xavier Villaurrutia, habían comentado la película surrealista con entusiasmo (Villaurrutia 1970: 91).

En 1946, Buñuel llega desde Estados Unidos, y una vez en México, consigue la invitación del productor Oscar Dancigers[1] para realizar una película comercial (García Riera 1971: 90; de la Colina/Pérez Turrent 1986: 48). Dancigers, de origen ruso, había huido primero del régimen estalinista a París en 1934, y después se había exiliado en México tras la ocupación nacionalsocialista de la capital francesa. La primera producción y, al mismo tiempo, la primera incursión de Buñuel en el melodrama mexicano, *Gran Casino*, realizada en el mismo año de su llegada a México, resulta un fracaso de taquilla. Miguel Ángel Mendoza titula su crítica un poco maliciosa de la película: "Buñuel fracasa en México" (García Riera 1971: 90-91),[2] y la mala acogida del filme le impide al director español realizar más películas durante casi tres años. A pesar de este fracaso inicial, muchos de los artistas mexicanos se expresan con entusiasmo sobre la llegada del aragonés a México, entre ellos el fotógrafo Manuel Álvarez Bravo (García Riera 1971: 90).

Pero aunque la crítica ha afirmado una y otra vez que el fracaso inicial de Buñuel en México fue el resultado de su incursión en el género del melodrama y en el cine comercial nacionalista de la época, me parece que hubo otras razones para este fracaso. A pedido de Dancigers, Buñuel había trabajado con el cantante y actor mexicano Jorge Negrete y con Libertad Lamarque, una cantante y actriz argentina que estaba empeñada, en este momento, en continuar en el cine mexicano su exitosa carrera en Argentina. Ambos actores habían pasado por una crisis y no estaban en los mejores momentos de su carrera. En el intento de recuperar prestigio y convertirse otra vez en estrellas, se embarcaron en una competencia por el mejor papel protagónico, lo que no favoreció la realización de *Gran Casino*. El fracaso se debió, entonces, más bien a la mala actuación de Negrete y Lamarque, que a una falta de experiencia por parte de Buñuel como director de cine melodramático.

El hecho de que en 1949 Dancigers le encargara a Buñuel otra película comercial, la no menos melodramática comedia *El gran calavera*, que, en la medida en que respeta estrictamente los códigos del cine comercial mexicano de la época, se convierte en un éxito, indica que el fracaso de la primera película mencionada tuvo otras causas que las mencionadas por la crítica. El éxito de *El gran calavera* incluso le permite a Buñuel rodar al año siguiente sin mayores

---

[1] Oscar Dancigers era de origen ruso. La familia había huido de la Unión Soviética en 1934; su hermano era el productor de cine Georges Dancigers, quien se quedó trabajando en París, mientras que Oscar se fue a México. Buñuel le había conocido en París antes de su llegada a México (Sánchez Vidal 1999: 47).

[2] La reseña de Mendoza se publicó por primera vez en la revista *Cartel* el 14 de enero de 1947. García Riera la reproduce enteramente en su *Historia documental del cine mexicano*.

compromisos estéticos o políticos con el productor una de sus obras maestras: *Los olvidados*.

Estos inicios de Buñuel en el cine mexicano permiten percibir algunos aspectos de su asimilación a la situación de la industria cinematográfica del país, y ponen al mismo tiempo de manifiesto ciertos malentendidos respecto de su llegada y su trabajo en México, malentendidos que muchos de los críticos han repetido durante décadas, en parte hasta la actualidad. Quisiera detenerme un poco más en estos aspectos de su trabajo y de su evaluación por la crítica, porque los considero cruciales para entender que Buñuel no solamente se quedase en México la mayoría de su vida después de estos comienzos y adquiriese incluso la nacionalidad mexicana en 1949, sino también trabajase allá bajo condiciones que en general se han descrito como muy pobres.

El primer malentendido se refiere a la estética de Buñuel y a sus ideales como director en el momento de su incursión en el cine mexicano. Muchos críticos, sobre todo europeos y especialmente franceses, han comparado sus películas mexicanas con *Un chien andalou* y *L'âge d'or*, sus primeros dos filmes, producidos en 1929 y 1930 respectivamente. Insisten en que las películas producidas en México no alcanzan la misma calidad estética vanguardista, más concretamente surrealista, de estos dos filmes debido en buena medida a los compromisos que el director se ve obligado a hacer con el cine comercial de la edad de oro mexicana (Jansen 1975: 28-32; Mitry 1980: 375; Sánchez Vidal 1999: 147-149, 165-166, 168),[3] y sostienen que algunas de sus películas mexicanas son solamente trabajos ocasionales o productos de la industria del entretenimiento sin mayores pretensiones artísticas (Bazin 1961: 22; Eder/Jansen 1975: 71-72; Drouzy 1978: 99).[4]

Olvidan, o quizá quieren olvidar, que entre las dos primeras películas de Buñuel y las que inician su fase mexicana, el aragonés se había alejado tanto del movimiento surrealista como de sus premisas estéticas intelectualistas (de la Colina/Pérez Turrent 1986: 40). La siguiente afirmación del director al respecto es significativa: "Los surrealistas consideraban a la mayoría de la especie humana estúpida o despreciable, lo cual les apartó de toda participación social, haciéndoles rehuir la labor de los otros" (en Aranda 1969: 120). Para Buñuel, en la década de 1930 el surrealismo ya no sirve como arma social y política, a pesar de que buena parte de sus representantes simpatizan con partidos de la izquierda o con el socialismo.

No es una casualidad, entonces, que después de su incursión en el cine experimental surrealista, el director realizara en 1933 una película documental o semi-

---

[3] Sánchez Vidal, a diferencia de otros críticos, solamente condena algunas de las películas realizadas por Buñuel en México, sobre todo los melodramas.
[4] Algunos críticos contradicen esta interpretación; ver, entre otros, Fuentes 1993: 22-24; Lillo 1994: 5-9; Evans 1995: 36-89; y López de Abiada 2005: 395 y 397.

documental sobre la vida en una de las regiones más pobres de España, *Las Hurdes* o *Tierra sin pan*. Aunque la película es altamente metafórica (López de Abiada 2005: 397), su denuncia social concreta es tan visible, que el Gobierno republicano de Alejandro Lerroux García prohibió de inmediato su estreno (Barbáchano 2000: 117-118). Con razón, algunos críticos han afirmado que el Buñuel que llega a México quince años más tarde es más el Buñuel de *Las Hurdes* que el de sus primeros experimentos surrealistas (Fuentes 1993: 22; Tuñón 2003: 135-136).

Además, en los años 1935 y 1936 Buñuel trabajó para la empresa Filmófono en la producción y supervisión de algunas películas[5] con elementos melodramáticos (Barbáchano 2000: 124-132), que más tarde se encontrarán también en gran parte de sus filmes mexicanos. En la época de su trabajo para Filmófono, y tomando en cuenta las luchas políticas de la época, Buñuel se declaró a favor de un cine comercial, siempre y cuando éste mantuviera sus objetivos o ideales éticos: "Pero realizar un film comercial, es decir, un film que ha de ser contemplado por millones de ojos y cuya línea moral sea prolongación de la que rige mi propia vida, es empresa que consideraré como una suerte al emprender" (en Aranda 1969: 340-342).

Incluso su segunda estadía en Estados Unidos está impregnada por una concepción en que la función política y social (y en términos de Buñuel también moral) del cine se superpone a los experimentos estéticos. De ahí que accediera a trabajar para la Oficina de Asuntos Inter-Americanos y a doblar películas de propaganda anti-nazi. De ahí también su afición al cine documental a partir de *Las Hurdes*, y su disposición a integrar elementos melodramáticos en sus películas mexicanas (Fuentes 1993: 44), siempre que éstos no contradigan los objetivos y las posiciones éticas del director, su crítica a los códigos y la moral burgueses.

En este sentido, buena parte de los críticos, aunque tengan razón al afirmar que las películas mexicanas de Buñuel subvierten los códigos del cine comercial en términos de su moral anti-burguesa y anti-nacionalista (D'Lugo 2003: 54-57), se equivocan al criticar su producción de esta época de acuerdo con las premisas estéticas de sus primeras películas surrealistas.[6] Además, tampoco toman en

---

[5] Se trata de las siguientes películas: *Don Quintin el amargao* (1935), *La hija de Juan Simón* (1935), *¿Quién me quiere a mí?* (1936*)*, *¡Centinela alerta!* (1936), y *Espagne 1937/¡España leal en armas!* (1937).

[6] Son una vez más los críticos franceses de la época en que Buñuel trabaja en México, quienes analizan sus filmes de acuerdo con la estética surrealista. Jean-Marie Mabire incluso sostiene que el director se encontró en perfecta consonancia con esa estética hasta el final de su época en el cine mexicano (1962-63: 62). Gastón Lillo, en cambio, critica estas interpretaciones afirmando que "[l]a recuperación que hace la crítica francesa, a partir del surrealismo, informa más sobre su propio horizonte de lectura que sobre el proceso de significación de dichos filmes" (1994: 8). A pesar de las críticas a las interpretaciones tradicionales mencionadas antes, una reciente exposición eligió incluir toda la producción fílmica de Buñuel en el marco de la estética surrealista, como se puede comprobar en el catálogo de la exposición (David 1996-1997).

cuenta que le había sido imposible realizar una película como director durante trece años antes de llegar a México. Por esto, puede afirmarse que lo que buscaba Buñuel al momento de ingresar al país era menos la posibilidad de poner de manifiesto una estética o de realizar películas vanguardistas, que la de encontrar trabajo para sostener a su familia (Fuentes 1993: 22-23).

Las posibilidades que México le ofrecía a Buñuel como director de cine, considerando que ya no se trataba de realizar la estética surrealista de sus comienzos y teniendo en cuenta su afiliación al cine documental y al melodrama, explican por qué el director decidió quedarse en este país a pesar de que las condiciones económicas y laborales en el cine mexicano no se podían comparar con las de Estados Unidos, por ejemplo.

Pero éstas no fueron las únicas razones que llevaron a Buñuel a prolongar su estancia en México. Encontró también condiciones específicas que le facilitaron la asimilación al campo de la cinematografía nacional mexicana, sobre todo el hecho de poder trabajar en su lengua materna en la que en ese momento era la industria cinematográfica más exitosa de los países de lengua hispana.[7] En España, el cine no se había recuperado todavía de los efectos de la Guerra Civil, y la dictadura no le hubiera permitido a Buñuel trabajar en la Península Ibérica. Recordemos que hasta el Gobierno republicano había censurado *Las Hurdes*. La industria cinematográfica en el resto de los países hispanoamericanos no tenía el nivel ni la infraestructura que había alcanzado en México.

Si bien los críticos han destacado las dificultades del cine mexicano debido a la falta de recursos económicos e infraestructura profesional (Fuentes 1993: 14) y a los permanentes conflictos laborales (Fuentes 1993: 37; Sánchez Vidal 1999: 70), las condiciones de la industria cinematográfica en México eran relativamente buenas en comparación con las del resto de Hispanoamérica o con las de España en ese momento. El cine mexicano de la edad de oro alcanzó incluso amplia difusión en América Latina (D'Lugo 2003: 51-53). La única industria que habría podido ofrecerle mejores condiciones de trabajo inmediatamente después de la Segunda Guerra Mundial era la estadounidense, pero por sus experiencias anteriores en Hollywood y en Nueva York, Buñuel podía imaginarse perfectamente que trabajar allá habría sido casi imposible para un director con sus ideas, sus ideales y su estética.

Otro factor que seguramente influyó en su decisión de insertarse a largo plazo en la industria cinematográfica mexicana, fueron sus contactos con otros exiliados españoles en México. Desde el comienzo de su etapa mexicana, existía el proyecto de realizar una película con Juan Larrea, *Ilegible, hijo de flauta*, sobre un texto hoy perdido del escritor. Aunque el proyecto nunca se realizó, primero

---

[7] Para los datos exactos acerca de la producción cinematográfica de México en este momento en comparación con la de otros países hispanoamericanos ver García Riera (1971: 9 y 344-347); ver también Baxter (1996: 240).

debido a la falta de recursos y después a desacuerdos entre los dos (Fuentes 1993: 28-29; Ros Galiana 2003: 164), Buñuel retomó más tarde algunas de las ideas en sus películas, entre otras, en *Los olvidados*.

Entre los exiliados que colaboran con Buñuel se encuentran también los escritores Julio Alejandro, Max Aub, Eduardo Ugarte, con quien ya había trabajado en Filmófono (Fuentes 1993: 33; Rodríguez 2008), y el guionista y productor Manuel Altolaguirre; los actores Luis Beristáin, Antonio Bravo, José María Linares Rivas; y las actrices María Gentil Arcos y Ofelia Guilmain, entre otras. Con Max Aub, Buñuel mantiene una profunda amistad. Aub incluso tenía el proyecto de escribir una novela sobre la vida del director y reunió cientos de páginas con entrevistas y otro material biográfico para la preparación de este libro. Sus conversaciones, que se publicaron después de la muerte de Aub (1984), ofrecen el más rico material (auto-)biográfico de y sobre Buñuel con que contamos hasta la fecha. Los exiliados constituyeron, entonces, un importante respaldo para el trabajo del director aragonés en México.

Pero Buñuel no solamente trabaja en la elaboración de sus guiones con exiliados españoles, sino también con reconocidos escritores mexicanos como Mauricio Magdaleno (en el ya mencionado *Gran Casino*), Rodolfo Usigli (en *Susana/Carne y demonio*, de 1951), José Revueltas (en *La ilusión viaja en tranvía*, de 1954) y Emilio Carballido (en *Nazarín*, de 1958). Además, traba conocimiento con varios intelectuales mexicanos, entre ellos, Fernando Benítez, Manuel Álvarez Bravo, Carlos Fuentes, Carlos Monsiváis y Octavio Paz.

También trabaja con algunas de las estrellas del cine mexicano de la época, tanto con actores como con guionistas, camarógrafos y productores. Buñuel logra rescatar a algunas de estas estrellas de sus roles estereotipados, como en los casos de María Felix, Lilia Prado, Pedro Armendáriz y Fernando Soler (Fuentes 1993: 33; Monsiváis 1983: 60). Con otros, como Pedro de Urdimalas, quien había trabajado con Ismael Rodríguez en la creación de *Nosotros los pobres*, adapta el lenguaje de *Los olvidados* al habla de las clases pobres de México (Fuentes 1993: 30).

Es sobre todo su colaboración con Gabriel Figueroa, el camarógrafo más importante del cine mexicano de la edad de oro, la que tiene más repercusiones en las películas de Buñuel. En efecto, si bien al parecer había varios conflictos tanto personales como profesionales entre ambos –como se puede percibir a través de la lectura de algunas afirmaciones críticas de Buñuel respecto del cine del "Indio" Emilio Fernández y de Figueroa (Buñuel 1982: 210; Fuentes 1993: 34; Baxter 1996: 255 y 330), y mediante una "lectura" del silencio de Figueroa en cuanto a su colaboración con el director en la entrevista sobre los momentos más memorables del cine mexicano que le hizo la revista *Artes de México* en 1989 (*Artes de México* 1990: 47-48)–, la imaginación visual y la técnica de Figueroa le dan a los filmes de Buñuel una continuidad que los sitúa en el contexto del cine mexicano de la edad de oro (Higgins 2004).

De esta manera, las imágenes de las mejores películas de Buñuel incluyen momentos de reconocimiento para los espectadores acostumbrados al lenguaje cinematográfico del cine nacional o incluso nacionalista e indigenista. Y esto a pesar o más allá de la subversión de la moral de este cine, y sobre todo del melodrama y sus estereotipos genéricos (Conelly/Lynd 2001; Lillo 1994; Valender 2007) en las películas del director. Esta continuidad del lenguaje visual, junto con los elementos melodramáticos y documentales, explica, al menos en parte, el éxito del cine de Buñuel en México a pesar de verse confrontado con un público poco acostumbrado a los códigos del cine de autor.

Con todo lo dicho no quiero negar ni minimizar los conflictos y los problemas que tuvo Buñuel con la industria cinematográfica mexicana. Solamente me parece importante señalar que las interpretaciones tradicionales de su obra mexicana como "estudios menores" (Jansen 1975: 28-32) en comparación con sus películas surrealistas y las de su última fase en el contexto del cine francés menosprecian los logros tanto artísticos como comerciales de sus años en México.

En cuanto a los conflictos laborales, ellos se deben sobre todo al sistema corporativista de la industria cinematográfica mexicana de la edad de oro. Como en el cine de Hollywood, los sindicatos dominaban –en el caso de México junto con el Estado– las condiciones de producción, y Buñuel sólo pudo realizar unas cuantas películas sin compromisos ni represiones (Ros Galiana 2003: 164). Con razón se quejaba Buñuel en *Mi último suspiro* de esas dificultades (1982: 193 y 198; Roloff 1991: 548). Pero incluso los escasos recursos con los que contaba y las dificultades de la situación laboral los convirtió en una ventaja: trabajó con actores aficionados, lo que le garantizó una cierta inmediatez, sobre todo en películas de carácter semidocumental como *Los olvidados* (Monsiváis 1983: 60).

Pero los conflictos laborales no fueron los únicos obstáculos con los que tuvo que enfrentarse. Sobre todo en los comienzos de su carrera en el cine nacional de su país de acogida, sus posiciones morales y en menor grado también las estéticas, causaron escándalos en el *establishment* cultural de la sociedad mexicana. Entre estos escándalos, el del estreno de *Los olvidados* fue el más grave. Después del éxito de *El gran calavera*, había tanta confianza por parte de los productores en la obra de Buñuel, que pudo realizar *Los olvidados* sin mayores compromisos. Pero la película provocó fuertes críticas, y ciertos sectores llegaron a exigir su expulsión del país (Ros Galiana 2003: 166), lo que en este entonces no habría sido posible sin más, porque el director ya había obtenido la nacionalidad mexicana.

El mismo Buñuel recuerda en una de sus entrevistas con Max Aub que durante una exhibición privada del film ante un grupo de intelectuales, Bertha Gamboa y Ruth Rivera se escandalizaron (Aub 1984: 119).[8] La película estuvo

---

[8] En su autobiografía, Buñuel dice que fueron Bertha Gamboa y Lupe Marín, la esposa de Diego Rivera, las que se quejaron (Buñuel 1982: 195-196).

solamente tres días en cartelera en el cine México debido a los conflictos que provocó (Tuñón 2003: 137). Aunque después de su estreno en el Festival de Cannes, donde obtuvo el "Prix de la mise en scène", fue aceptada también en México y exhibida durante unos dos meses, la Liga de Profesores de México y otras agrupaciones siguieron elevando sus quejas según recuerda Buñuel (Aub 1984: 119). En uno de los libros oficiales del alemanismo mexicano publicado por José Alcazar Arias en 1952, Álvaro Gálvez y Fuentes resume las críticas de los intelectuales oficialistas y las altas autoridades del Estado mexicano cuando escribe sobre *Los olvidados*:

> [...] se trata de una película destructiva, denigrante, [...] obra de la deformación espiritual de sus creadores [...] un documento deformado, que no debió haberse dejado salir de las fronteras de nuestro país porque es un testimonio negativo que falsea la realidad social del México verdadero (1952: 199).

Ésta fue también la postura del embajador de México en París, Jaime Torres Bodet, quien se opuso al estreno del film en Cannes.

Pero al relatar la historia del estreno y las primeras exhibiciones de la película, los críticos suelen olvidar que no sólo fue motivo de escándalo, sino que también suscitó admiración. Toda una generación de jóvenes intelectuales y cineastas que más tarde formarán parte del *establishment* cultural de México, se declara en favor de *Los olvidados*, entre ellos Carlos Fuentes, Octavio Paz, Carlos Monsiváis (Fuentes 1993: 27-28) y el mejor historiador del cine mexicano, el español igualmente nacionalizado Emilio García Riera. Incluso David Alfaro Siqueiros felicitó a Buñuel por esta película.

Hasta el propio Paz, que en este entonces era tercer secretario de la Embajada mexicana en París, lanzó una campaña mediática de rotundo éxito en el festival de Cannes para hacer posible no solamente el estreno del film, que no había sido nominado oficialmente por México, sino también su consagración con el premio (Paz 2000).[9] Con razón afirma Fernando Ros Galiana que

> el combativo empeño de Octavio Paz, artífice de una actividad asombrosa reclutando partidarios notables del mundo artístico e intelectual parisino, resultó decisivo en la "rehabilitación" del filme y en la continuidad [...] de la carrera cinematográfica del autor (2003: 166).

Tampoco hay que olvidar que después del éxito en Cannes *Los olvidados* ganó once de los dieciocho Premios Ariel correspondientes a 1951, el premio de cine

---

[9] Ver sobre todo, el ensayo "El poeta Buñuel", escrito por Paz para promover la película en Cannes (Paz 2000: 31-35), y sus cartas al director, en las que da testimonio de su lucha para que *Los olvidados* obtuviera uno de los premios del festival (2000: 47-54).

más importante de México (Tuñón 2003: 137). En el concurso de 1956, otras tres películas de Buñuel obtienen Premios Ariel: *Robinson Crusoe, Ensayo de un crimen*, y *El río y la muerte*. Se repite el escándalo de *Los olvidados*, aunque en menor grado, con *Nazarín*, película que tampoco se nomina oficialmente para el Festival de Cannes de 1959. Sin embargo, aquí se la muestra como película invitada y obtiene el "Prix International" (Fuentes 1993: 34). En ese momento, Buñuel goza ya de tanto prestigio dentro y fuera de México, que no se ve obligado a someterse a presiones para realizar sus películas.

Para terminar, quisiera resumir brevemente los resultados del análisis de la estancia de Luis Buñuel en México. A pesar del menosprecio que esta fase de su producción fílmica mereció por parte de la mayoría de sus críticos sobre todo hasta la década de 1980, la época mexicana es la más productiva del director, no solamente en términos comerciales sino también estéticos, si tomamos en cuenta sus propios objetivos en lugar de evaluar sus películas según los parámetros de una estética surrealista que Buñuel había abandonado mucho antes de llegar a México. El director aragonés se incorpora perfectamente al campo de la cinematografía mexicana, mantiene buenas relaciones con algunos exiliados españoles y con la joven generación de intelectuales mexicanos que más tarde se convertirán en la elite cultural del país. Colabora con las figuras más importantes del cine mexicano y con varios exiliados en la realización de sus películas.

Logra en gran medida sus dos objetivos principales: en primer lugar, ganarse un prestigio nacional e internacional haciendo uso del capital simbólico que había acumulado hasta entonces, al realizar un cine de autor acorde con sus propios códigos morales y estéticos. El hecho de que sus posturas éticas radicales contradigan y subviertan los códigos del cine mexicano de la edad de oro, es la mayor fuente de conflictos y escándalos que obstaculizan su trabajo como director. A pesar de esto, logra introducir nuevos modelos "en las difíciles coordenadas de un cine mexicano dominado por los rígidos estereotipos del melodrama de exaltación folclórica [...]" (Ros Galiana 2003: 159).

En segundo lugar, Buñuel realiza un cine con afán comercial sobre todo en sus melodramas, que responden al imaginario de la cultura popular, considerando que el cine podía convertirse en un arma ideológica en esos tiempos convulsivos. Por supuesto, Buñuel tiene que adaptarse a las condiciones específicas de la cinematografía mexicana con sus escasos recursos y sus relaciones corporativistas, pero no creo que otra industria cinematográfica hubiera podido ofrecerle mejores condiciones de trabajo que las que le brindó México, en particular en sus primeros años en el país. El hecho de que, a diferencia de los historiadores de la literatura del exilio español en México, los historiadores del cine mexicano incluyan a Buñuel en sus historias del cine nacional, muestra claramente el grado de integración del director aragonés nacionalizado en México.

A partir de 1960, tienen lugar algunos cambios importantes en el cine mexicano. Se crea la revista *Nuevo Cine Mexicano*, y la nueva generación de cineastas reunidos en torno a ella admiran a Buñuel por su renovación del lenguaje del cine nacional (Fuentes 1993: 36). Además, se hace visible la influencia de Buñuel también en el cine latinoamericano en general (Millán Agudo 2004). En 1964, se instaura en México el Primer Concurso de Cine Experimental, cuyos premios se otorgan el año siguiente. Al mismo tiempo, llega a su fin la edad de oro del cine mexicano debido, por un lado, a una profunda crisis económica de su industria y a las contradicciones cada vez mayores entre los tópicos y la moral tradicionales del imaginario rural, y, por el otro, al proceso de modernización urbana y la migración masiva a las metrópolis. Como consecuencia de esta crisis económica, Buñuel no puede terminar el rodaje de *Simón del desierto*, dejando inconclusa su última producción mexicana. A partir de ese momento, se incorpora a la industria cinematográfica francesa y/o europea, pero ésta ya es otra historia.

Bibliografía

ARANDA, J. Francisco (1969). *Luis Buñuel: Biografía crítica*. Barcelona: Lumen.
Artes de México 10 (1990). 2ª ed. 1994. (Número especial: Revisión del cine mexicano.)
AUB, Max (1984). *Conversaciones con Buñuel, seguidas de cuarenta y cinco entrevistas con familiares, amigos y colaboradores del cineasta aragonés*. Madrid: Aguilar.
BARBÁCHANO, Carlos (2000). *Luis Buñuel*. Madrid: Alianza.
BAXTER, John (1996). *Luis Buñuel. Una biografía*. Barcelona: Paidós.
BAZIN, André (1961). "Los olvidados". En: Bazin, André. *Qu'est-ce que le cinéma?* Vol. 3: *Cinéma et sociologie*. Paris: Éditions du Cerf, p. 22.
BUÑUEL, Luis (1982). *Mi último suspiro*. México: Plaza & Janés.
CONNELLY, Caryn/LYND, Juliet (2001). "Virgins, Brides and Devils in Disguise: Buñuel Does Mexican Melodrama". En: *Quarterly Review of Film and Video* 18, 3, pp. 235-256.
DAVID, Yasha (coord.) (1996-1997). *¡Buñuel! La mirada del siglo*. Madrid/México: Museo Nacional Centro de Arte Reina Sofía/Palacio de Bellas Artes.
DE LA COLINA, José/PÉREZ TURRENT, Tomás (1986). *Prohibido asomarse al interior*. México: Joaquín Mortiz/Planeta.
D'LUGO, Marvin (2003). "*The Adventures of Robinson Crusoe*: The Transnational Buñuel in Mexico". En: Lillo, Gastón (ed.). *Buñuel: El imaginario transcultural. L'imaginaire transculturel. The Transcultural Imaginary*. Ottawa: University of Ottawa, pp. 47-67.
DROUZY, Maurice (1978). *Luis Buñuel architecte du rêve*. Paris: Lherminier.
EDER, Klaus Peter/JANSEN, Peter W. et al. (1975). *Luis Buñuel*. München/Wien: Hanser.
EVANS, Peter William (1995). *The Films of Luis Buñuel: Subjectivity and Desire*. Oxford: Clarendon Press.
FUENTES, Víctor (1993). *Buñuel en México. Iluminaciones sobre una pantalla pobre*. Zaragoza: Gobierno de Aragón/Instituto de Estudios Turolenses.
GÁLVEZ Y FUENTES, Álvaro (1952). "Esencia y valor del cine mexicano". En: Arias, José Alcazar et al. *México, realización y esperanza*. México: Superación, pp. 189-201.

GARCÍA RIERA, Emilio (1971). *Historia documental del cine mexicano. Época sonora. Tomo III: 1945/1948*. México: Era.
HIGGINS, Ceri (2004). "Exterminating Visions: The Collaboration of Luis Buñuel and Gabriel Figueroa". En: Santaolalla, Isabel/D'Allemand, Patricia *et al.* (coords.). *Buñuel, siglo XXI*. Zaragoza: Prensas Universitarias de Zaragoza, pp. 213-220.
JANSEN, Peter W. (1975). "Der organisierte Anarchist". En: Eder, Klaus Peter/Jansen, Peter W. *et al. Luis Buñuel*. München/Wien: Hanser, pp. 7-35.
LILLO, Gastón (1994). *Género y transgresión: El cine mexicano de Luis Buñuel*. Montpellier: Université Paul Valéry/CERS.
LÓPEZ DE ABIADA, José Manuel (2005). "Cambio estético y compromiso en Buñuel (1929-1933). Una interpretación de *Las Hurdes. Tierra sin pan*". En: Albert, Mechthild (ed.). *Vanguardia española e intermedialidad. Artes escénicas, cine y radio*. Madrid/Frankfurt am Main: Iberoamericana/Vervuert, pp. 385-404.
MABIRE, Jean-Marie (1962-1963). "Buñuel et le surréalisme". En: *Études Cinématographiques* 20-21, pp. 59-64.
MILLÁN AGUDO, Francisco J. (2004). *Las huellas de Buñuel. Influencias en el cine latinoamericano*. Teruel: Instituto de Estudios Turolenses.
MITRY, Jean (1980). *Histoire du cinéma*. Vol. 5. Paris: Jean Delarge Éditeur.
MONSIVÁIS, Carlos (1983). "Buñuel en México: el símbolo subordinado al placer". En: *Revista de la Universidad de Yucatán* 25, 147, pp. 59-66.
PAZ, Octavio (2000). *Luis Buñuel: el doble arco de la belleza y de la rebeldía*. Barcelona: Galaxia Gutenberg/Círculo de Lectores.
RODRÍGUEZ, Juan (2008). "La aportación del exilio republicano español al cine mexicano". <http://clio.rediris.es/exilio/cinejuan.htm> (última consulta: 01.05.08).
ROLOFF, Volker (1991). "Buñuels mexikanische Filme". En: Wentzlaff-Eggebert, Harald (ed.). *Europäische Avantgarde im lateinamerikanischen Kontext. Akten des internationalen Berliner Kolloquiums 1989*. Frankfurt am Main: Vervuert, pp. 547-570.
ROS GALIANA, Fernando (2003). "El cine antropológico de Luis Buñuel: de *Las Hurdes* a *Los olvidados*". En: Peris Llorca, Jesús/Herráez, Miguel/Veres, Luis (coords.). *Literatura e imaginarios sociales: Latinoamérica y España*. Valencia: Universidad Cardenal Herrera/Fundación Universitaria San Pablo, pp. 157-175.
SÁNCHEZ VIDAL, Agustín (1999). *Luis Buñuel*. 3ª ed. Madrid: Cátedra.
TUÑÓN, Julia (2003). "El espacio del desamparo. La Ciudad de México en el cine institucional de la edad de oro y en *Los olvidados* de Buñuel". En: *Iberoamericana* 3, 11, pp. 129-144.
VALENDER, James (2007). "Buñuel y Altoaguirre: *Subida al cielo*". En: Jato Brizuela, Mónica/Asunce Arrieta, José Ángel/San Miguel Casillas, María Luisa (eds.). *España en la encrucijada de 1939. Exilios, cultura e identidades*. Bilbao: Universidad de Deusto, pp. 31-49.
VILLAURRUTIA, Xavier (1970). *Crítica cinematográfica*. México: Universidad Nacional Autónoma de México.

2. Argentina

¿Un Meridiano que fue exilio?
Presencia española en el campo cultural argentino (1938-1953)

ALEJANDRINA FALCÓN
IES Lenguas Vivas, Buenos Aires

> "La Gaceta Literaria" patrocina nuestra dependencia intelectual [...]. Su naciente interés por los países de este lado del Atlántico no proviene, como podría suponerse, de un arranque de simpatía intelectual, [...] sino de las posibilidades que esos países ofrecen como mercados para el libro español (*Martín Fierro*, 1927).
>
> ¿Continuaremos de brazos cruzados, permitiendo que se echen las bases de un nuevo coloniaje intelectual en nuestros países? Tales son las desoladas perspectivas que ofrece el problema editorial (*Sur*, 1949).

Introducción

La historia de la edición en la Argentina, afirma José Luis de Diego, está estrechamente vinculada con el escenario político e ideológico de sus distintas etapas.[1] El período que habrá de ocuparnos en el presente estudio, la llamada "época de oro" de la edición argentina, estuvo particularmente signado por la incidencia inédita de la escena política internacional en el campo cultural –literario, intelectual y editorial–. Esa incidencia se manifestó tanto en el compromiso asumido por los intelectuales ante los acontecimientos de la Guerra Civil y el avance de los fascismos europeos, como en la consecuente presencia de emigrados españoles en dicho campo.

No obstante, si bien la década del treinta registró un intenso estrechamiento de las relaciones culturales hispano-argentinas –relaciones que, en el plano edito-

---

[1] Etapas que de Diego (2007a) segmenta del siguiente modo: 1) entre 1920 y 1930, la "época heroica" incluiría los proyectos editoriales que difundieron la cultura universal en los sectores populares emergentes, con editores como Zamora y Torrendel; 2) a partir de 1937, la "época de oro", que hemos de analizar aquí; 3) entre los años 1960 y 1970, el "boom del libro argentino", período en que Sudamericana incrementa sus ventas, y se crean editoriales como Eudeba, en 1958, y el Centro Editor de América Latina, en 1966; 4) entre 1976 y 1989, las crisis motivada por la dictadura militar; y 5) los años 1990, cuando desembarcan los grandes conglomerados extranjeros que pasarían a controlar el 75% del mercado nacional.

rial, se materializaron en la labor conjunta de argentinos y españoles–, es necesario recordar que estas relaciones no siempre fueron cordiales. Sin ir más lejos, la década del veinte había sido testigo de un conflicto literario-editorial de cierta trascendencia: la polémica desatada por el artículo de *La Gaceta Literaria*, "Madrid, meridiano intelectual de Hispanoamérica".[2] Este debate había dejado al descubierto los intereses comerciales de los redactores españoles, en cuyo editorial los martifierristas percibieron rastros de un irredentismo letrado que veía en la América hispanohablante una "prolongación del área cultural española" (de Torre 1927).

El propósito de este trabajo es indagar cómo se forjaron, a mediados de los años treinta, nuevas representaciones del "editor español" en virtud de las cuales se lo valoró tanto por su eficiencia práctica –empresarial y técnica– cuanto por su papel como representante de la causa democrática y antifascista que por entonces la elite intelectual argentina defendía con fervor (Gramuglio 1986 y 2001). Nos proponemos, por tanto, analizar las condiciones materiales e ideológicas que permitieron que, diez años después del conflicto de 1927, los mismos actores se reencontraran en un espacio intelectual común y consensuaran un meridiano editorial compartido.

1. Entre dos meridianos

1.1. *Madrid, un meridiano sin consenso*

Todo comenzó, al filo de los años treinta, con la ruidosa polémica entre escritores argentinos y editores españoles. La batalla verbal constituyó un momento de máxima visibilidad de las diferencias que aún signaban las ya históricas relaciones culturales hispano-argentinas. Recapitulemos los hechos: el 15 de abril de 1927, Guillermo de Torre redacta para *La Gaceta Literaria* de Madrid un editorial en el que propone "exaltar a Madrid como meridiano intelectual" de Hispanoamérica. Fundamenta su propuesta en la necesidad de contrarrestar la influencia de los grandes centros culturales y literarios europeos entre las elites intelectuales americanas (de Torre 1927). La propuesta, se sabe, desató la furia burlona de los miembros de la revista *Martín Fierro*, pues la exhortación a la unidad "desinteresada y fraterna" de todas las naciones de habla hispana disimulaba mal los verdaderos propósitos de *La Gaceta Literaria*, a saber, contribuir a la

---

[2] No fue la única polémica registrada en esos años entre escritores argentinos y españoles. Es oportuno recordar, pues están directamente vinculadas con ella, las demoledoras críticas de Borges, Costa Álvarez, Vicente Rossi, entre otros, a los filólogos españoles, luego emigrados, Amado Alonso y Américo Castro.

expansión de la industria editorial española en América conquistando sus mercados lectores.

En efecto, como ha señalado Pura Fernández (1998: 167), con la desintegración del imperio colonial español, Francia, Inglaterra y Estados Unidos procuraron intensificar la influencia político-cultural que ejercían sobre las antiguas colonias; la industria editorial francesa, en particular, dominaba el mercado lector americano; sus editores contaban con mayores capitales, conocían las técnicas de comercialización, producían libros de gran calidad en diversos idiomas –entre ellos, el español– y en grandes tiradas, que favorecían los bajos precios (Lago Carballo/ Gómez Villegas 2007: 90). Por tal motivo, a partir de finales del siglo XIX, ante la escasa competitividad de los editores peninsulares en América, España maniobra para acceder a los inmensos mercados americanos[3] a fin de volcar allí los excedentes de su producción editorial. No obstante, según Fernando Larraz Elorriaga (2007),[4] entre los años 1900 y 1930, España enfrentó múltiples dificultades para expandir su industria en nuestro continente: problemas de gestión, de inversión y distribución –por falta de filiales locales o depósitos–, falta de acción conjunta de los editores, problemas de impagos y, en particular, un desconocimiento del gusto del público lector americano que arrojaba sombras de duda sobre la postulada unidad sustancial de las distintas culturas nacionales hispanohablantes.

Ahora bien, esta avanzada española en América contaba con un sólido andamiaje discursivo; desde fines del siglo XIX proliferaron, en efecto, libros y folletos destinados a legitimar las tentativas de expansión mediante representaciones que hacían de la unidad lingüístico-cultural hispanoamericana el justificativo trascendente de los intereses comerciales de España (Larraz Elorriaga 2007; Espósito 2010). En tal contexto, el polémico editorial de Guillermo de Torre cumplía con su función: en nombre de un hispanoamericanismo espiritual –y de una supuesta identidad lingüística y cultural– decretaba la conveniencia de una tutela española, pasible de garantizar una unidad hispanoamericana genuina y, por tanto, excluyente. Este discurso fue identificado por los actores argentinos como lo que en verdad era: parte de una maquinaria argumentativa que ofrecía soporte ideológico al proyecto de expansionismo comercial mediante el cual España procuraba disputar los mercados lectores dominados por "el latinismo espurio" (de Torre 1927). En este sentido, los argentinos denunciaron que el manido tópico de la identidad idiomática no se corroboraba en las prácticas lingüísticas nacionales, y se empeñaron en señalar que el predominio francés en los

---

[3] El editor Arturo Peña Lillo lo explica mediante una imagen bastante elocuente: "La industria española del libro se nutría por el largo cordón umbilical cuya placenta residía en el Plata. La Guerra Civil pone fin al predominio cultural y económico" (1965: 28).
[4] Véase también su artículo en este volumen.

mercados de lectura americanos no sólo se debía a una eventual supremacía técnica o comercial, sino también a preferencias culturales que España no debía ignorar a la hora de postularse a meridiano (Rojas Paz 1927).

Sea como fuere, pese a las dificultades citadas, la industria editorial española alcanzó en los años 1930 cierto esplendor (Caudet 1993: 107-143). Sin embargo, la Guerra Civil pondría fin a la esperanza de convertir a España en un centro librero imbatible. El nuevo meridiano se consolidó en América Latina.

1.2. Buenos Aires, centro editorial de Hispanoamérica

Los estudiosos de la historia de la edición argentina coinciden en fechar el inicio de su "Época de oro" en el año 1938. Aún se debate si llegó a su fin en el año 1944 o en el año 1953. Pero sin duda hay amplio consenso en situar el origen de este auge en la fundación de las grandes editoriales que habrían de dominar el mercado nacional: Sudamericana, Losada y Emecé. Dos son las causas que suelen mencionarse para explicar el origen de este proceso de expansión: por un lado, el coyuntural eclipse de la industria española, con motivo de la Guerra Civil; y, por otro, la llegada de profesionales de la edición ibérica, quienes, tras una rápida inserción en el medio local, habrían reconvertido librerías y filiales peninsulares en editoriales argentinas o bien participado activamente en la fundación de las editoriales mencionadas en calidad de directivos o colaboradores.

Los diversos estudios elaborados hasta la fecha convienen en atribuir al proceso señalado los siguientes rasgos específicos: industrialización de la producción librera americana; profesionalización de las tareas editoriales en toda la cadena de producción del libro; participación rentada de intelectuales en las diversas prácticas y funciones editoriales;[5] consecuente conversión del campo editorial en un *espacio de sociabilidad intelectual* y de supervivencia económica, paralelo o *sustitutivo de espacios institucionales específicos* del campo intelectual, tanto español como argentino;[6] salida del mercado interno gracias a la exportación sostenida; unificación de los campos editoriales nacionales latino-

---

[5] Al respecto, Alejandro Blanco sostiene: "El extraordinario crecimiento de la industria del libro estuvo vinculado a la aparición de un conjunto de nuevas especialidades profesionales, entre las que cabe destacar las de asesor literario, director de colección y traductor, y que llegarán a convertirse para muchos en una actividad paralela de sus respectivos campos de trabajo" (2006: 96-97).

[6] En este sentido, es importante destacar que la "disponibilidad de los intelectuales" no sólo explica el caso de los exiliados. Blanco señala que "para quienes durante el decenio peronista habían quedado cesantes o decidieron abandonar la universidad [...] la industria editorial fue [...] una de las instancia a través de las cuales toda una vida extra-estatal logró mantenerse y diversificarse" (2006:103-104).

americanos en virtud de las redes editoriales creadas a escala continental (Sorá 2004: 266); constitución de rutas de regreso de la producción intelectual del exilio español, afectada por la censura política franquista, al mercado peninsular por vía clandestina y en ediciones argentinas (Ferrero de Sahab 1992: 526). Por último, puede afirmarse que en este período el campo editorial se consolida como tal gracias a la creación de instituciones específicas de consagración y legitimación: cámaras del libro, ferias, premios, etcétera.

Los emprendimientos editoriales concretos nacidos en el período de mayor gravitación de agentes de la edición española en el centro del campo cultural argentino han sido descritos por Fernando Larraz Elorriaga en el trabajo publicado en el presente volumen. Dicho estudio permite concluir que, si bien estos proyectos editoriales surgen vinculados con el exilio republicano español, esa relación no fue predominante en las prácticas editoriales concretas, más allá de la publicación regular de obras pasibles de censura en el caso de Losada. En este sentido, de Sagastizábal sostiene que "sólo la editorial Losada llegó a ser una verdadera tribuna de las ideas republicanas" (1995: 113), una tesis que también defiende Schwarzstein (2001). De ser cierta, esta conclusión vendría a apuntalar la interesante hipótesis de Abellán según la cual la despolitización del exilio se habría producido al ritmo de la profesionalización de los emigrados (Abellán 1998: 37).

No obstante, lo cierto es que, en el plano simbólico, en el plano de las representaciones compartidas, e impuestas en muchos casos por los agentes de la edición, el vínculo entre "exilio español" y "mundo editorial" se extiende al auge editorial en su conjunto, y se manifiesta como una evidencia que insiste en la memoria de los actores y en los testimonios que a menudo constituyen las fuentes de la historia editorial en vías de canonización.[7] A este vínculo obligado, se suma un supuesto carácter fundacional. En efecto, la imagen de una tierra yerma en materia editorial aún es recurrente. Esta distorsión encomiástica es notoria en el prólogo que Guillermo de Urquiza, el editor de Dunken, escribe para la colección "El aporte de los editores españoles en el Río de la Plata" dirigida por Antonio Sempere. En referencia al aporte en cuestión, asegura Urquiza:

> Tiene la grandiosidad del *descubrimiento de América* [...] cuando la Guerra Civil desparramó por América su talento por las tierras de su *hija* América. [...] Enseñaron, *aprendimos*; convivimos y *hasta* los igualamos. [...] Pero no vinieron solos. Estos escritores, periodistas oradores y poetas *trajeron en sus navíos la industria*

---

[7] Por ejemplo, los editores del volumen reciente titulado *Un viaje de ida y vuelta. La edición española e iberoamericana (1936-1975)* se refieren a la labor española como una "pedagogía secreta de la libertad" y aseguran que "la diáspora republicana dejó también una impronta indeleble en el mundo de la edición" argentina (Lago Carballo/Gómez Villegas 2007: 12).

editorial. México y el Río de la Plata fueron los *hijos* privilegiados" (2002: 9; énfasis nuestro).[8]

Dada la persistencia de tales representaciones, creemos necesario insistir en los motivos por los cuales una comprensión cabal del auge de la industria editorial argentina debe tener en cuenta factores socioculturales y económicos específicos de la coyuntura nacional, sin los cuales el eclipse de la industria española no hubiera constituido una ocasión para tal desarrollo librero.

En primer lugar, el crecimiento de la industria editorial argentina se produce en el marco de un incipiente proceso de industrialización por sustitución de importaciones iniciado en la década de 1930, es decir, en un marco económico relativamente favorable.[9] En segundo lugar, pese a no tener dimensiones industriales ni ser aún modernas empresas capitalistas, las editoriales argentinas previas a esta coyuntura no sólo eran y habían sido muy activas durante décadas sino que tenían políticas editoriales concretas tanto en lo relativo a la difusión de literatura nacional como en lo referente a la importación literaria.[10] En tercer lugar, la industria gráfica estaba bien equipada y tenía una larga tradición y grandes capitales nacionales invertidos desde fines del siglo XIX (Cosío Villegas 1949: 75; Buonocore 1944). En cuarto lugar, se registran dos fenómenos socioculturales vinculados con el nacimiento de las editoriales mencionadas, a saber: el incremento de la tasa de alfabetización y un notable consumo de diarios, revistas y publicaciones de toda clase. En efecto, por un lado, la tasa de alfabetización alcanzó el 88% en todo el país y el 93% en la capital; y, por otro, la avidez lectora acompañó o impulsó el surgimiento de espacios de aprendizaje y sociabilidad paralelos a la escuela pública y privada.[11] Tales transformaciones socioculturales participaban, por cierto, de un proceso iniciado a fines del siglo XIX: la Ley de

---

[8] Puede ser interesante cotejar esta imagen mítica de una Madre Patria dadora de cultura con aquella que propone Peña Lillo, en la cual el sentido de la filiación se invierte (véase nota 3).
[9] A partir de 1930, tras el cierre de las economías centrales, se produce un proceso de industrialización. Los números indican que este proceso habría favorecido, entre 1937-1939 y 1948-1959, el crecimiento de la producción industrial de papel y cartón, así como el sector de imprenta y publicaciones, ambos relacionados con la industria editorial (Korol 2001: 39).
[10] Al respecto, remitimos al clásico libro de Domingo Buonocore (1944), al capítulo "Evolución histórica de nuestra industria editorial" de la tesis de Eustasio García (1965) y a las memorias de Arturo Peña Lillo (1965), el editor del "nacionalismo popular" recientemente fallecido. En cuanto a las políticas de traducción de los emprendimientos anteriores y coetáneos al auge, véase el artículo de Patricia Willson en el presente volumen.
[11] En ese sentido Suriano y Lobato sostienen que "toda esta actividad en su conjunto incentivaba aún más el hábito de la lectura que, a la vez, permitía desde el florecimiento de importantes editoriales, como Emecé, Losada y Sudamericana, que abastecían a los sectores más cultos de la población, hasta diarios y revistas de corte popular, como *Crítica, Leoplán, Radiolandia* o *El Gráfico*" (2000: 372).

Educación Común 1420, promulgada el 8 de julio de 1884, había dado lugar a la nacionalización del público lector. La relación entre el proyecto nacionalizador de la escuela argentina y la constitución de una industria editorial en lengua nacional puede expresarse del siguiente modo: "El triunfo de la escuela pública, fruto de la Ley 1420, aparecía en toda su magnitud: no sólo había dotado a la industria editorial de un gran público, sino que además lo había 'argentinizado'" (Cibotti 2000: 381).

Ahora bien, si hasta ese momento el tan mentado proceso de nacionalización del público lector argentino había favorecido la ampliación de los mercados de lectura, el proceso editorial que articuló emigración española reciente y desarrollo librero habría generado un marco propicio para consolidar una política lingüística –digitada desde los aparatos editoriales pero tributaria de las ideas nacidas en el Instituto de Filología bajo la dirección de Amado Alonso– destinada a "internacionalizar" la lengua recientemente "nacionalizada", conforme a las necesidades de una industria librera proyectada a escala continental. Este aspecto del aporte español ha sido menos explorado. A su análisis dedicaremos, pues, el siguiente apartado.

2. La lengua del meridiano o el "español sin patria ninguna"

El 4 de agosto de 1940, el suplemento literario de *La Nación* publica "La Argentina en la dirección inmediata del idioma",[12] un texto de Amado Alonso en el que abordaba dos temáticas íntimamente relacionadas: el problema de la lengua en América y el fenómeno editorial. Alonso articula allí su ideología lingüística "higienista-elitista"[13] con el rol de centro editorial de Hispanoamérica que la Argentina comenzaba a desempeñar, y que le permitiría tener "la dirección inmediata del idioma", es decir, convertirse en el meridiano de la lengua libresca. Según Alonso, la Argentina pronto habría de intervenir en los "destinos generales de la lengua", en una proporción inédita y "desde un punto de comando que hasta ahora no ha tenido". Y asegura que si Madrid había sido hasta entonces "el centro único de unificación del idioma" se debía a que operaba como "gran centro de

---

[12] Este artículo pasaría a integrar *La Argentina y la nivelación del idioma*, compilación editada por la Institución Cultural Española en el año 1943.
[13] A modo de ejemplo, véase el artículo de Amado Alonso, "El problema argentino de la lengua", publicado en la revista *Sur*, en 1932. Allí propone una política de intervención en el habla porteña con el objeto de frenar las tendencias autonomizantes originadas en el "mal uso de la lengua", propio de los vastos sectores populares de origen inmigratorio. Por añadidura, los procesos de movilidad social ascendente habrían favorecido, a su juicio, la difusión de tales rasgos lingüísticos corruptos en todos los niveles y ámbitos sociales, en detrimento de la única norma legítima, a saber, aquélla que emana de los usos lingüísticos cultos, patrimonio de "los mejores".

producción y difusión literaria" en lengua castellana a través de sus libros. La industria editorial española habría sido el "instrumento material de unificación de la lengua en todo el mundo hispánico". Su momentáneo colapso favorecía entonces la creación de un "triple foco de regulación" de la lengua –Madrid, Buenos Aires y México–. Este cambio de foco no era, según Alonso, un simple "trueque" de un centro momentáneamente aislado por otro, que asumiría un interinato, sino un verdadero "cambio de régimen", pues en adelante habrían de circular ampliamente los libros producidos en Argentina; por tanto, la variedad local habría de influir en la fisonomía de la lengua general, por ejemplo, a través de las traducciones que se harían en Buenos Aires y que circularían por toda el área hispanohablante. Por tal motivo, cualquier atisbo de autonomismo lingüístico, como el que propiciaba la vanguardia criollista del veinte, atentaba contra "la prosperidad y grandeza de una nación" en el "concierto universal de las ciencias, las artes y el comercio".

Ahora bien, ¿cuál sería la valoración concreta de las particularidades lingüísticas locales en este "cambio de régimen"? Si la Argentina asumía un papel activo en la dirección del idioma, ¿llegarían sus peculiaridades lingüísticas más notorias –como el voseo– a obtener carta de ciudadanía en los libros que producía su propia industria? De ningún modo. Cuando menos ése no era el objetivo de Alonso ni de aquellos que compartían su visión de la lengua.[14] Si, tal como sostiene este filólogo, la norma debía proceder de la lengua literaria culta, y si "la lengua de los libros debe sostener la lengua hablada", entonces la única lengua legítima habría de ser la lengua desdialectalizada de los libros y de las traducciones "fluidas".[15]

Algunos autores han señalado, sin embargo, que el auge editorial argentino habría preparado el terreno para la implantación del voseo en los libros (Carrica-

---

[14] En la Argentina, entre finales de la década del veinte y principios de los años cincuenta, Arturo Capdevila, Américo Castro y Guillermo de Torre serían los paladines de la lucha contra el voseo y otras peculiaridades del español americano. En este sentido, es importante señalar que Losada editó y reeditó sin pausa los textos de estos autores destinados a "denunciar" –desde perspectivas lingüísticas conservadoras y hoy en día desacreditadas por los historiadores de la lengua– la supuesta corrupción lingüística americana. Para un análisis más detallado de este tema, ponemos a disposición del lector nuestro trabajo inédito: "'El gusano de la lengua': apuntes sobre la valoración del voseo en la Argentina. Sus contextos de aceptación en soportes impresos (1928-1956)".

[15] Rosenblat, discípulo de Alonso, lo expresa con total claridad en 1967: la pluralidad de normas, el modelo estándar pluricéntrico, sólo se considera válido para la lengua *hablada*, la lengua *escrita* se debe a la norma general de unidad idiomática, pues "apunta a un público anónimo de las más diversas regiones". Esta concepción sería revisada en la década del cincuenta por las nuevas generaciones de intelectuales argentinos, en particular por aquellos redactores de la revista *Contorno* preocupados por el notorio divorcio entre lengua literaria y lengua coloquial. Véase al respecto la obra de uno de sus miembros, Adolfo Prieto 1956.

buro 1999). Consideramos que, por el contrario, la presencia de españoles en el campo editorial de la década del cuarenta podría haber retrasado este proceso, pues "lo que incide en el progreso de un rasgo no es el predominio numérico de los hablantes que lo practican sino *su peso como grupo social*" (Fontanella de Weinberg 1987: 35; énfasis nuestro). En este sentido, el puñado de españoles emigrados que poblaron el mundo editorial a partir de 1938 constituía un grupo con el prestigio suficiente,[16] dada su posición dominante en el campo cultural de origen y de acogida, para incidir en el modelo de lengua culta desde los lugares de decisión que ocupaban en los aparatos editoriales nacionales y así zanjar en el conflicto de normas. Así lo percibían, de hecho, los mismos actores argentinos del período: "España podría ofrecernos –alegaba en 1938 el diputado socialista Repetto defendiendo el ingreso de científicos españoles– valores capaces de ejercer en nuestro medio la función *depuradora del idioma*".[17]

Por consiguiente, es lícito concluir que la centralidad editorial de la Argentina coincidió con el triunfo de una ideología lingüística "universalista" y elitista a un mismo tiempo; y apuntaló a escala hispanoamericana la creencia –aún vigente en lo relativo a la lengua de traducción– según la cual los rasgos regionales marcados deben quedar excluidos de los soportes impresos destinados a circular en un mercado internacional. Si bien esta creencia aún hoy suele fundamentarse en motivos "espirituales" y necesidades de comunicación, es bien sabido que el "tesoro de la lengua" constituye el único capital pasible de garantizar la unidad de los mercados de lectura de habla hispana; por tal motivo, evitar su dilapidación y hallar los argumentos adecuados para lograrlo ha ocupado a propios y ajenos desde finales del siglo XIX.

3. Los trabajos y las redes

En el apartado anterior, hemos caracterizado al contingente de "emigrados republicanos" como un grupo considerado de prestigio a los ojos de la sociedad receptora. En sus respectivos análisis del período, tanto Fernando Larraz Elorriaga como Patricia Willson aportan datos suficientes para sostener esta hipótesis. En efecto, los editores españoles del período tenían en común un estrecho vínculo con representantes locales del poder político, económico y también cultural,

---

[16] En contraste con los contingentes de españoles que integraron la inmigración masiva previa, y que acabaron adoptando rasgos lingüísticos regionales obedeciendo a las necesidades de integración en la sociedad receptora.
[17] Cincuenta años después, el escritor Blas Matamoro, exiliado en España en 1976, reitera el tópico: "El periodismo argentino fue un lugar de acceso a escritores y redactores españoles, que servían, *con el rigor de su castellano a encuadrar el idioma* manifiesto de un país poblado de inmigrantes de otras lenguas" (1982: 576-590; énfasis nuestro).

como lo prueba el vínculo estable con la elite de la colectividad española o aun la omnipresencia de miembros del grupo *Sur* en todos sus proyectos y prácticas –en especial la práctica de la traducción–.[18] En consecuencia, una pregunta se impone: ¿qué clase de "refugiado" podía gozar de semejantes contactos? ¿Quiénes eran en verdad los editores a quienes la historia de la edición hispanoamericana canonizó como "hombres de la diáspora", como "exiliados y pioneros"?

A continuación, procuraremos responder a estas preguntas para demostrar que las restricciones introducidas en la política inmigratoria argentina de la década del treinta contribuyeron a modelar la dinámica político-cultural específica del exilio español en la Argentina.

3.1. *Política inmigratoria: restricciones legales, perfiles profesionales*

Tal como señalamos, una de las causas reiteradamente atribuidas al auge de la industria nacional suele cifrarse en la presencia activa de exiliados republicanos en el campo cultural argentino de los años treinta y cuarenta. Sin embargo, algunos interrogantes se imponen: ¿qué exiliados llegaron a nuestro país? ¿Cómo llegaron? ¿Qué perfil socio-profesional presentaban? ¿Qué motivos los incitaron a quedarse? ¿Qué redes sociales, culturales o políticas favorecieron su rápida inserción en nuestro medio?

Ante todo, es necesario aclarar que la década del treinta se caracterizó por el casi total detenimiento del proceso inmigratorio iniciado a mediados del siglo anterior. El saldo de inmigrantes llegados entre 1930 y 1940 es el más bajo registrado desde el inicio de ese proceso.[19] En efecto, hasta las primeras décadas del siglo XX, la Argentina mantuvo sus puertas abiertas a una inmigración masiva que modificó de manera sustancial la fisonomía del país y contribuyó a su modernización; del excepcional impacto demográfico resultante nació una "sociedad abi-

---

[18] Al respecto, Patricia Willson sostiene que "la creación de nuevas editoriales hacia fines de la década de 1930 hizo posibles varios desplazamientos de escritores y traductores vinculados a *Sur*, configurando así una verdadera *red activa* en la incorporación de literatura extranjera en la literatura nacional. La metáfora de la red es especialmente pertinente, pues la circulación de agentes en el campo editorial *no se produjo necesariamente conservando la misma función*: traductores en una editorial pasaron a ser directores de colecciones de literatura extranjera en otras, o prologuistas de traducciones, y viceversa" (2004a: 240; énfasis nuestro).

[19] Entre 1880 y 1914, la Argentina recibió tres millones y medio de europeos cuyos principales destinos fueron las provincias del litoral fluvial y de la pampa húmeda. En un principio, dos leyes argentinas incentivaron la llegada de europeos: la Ley de Inmigración y Colonización de 1876, y la Ley de 1887, destinada a la creación de centros agrícolas (Cibotti 2000: 368). En la década del treinta, la figura del agricultor seguía siendo reivindicada como único perfil aceptable del inmigrante; en consecuencia, la Argentina negaba estatus jurídico de inmigrante al refugiado (Schwarzstein 2001: 66).

garrada y polifónica" (Cibotti 2000: 369). Sin embargo, según Dora Schwarzstein, en la década de 1930 los gobiernos conservadores impusieron importantes restricciones en materia inmigratoria, destinadas a frenar el ingreso de los refugiados que escapaban del nazismo, del fascismo y, luego, del franquismo. Por tal motivo, pese a ser la Argentina un destino deseado por los emigrados de la Guerra Civil y de la República derrotada en 1939, pocos fueron en verdad aquellos exiliados políticos que pudieron ingresar legalmente como tales (Schwarzstein 2001: 46).

Así, las trabas impuestas a los refugiados habrían determinado el perfil de estos emigrantes, puesto que este factor condicionó tanto las modalidades de ingreso cuanto la composición socio-profesional de esa población. En este sentido, Schwarzstein sostiene que llegaron de a poco y en pequeñas cantidades; fue un lento goteo. En su conjunto, procedían de sectores privilegiados de las elites profesionales, llamados genéricamente "intelectuales"; es decir, sectores de la población con cierto nivel sociocultural, en condiciones económicas de costearse el viaje desde España y Francia; o, en su defecto, de recurrir a redes sociales tramadas con anterioridad (2001: 79). En síntesis, como bien lo expresa Abellán, eran representantes de una "minoría culta" (1989: 7).

3.2. *La Argentina de abundantes motivos*

Ahora bien, ¿qué motivos atrajeron a este sector de la población española hacia la Argentina? En primer lugar, un factor estructural vinculado con el proceso inmigratorio antes mencionado: la Argentina albergaba la colonia de españoles más numerosa del mundo fuera de España y la segunda comunidad de inmigrantes en Argentina después de la italiana (Quijada 1991: 20). La "colonia" española contaba con una amplia red de asociaciones,[20] cuyos miembros integraban en su mayoría los sectores populares. Sin embargo, es relevante destacar que entre las filas de la elite de la colectividad se encontraban "comerciantes de fortuna, empresarios y banqueros, vinculados a veces a la oligarquía local por intereses económicos o lazos familiares"[21] (Quijada 1991: 20). Por lo demás, este factor

---

[20] Cibotti señala que, lejos de ser un ámbito de consensos y armonías, el interior de las colectividades registraba diferencias y jerarquías sociales: "Ciertamente esta dinámica asociativa no sólo organizó a los inmigrantes alrededor de sus instituciones, también *constituyó los grupos dirigentes o elites por oposición a las bases societales*" (Cibotti 2000: 377; énfasis nuestro).
[21] Este dato quizá explique la participación, señalada tanto por Larraz Elorriaga como por de Sagastizábal, de representantes del poder económico y financiero en el primer directorio de Sudamericana: Jacobo Saslawski, directivo de la casa Dreyfus; Alejandro Shaw, banquero; Federico de Pinedo, ministro de Hacienda de Justo; y Luis Duhau, ministro de Agricultura y presidente de la Sociedad Rural Argentina. Podría explicar asimismo el aporte de capitales y la

demográfico constituye una de las causas por las cuales la Guerra Civil no sólo repercutió en el restringido campo cultural, sino que dividió a la sociedad argentina en su conjunto (Quijada 1991: 15).

En segundo lugar, las redes culturales tramadas desde el año 1898 también motivaron la elección. Al respecto, Alejandro Cattaruzza sostiene que, desde finales del siglo XIX, "las distancias que la ruptura revolucionaria de 1810 había instaurado comenzaron a zanjarse por distintas vías", a saber, los viajes, las conferencias y las colaboraciones en la prensa periódica (2005: 15-16).[22] Así pues, esas redes estuvieron en el origen del apoyo que los emigrados recibirían en el campo intelectual local: *Sur*, *Crítica*, *La Nación* y el amplio abanico de revistas de izquierda no sólo fueron los soportes en que se tramaron las relaciones culturales hispano-argentinas sino también los espacios físicos de inserción laboral en el exilio.

En tercer lugar, pese a lo afirmado por Abellán,[23] la identificación de los emigrados republicanos con "una minoría pensante" no aporta en sí misma ningún dato sobre sus posibles motivaciones económicas. Por el contrario, a la hora de analizar las redes de inserción no debe omitirse aquello que motivó específicamente a los editores mencionados: los contactos comerciales tejidos con antelación. Como bien demuestra Larraz Elorriaga al analizar las trayectorias de las editoriales Losada, Emecé y Sudamericana, los editores españoles de la "edad de oro" no eran "pioneros" y, en algunos casos, tampoco "exiliados" en el sentido político del término. Al respecto, en un trabajo titulado "Los editores españoles en Argentina: redes comerciales, políticas y culturales entre España y la Argentina (1892-1938)", Fabio Espósito prueba la incidencia, en la elección del país de acogida, de las dilatadas tramas comerciales urdidas cuando España producía su avanzada en la captación del mercado americano:

---

dirección de los Braun Menéndez en la editorial Emecé, una familia tradicional de la oligarquía argentina, directamente vinculada con el poder económico. Estos actores políticos ligados a los gobiernos conservadores de la llamada "década infame" no parecen encarnar precisamente los ideales democráticos y republicanos que los "hombres de la diáspora" representaban a los ojos de los intelectuales argentinos, como veremos al final de este trabajo.

[22] Por ejemplo, Unamuno colabora en *La Nación*; Maeztu, en *La Prensa*; entre los viajeros, se destaca, por supuesto, Ortega y Gasset.

[23] Dice Abellán: "El exilio del 39 fue la primera emigración intelectual tras la independencia política del país. Desde la emancipación política, los españoles emigrados a América pertenecen a las clases económicas más humildes y menos desarrolladas culturalmente, *por lo que elegían aquellos países como vía de escape hacia una situación más prometedora*, formaban parte de la legión de los llamados 'gallegos' en Argentina o 'gachupines' en México. *Muy distintos fueron los hombres salidos en ocasión de la Guerra Civil*, pertenecientes a la elite de los profesionales, los intelectuales, los artistas y la minoría culta; pertenecen a la avanzada conciencia pensante del país" (1989: 7; énfasis nuestro).

La industria editorial moderna en Argentina está relacionada desde sus orígenes con los libreros y los editores españoles, que no sólo encontraron en el Río de la Plata *un refugio ante las persecuciones políticas* sino también una serie de circunstancias adecuadas para *ampliar sus operaciones comerciales*. Estas circunstancias pueden sintetizarse en la existencia de un público lector en crecimiento, la presencia de grupos inversores (son conocidos los fuertes vínculos entre la Compañía Hispanoamericana de Electricidad –CHADE–, de Francesc Cambó y Sudamericana, o los lazos estrechos entre La Papelera Española y Espasa-Calpe) y la disponibilidad de un conjunto de intelectuales españoles que contaban con gran ascendencia entre los círculos locales, en buena medida producto de sus colaboraciones en los grandes diarios de Buenos Aires y de los viajes académicos que venían realizándose desde el Centenario (2010: 518; énfasis nuestro).

Ahora bien, estas redes comerciales no eran independientes de las redes sociales o culturales antes mencionadas. Por el contrario, la elite de la colectividad participó del movimiento de solidaridad para con intelectuales españoles a través de la Institución Cultural Española, dirigida entre 1938 y 1943 por Rafael Vehils, a su vez director y accionista de la CHADE.[24] De hecho, Vehils habría sido quien contactó en París a López LLausás, que por entonces trabajaba para la prestigiosa casa Hachette.

Como sea, no pretendemos demorarnos aquí en probadas motivaciones comerciales, sino comprender qué cambio se operó en la visión de los actores argentinos para que esos intereses comerciales quedaran completamente borrados tras la figura del "exiliado" o bien resultaran menos irritantes que en la década del veinte, cuando la sola idea de lucrar con la literatura constituía una suerte de contradicción en los términos: "Buenos Aires y la Argentina no son América, toda la América. [...] América es para Vds. un *problema editorial*. Argentina es para nosotros una *posibilidad de literatura*" (Olivari 1927; énfasis nuestro).

4. El caso *Sur*: redes, solidaridad y denuncia

4.1. *El compromiso con la República de las Letras en el exilio*

Retomemos, pues, nuestra pregunta inicial, a saber, ¿cómo explicar la evolución del antihispanismo de *Martín Fierro*[25] a las muestras de solidaridad que, por ejemplo, el grupo *Sur* manifestó hacia los emigrados españoles?

---

[24] Principal empresa de capital español en la Argentina, productora del 50% de la energía eléctrica de la ciudad de Buenos Aires (Schwarzstein 2001: 101).
[25] Sobre el lazo funcional entre España y América, Rojas Paz dirá en 1927: "Sud América está pagando caro el pecado original de haber sido conquistada y poblada por ella". Véase asimismo Evar Méndez, "Asunto fundamental" (1927).

Dos respuestas podrían deducirse de cuanto hemos analizado hasta aquí. En primer lugar, en el plano material, el nuevo período de la industria editorial hispanoamericana implicó no sólo la anhelada expansión del mercado lector, sino la correlativa "extensión de las posibilidades laborales de los escritores" argentinos y emigrados. Este proceso inclusivo permitió acercar al mercado a escritores "algo alejados del gran público", como Mallea, Borges, entre otros (Saítta 2004: 8-10). Por las características de sus políticas editoriales, distantes de los proyectos populares anteriores, la instauración del meridiano en Buenos Aires resolvía el problema de la relación del escritor culto con el mercado editorial.

En segundo lugar, en el plano de las ideas, para comprender la nueva dinámica del campo cultural argentino tras la llegada de profesionales de la edición a este país, es necesario analizar previamente el sentido global que los intelectuales argentinos asignaron a la presencia de nuevos emigrados españoles. En este sentido, sintetizando a Abellán, Silvina Jensen plantea que el legado del exilio español se cifraba en "1) la defensa de la democracia como modelo de convivencia, 2) la defensa de la ética republicana, 3) la recuperación de una dimensión americana de la cultura española, 4) *la recuperación de una dimensión europea de España*" (2004: 98), que los intelectuales de la República encarnaban.

Por lo tanto, la clave para comprender el pasaje del antihispanismo de la vanguardia criollista de los veinte a la aparente comunión hispano-argentina de fines de la década del treinta se cifra menos en la recurrente imagen de un nuevo descubrimiento español de América cuanto en su contrapartida: *el descubrimiento argentino de una nueva España*. Así pues, como sostiene Jensen, los dos componentes fundamentales para analizar la rápida integración de los emigrados de la República en el campo intelectual argentino serían: 1) el reconocimiento del exiliado como ejemplo de lucha contra los fascismos, y 2) la consiguiente superación de la tendencia nacional a "menospreciar lo español como algo retrógrado y negativo". Para un sector de la elite letrada –liberal y antifascista– los emigrados fueron sinónimo de "intelectuales críticos al servicio de la libertad", siempre dignos de emulación (Jensen 2004: 98; Quijada 1991: 18).

Todo ello nos permite, entonces, comprender la recepción deparada a los españoles, exiliados o no, entre los cuales figuraban reconocidos colaboradores de las grandes editoriales mencionadas que, como señala Willson, también formaban parte del núcleo de la revista *Sur*.[26] Desde su fundación en el año 1931, la revista de Victoria Ocampo constituyó el soporte de los intercambios hispano-

---

[26] Guillermo de Torre, redactor de *La Gaceta Literaria* y director de múltiples colecciones en Losada, fue su primer secretario de redacción; Amado Alonso publicó sus trabajos sobre el rioplatense ya en los primeros números; ambos, junto con Baeza, formaron parte del círculo más próximo a la dirección. Baeza mismo fue uno de los emigrados por los que Victoria Ocampo agitó sus contactos en el poder.

argentinos por excelencia. Si bien el hispanismo no fue una nota predominante en la revista,[27] no sólo la literatura española estuvo presente en sus páginas (Zuleta 1983: 111), sino que la Guerra Civil fue un parteaguas en su trayectoria (Gramuglio 2001: 340), pues modificó la dirección que en adelante habría de tomar en materia de acontecimientos políticos internacionales.[28] Al respecto, John King asegura que "*Sur* defendió la causa republicana en la Guerra Civil y sus colaboradores ayudaron a organizar la ayuda y refugio de intelectuales españoles" (1989: 86).

4.2. Sur *contra el nuevo "coloniaje" editorial*

Ahora bien, ¿podemos deducir de la composición hispanoamericana del grupo *Sur*, o incluso de sus preferencias republicanas, la superación de los conflictos literario-editoriales entre España y Argentina? De ningún modo. Aquello que era válido para unos pocos representantes de la cultura española exiliados en América –poetas, escritores, filólogos, traductores o editores, integrados al centro del campo cultural nacional– no lo era para la industria de la que procedían, protegida después de 1939 por el Estado franquista. Es decir, nunca se superaron los conflictos suscitados ante las tentativas españolas de hegemonizar los mercados de lectura americanos. Por el contrario, no bien la industria española comenzó a recuperar su capacidad de acción, el antiguo conflicto resurgió; y su puesta en discurso revela la presencia de representaciones muy semejantes a las del veinte. Resurge, en particular, la imagen de una España colonialista que, so capa de propósitos trascendentes, aspira a hegemonizar los mercados perdidos, de cuya explotación depende su propia subsistencia.

Como apunta Peña Lillo, la obra de Gustavo Gili Roig, *Bosquejo para una política del libro*, publicada en 1944, probaba que la edición española procuraba recuperar los viejos laureles de ultramar "confundiendo los intangibles valores del espíritu con los tangibles valores de las divisas" (Peña Lillo 1965: 27):

---

[27] Los primeros años de *Sur* se caracterizaron más bien por el debate sobre el americanismo, que coincidió con la discusión en torno al lugar de los intelectuales en la sociedad: "En el corazón de la ideología del grupo *Sur* [hallamos] la convicción de que el mantenimiento de los valores culturales era responsabilidad de unas minorías selectas, alejadas de los espacios de poder [...] para encontrar la voz propia es indispensable mantener una relación activa con todo el ámbito americano y con Europa" (Gramuglio 2001: 345).
[28] En efecto, si hasta 1934, con motivo de una disputa con la revista *Criterio* a raíz de la publicación de un texto de Maritain, *Sur* podía responder que "las cuestiones eternas del espíritu eran de mayor interés que la naturaleza transitoria de la política", la Guerra Civil definió el ingreso de la historia y la política en su línea editorial (King 1989: 82).

Estamos convencidos de que no puede haber *política imperial* si se prescinde *del vehículo más eficaz para su expansión y no se considera al libro* como el instrumento más precioso para hacer llegar el sentir de España y de nuestra inveterada civilización a todos los países que han heredado el *tesoro de nuestra lengua*, que es tanto como decir de nuestra alma (Gili Roig 1952: 20-21; énfasis nuestro).[29]

Ahora bien, la revista *Sur* no tardaría en hacerse eco de las denuncias de los editores americanos contra las renovadas pretensiones hegemónicas de España, tal como lo había hecho *Martín Fierro* años atrás. Ya en 1938, *Sur* daba cuenta del avance de la censura franquista sobre el mundo del libro al denunciar en la sección "Calendario" el decreto mediante el cual la secretaría de Inspección de Enseñanza del Ministerio de Instrucción Pública del Gobierno de Burgos prohibía la lectura y ordenaba la destrucción de numerosas obras literarias, históricas y científicas. La revista juzgaba el criterio errático de los censores como señal del surgimiento de una "cultura bárbara", la cultura franquista, cuya única tradición visible a su juicio se remontaba a la Inquisición española. Así, tras consignar la lista de los "libros herejes", lamentaba, burlona, la incapacidad del censor para confeccionar cuando menos un canon de obras *comme il faut*. Por entonces *Sur* sin duda ignoraba que los rasgos de esa censura –errática e imprevisible– serían precisamente un arma poderosa que habría de tener consecuencias al parecer catastróficas en el desarrollo de la industria editorial argentina y latinoamericana, pues operaría como un mecanismo proteccionista que alejaría a América Latina del mercado de lectura peninsular.

Los hechos se lo probarían diez años más tarde. Así, en el número 174 del año 1949, *Sur* publica una reseña titulada "El problema editorial. ¿Un nuevo coloniaje?". Dicha reseña introducía un texto de Daniel Cosío Villegas, "España contra América en la industria Editorial",[30] en el cual quedaban expuestas las causas del comienzo del fin del auge de la industria editorial latinoamericana. Ambos artículos coincidían en señalar que la producción librera local había entrado en una fase crítica, que resultaba de diez largos años de conflictos con las edi-

---

[29] En el año 1952, a comienzos de la crisis editorial, la Sociedad Argentina de Editores compiló el texto de Gili Roig en un curioso folleto titulado "El libro Argentino. Contribución a su defensa" –título por demás ambiguo y confuso si tenemos en cuenta el contenido de las citas reproducidas–. La clave de su lectura, no obstante, radica en las palabras preliminares; en efecto, a modo de prólogo, un fragmento de discurso del vicepresidente de la SAE advertía sobre la amenaza española.

[30] *Sur* lo recoge de *Cuadernos Americanos* (enero-febrero de 1949), pero Francisco Caudet (1993: 143) cita el libro en que fue compilado ese mismo año por Cosío Villegas: *Extremos de América* (México: Tezontle). En la actualidad, el Fondo de Cultura Económica lo ha reeditado en su "Colección conmemorativa" motivada por el septuagésimo aniversario de la editorial, fundada y dirigida por Cosío Villegas desde 1934 hasta 1948.

toriales españolas de "aquende y allende" el Atlántico. El origen de la crisis radicaba en la falta de reciprocidad comercial entre editores españoles y americanos a partir de 1939. Afirmaba Cosío Villegas:

> En términos meramente económicos y numéricos, puede decirse que mientras el editor español ha contado durante diez años con el cien por ciento del mercado de los países de habla española, el latinoamericano sólo ha contado con el 60% de ese mercado (1949: 82).

En efecto, mientras América recibía sin grandes restricciones libros españoles de toda clase –publicaciones que por añadidura traían "de contrabando una abierta propaganda falangista, es decir, una ideología foránea con arreglo a la tradición democrática de nuestra cultura" ("El problema editorial. ¿Un nuevo coloniaje?" 1949: 72)–, España habría impuesto durante ese lapso múltiples trabas, formales y de hecho, al ingreso de libros americanos. Cosío Villegas destaca tres clases de restricciones. En primer lugar, la censura oficial que, con su amplio y errático criterio, impedía "saber con precisión por qué puede censurarse un libro y cuándo podrá ser aprobado" (1949: 82) y, por tanto, inhibía la exportación de libros hacia la Península. Por ese mismo motivo, las remesas enviadas quedaban eternamente demoradas en las aduanas peninsulares. En segundo lugar, cuando el libro americano lograba ingresar al mercado español, su circulación se veía restringida por "el complot de silencio" que le imponían las demás instancias del aparato exportador, a saber, la crítica y la distribución librera. En efecto, solidaria con la censura oficial, la crítica especializada ignoraba las obras editadas por empresas americanas; los libreros, por su parte, le negaban un espacio de exhibición en sus escaparates. Todo ello habría restado la visibilidad necesaria para su efectiva circulación peninsular. En tercer lugar, las demoras en los pagos y, con frecuencia creciente, los impagos definitivos –ante los cuales la industria española alegaba falta de divisas– dieron el golpe de gracia a los editores latinoamericanos. El incumplimiento español y la falta de previsión americana habrían sido la causa más notoria, según Cosío Villegas, de la insuperable crisis de la industria editorial latinoamericana. Ahora bien, Cosío Villegas destaca que la recuperación española fue gestándose en simultáneo con el auge editorial americano, es decir, se trató de un proceso iniciado en América durante la Guerra Civil misma. Lo habrían iniciado, precisamente, aquellas editoriales que, tras desatarse el conflicto, crearon filiales locales con el objeto de preservar sus fondos o evitar que fueran confiscados. De ese modo, al iniciarse la dictadura de Franco, estuvieron en condiciones de reabastecer el mercado español y, con esas ventas, recrear o aun aumentar el capital de las antiguas casas matrices. Asimismo, cuando comenzaron a escasear las divisas en España, las editoriales afincadas en América durante la Guerra Civil pudieron transferirlas a la Península. Cosío Villegas concluye que lo "acertado" de esa decisión se revelaba en un hecho singular: las editoriales españolas importantes en 1949, tanto en España como en América, eran aquellas que lo habían sido antes de la momentánea debacle española. Puede ser útil mencionar algunas de esas previsoras filiales españolas radicadas en América: Juventud Argentina, Salvat, Gili, Sopena y... Espasa-Calpe, de donde habría de surgir nada menos que el paladín de las editoriales tan a menudo asociadas al auge de la industria editorial argentina y latinoamericana.

Así, América y España volvían a medir sus fuerzas, sin duda desiguales, en el terreno editorial. Pero no sólo ellas rivalizaron entonces, también las "dos Españas" se enfrentaron en la arena librera: "Alejados estos *enemigos* –dice Gili Roig–, que, no lo olvidemos, veían *reforzadas sus filas por intelectuales españoles desterrados* de su patria, nuestro libro fue ganando palmo a palmo el terreno en aquellos países" (1944: 96; énfasis nuestro).

Tal lenguaje bélico, aplicado al comercio de libros, permite concluir que las oposiciones políticas e ideológicas se dirimían, una vez más, en otro campo de batalla: la cultura encarnada en los libros que latinoamericanos y emigrados españoles habían sabido producir con éxito durante casi una década.

Bibliografía

1. *Fuentes documentales*

ALONSO, Alonso (1932). "El problema argentino de la lengua". En: *Sur* 6, pp. 124-178.
— (1933). "El porvenir de nuestra lengua". En: *Sur* 8, pp. 141-150.
— (1943). *La Argentina y la nivelación del idioma*. Buenos Aires: Institución Cultural Española.
CAPDEVILA, Arturo (1928). *Babel y el castellano*. Buenos Aires: Losada.
COSÍO VILLEGAS, Daniel (1949). "España contra América en la industria editorial". En: *Sur* 174, pp. 71-88.
DE TORRE, Guillermo (1927). "Madrid, Meridiano intelectual de Hispanoamérica". En: *La Gaceta Literaria*, I, 8, 15 de abril.
— (1956). "La unidad de nuestro idioma". En: *Las metamorfosis de Proteo*. Buenos Aires: Losada, pp. 301-314.
"El problema editorial. ¿Un nuevo coloniaje?" (1949). En: *Sur* 174, pp. 71-88.
GILI ROIG, Gustavo (1952 [1944]). "Bosquejo para una política del libro". En: *El libro Argentino. Contribución a su defensa*. Buenos Aires: Sociedad Argentina de Editores, pp. 11-63.
MÉNDEZ, Evar (1927). "Asunto fundamental". En: *Martín Fierro* IV, 44-45; reproducido en Salas, Horacio (1995). *Revista Martín Fierro (1924-1927). Edición Facsimilar*. Buenos Aires: Fondo Nacional de las Artes, p. 375.
OLIVARI, Nicolás (1927). "Extrangulemos al meridiano". En: *Martín Fierro* IV, 44-45; reproducido en Salas, Horacio (1995). *Revista Martín Fierro (1924-1927). Edición Facsimilar*. Buenos Aires: Fondo Nacional de las Artes, p. 386.

PRIETO, Adolfo (1956). *Sociología del público argentino*. Buenos Aires: Leviatán.
ROJAS PAZ, Pablo (1927). "Imperialismo baldío". En: *Martín Fierro*, IV: 42; reproducido en Salas, Horacio (1995). *Revista Martín Fierro (1924-1927). Edición Facsimilar*. Buenos Aires: Fondo Nacional de las Artes, p. 356.
"Tradicionalismo" (1938). En: *Sur* 52, pp. 81-82.
URQUIZA, Guillermo de (2002). "Prólogo a la colección 'El aporte de los editores españoles en el Río de la Plata'". Buenos Aires: Dunken, pp. 9-10.

2. Bibliografía histórica y crítica

ABELLÁN, José Luis (1989). "La perspectiva del cincuentenario". En: *Cuadernos Hispanoamericanos* 473-474, pp. 7-16. Número doble: "El exilio español en Hispanoamérica".
— (1998). "Una caracterización general del exilio". En: *El exilio filosófico en América. Los transterrados de 1939*. México: Fondo de Cultura Económica, pp. 21-44.
BLANCO, Alejandro (2006). "Gino Germani: proyecto editorial y proyecto intelectual". En: Blanco, Alejandro. *Razón y modernidad. Gino Germani y la sociología en argentina*. Buenos Aires: Siglo XXI, pp. 83-104.
BUONOCORE, Domingo (1944). *Libreros, editores e impresores de Buenos Aires*. Buenos Aires: El Ateneo.
CARRICABURO, Norma (1999). *El voseo en la Literatura Argentina*. Madrid: Arco/Libros.
CATTARUZZA, Alejandro (2005). "Tan lejos y tan cerca. La Guerra de España y la política argentina". En: Cattaruzza, Alejandro/Wechsler, Diana/Gené, Marcela. *Fuegos cruzados. Representaciones de la Guerra Civil en la prensa argentina (1936-1940)*. Córdoba (España): Fundación Provincial de Artes Plásticas Rafael Botí, pp. 13-23.
CAUDET, Francisco (1993). "El libro de avanzada en los años 30". En: *Las cenizas del Fénix. La cultura española en los años treinta*. Madrid: Ediciones de la Torre, pp. 107-143.
CIBOTTI, Ema (2000). "Del habitante al ciudadano. La condición del inmigrante". En: Lobato, Mirta Zaida (dir.). *El progreso, la modernización y sus límites (1880-1916). Nueva historia argentina*. Vol. V. Buenos Aires: Sudamericana, pp. 367-407.
DE DIEGO, José Luis (dir.) (2006). *Editores y políticas editoriales en Argentina, 1880-2000*. Buenos Aires: Fondo de Cultura Económica.
— (2007a). "Políticas editoriales y políticas de lectura". En: *Anales de la Educación Común* 3, 6, pp. 38-44.
— (2007b). "Políticas editoriales e impacto cultural en Argentina (1940-2000)". En: *Actas del III Congreso Internacional de la Lengua Española*. Rosario, Argentina, http://congresosdelalengua.es/rosario/presentacion.htm (última consulta: 4.11.2010).
DE SAGASTIZÁBAL, Leandro (1995). *La edición de libros en la Argentina: una empresa de cultura*. Buenos Aires: Eudeba.
ESPÓSITO, Fabio (2009). "Los editores españoles en Argentina: redes comerciales, políticas y culturales entre España y la Argentina (1892-1938)". En: Altamirano, Carlos (ed.). *Historia de los intelectuales en América Latina. II: Los avatares de la "ciudad letrada" en el siglo XX*. Buenos Aires: Katz, pp. 515-536.

FERNÁNDEZ, Pura (1998). "El monopolio del mercado internacional de impresos en castellano en el siglo XIX: Francia, España y 'la ruta' de Hispanoamérica". En: *Bulletin Hispanique* 100, 1, pp. 165-190.

FERRERO DE SAHAB, Graciela (1992). "Historia de la Editorial Losada, 'Voz' de los exiliados españoles". En: *Actas del III Congreso Argentino de Hispanistas "España en América y América en España"*. Vol. II. Buenos Aires: Asociación Argentina de Hispanistas/Instituto de Filología y Literaturas Hispánicas "Dr. Amado Alonso", Facultad de Filosofía y Letras, Universidad de Buenos Aires, pp. 521-526.

FONTANELLA DE WEINBERG, Beatriz (1987). *El español bonaerense. Cuatro siglos de evolución lingüística (1580-1980)*. Buenos Aires: Hachette.

GARCÍA, Eustasio Antonio (1965). *Desarrollo de la industria editorial argentina*. Buenos Aires: Fundación Interamericana de Bibliotecología Franklin.

GRAMUGLIO, María Teresa (1986). "*Sur* en la década del treinta: una revista política". En: *Punto de vista* 28, pp. 32-39.

— (2001). "Posiciones, transformaciones y debates en la literatura". En: Cattaruzza, Alejandro (dir.). *Crisis económica, avance del Estado e incertidumbre política (1930-1943)*. Nueva historia argentina. Vol. VI. Buenos Aires: Sudamericana, pp. 331-380.

JENSEN, Silvina (2004). "Suspendidos de la historia/exiliados de la memoria. El caso de los argentinos desterrados en Cataluña (1976-...)". Tesis doctoral. Barcelona: Universitat Autònoma de Barcelona. Disponible en: <http://www.tesisenxarxa.net/TDX-1024105-231137/> (última consulta 31.12.2010).

KING, John (1989). *Sur. Estudio de la revista argentina y de su papel en el desarrollo de una cultura, 1931-1970*. Trad. de Juan José Utrilla. México: Fondo de Cultura Económica.

KOROL, Juan Carlos (2001). "La economía". En: Cattaruzza, Alejandro (dir.). *Crisis económica, avance del Estado e incertidumbre política (1930-1943)*. Buenos Aires: Sudamericana, pp. 20-47.

LAGO CARBALLO, Antonio/GÓMEZ VILLEGAS, Nicanor (eds.) (2007). *Un viaje de ida y vuelta. La edición española e iberoamericana (1936-1975)*. Buenos Aires: Siruela/Fondo de Cultura Económica.

LARRAZ ELORRIAGA, Fernando (2007). "Los editores españoles ante los mercados americanos (1900-1939)". En: *Cuadernos Americanos* 119, pp. 131-150.

LOBATO, Mirta Zaida/SURIANO, Juan (2000). *Atlas histórico de la Argentina*. Buenos Aires: Sudamericana.

LÓPEZ LLOVET, Gloria (2004). *Sudamericana. Antonio López Llausás, un editor con los pies en la tierra*. Buenos Aires: Dunken.

MATAMORO, Blas (1982). "La emigración cultural española en Argentina durante la posguerra de 1939". En: *Cuadernos Hispanoamericanos* 384, pp. 576-590.

PEÑA LILLO, Arturo (1965). *Los encantadores de serpientes (mundo y submundo del libro)*. Buenos Aires: Peña Lillo Editor.

QUIJADA, Mónica (1991). *Aires de república, aires de cruzada: la Guerra Civil Española en Argentina*. Barcelona: Sendai Ediciones.

ROSEMBLAT, Ángel (1984). *Estudios sobre el español de América*. Caracas: Monte Ávila.

SANTIAGO DE CHITARRINI, Olga de (1992). "Editorial Losada Trayectoria de Legitimación". En: *Actas del III Congreso Argentino de Hispanistas "España en América y América en España"*. Vol. II. Buenos Aires: Asociación Argentina de Hispanistas/ Instituto de Filología y Literaturas Hispánicas "Dr. Amado Alonso", Facultad de Filosofía y Letras, Universidad de Buenos Aires, pp. 527-533.

SAÍTTA, Sylvia (2004). "Introducción". En: Saítta, Sylvia (dir.). *Historia crítica de la literatura argentina. El oficio se afirma*. Vol. 9. Buenos Aires: Emecé, pp. 7-15.

SARLO, Beatriz (1997). "Vanguardia y criollismo. La aventura de *Martín Fierro*". En: Altamirano, Carlos/Sarlo, Beatriz. *Ensayos argentinos*. Buenos Aires: Ariel, pp. 211-260.

SCHWARZSTEIN, Dora (2001). *Entre Franco y Perón. Memoria e identidad del exilio republicano español en Argentina*. Madrid: Crítica.

SORÁ, Gustavo (2004). "Editores y editoriales de ciencias sociales: un capital específico". En: Nieburg, Federico/Plotkin, Mariano (comps.). *Intelectuales y expertos. La constitución del conocimiento social en la Argentina*. Buenos Aires: Paidós, pp. 265-292.

WILLSON, Patricia (2004a). *La Constelación del Sur. Traductores y traducciones en la literatura argentina del siglo XX*. Buenos Aires: Siglo XXI.

— (2004b). "Página impar: el lugar del traductor en el auge de la industria editorial". En: Saítta, Sylvia (dir.). *Historia crítica de la literatura argentina. El oficio se afirma*. Vol. 9. Buenos Aires: Emecé, pp. 123-142.

ZULETA, Emilia de (1983). *Relaciones literarias entre España y la Argentina*. Madrid: Ediciones Cultura Hispánicas del Instituto de Cooperación Iberoamericana.

— (1999). *Españoles en la Argentina: el exilio literario de 1936*. Buenos Aires: Atril.

Los exiliados y las colecciones editoriales en Argentina (1938-1954)

FERNANDO LARRAZ ELORRIAGA
Universitat Autònoma de Barcelona

1. Introducción. La edad de oro de la edición argentina

Al observar la historia de la edición en lengua española, pronto se percibe que uno de sus momentos de inflexión más críticos tuvo lugar a raíz de la Guerra Civil española, la posguerra y la política cultural del primer franquismo. En 1936 dio comienzo un proceso de agudo cambio gracias al cual el libro americano en general y argentino en particular experimentaron una expansión sin precedentes. Los escritores argentinos comenzaban a confiar en sus editores y los asociaban a un prestigio que antes sólo encontraban en las casas españolas. Este proceso ha sido denominado "la época de oro de la industria editorial" argentina (de Diego 2006: 91). A partir de entonces y durante más de tres lustros, Argentina fue la principal productora de libros en lengua española. El número de títulos publicados en 1945 multiplicó por seis la cifra media de la década anterior. Si antes del año 1938 los editores argentinos apenas tenían mercados exteriores, hacia la mitad de la década de 1940 llegan a dedicar a la exportación en torno al 70% de su producción.[1] Pero no se trata de una mera cuestión cuantitativa. Buenos Aires es además el centro de traducciones y de producción literaria, incuestionable meridiano de la cultura en español, lo cual tiene una incidencia extraordinaria en la configuración de una tradición cultural nacional en Argentina y, por supuesto, en la historia de las relaciones intelectuales entre España e Hispanoamérica.

Se suele achacar este viraje al colapso general que sufre España a raíz de la guerra y la posguerra. La edición de libros se ve influida por la crisis económica –precio descontrolado del papel, carencia de divisas, caída del poder adquisitivo, ruina de casas editoras tradicionales–, política –el dirigismo cultural deja poco margen al editor español– y cultural –falta de autores por el exilio y la muerte de la mayoría de actores culturales anteriores a la guerra–. Un comentarista de Buenos Aires se hace eco del lastre que estos dos últimos factores suponen para la industria española del libro y de la oportunidad competitiva que supone para los editores argentinos:

---

[1] Estos datos están tomados de fuentes diversas, principalmente, el boletín *Bibliografía Española e Hispanoamericana*, editado por las Cámaras Oficiales del Libro de Madrid y Barcelona y, después de la guerra, por el Instituto Nacional del Libro Español. Ver también Bottaro 1964; García 1965; Lagarde 1980; y los estudios estadísticos de la UNESCO.

> Si bien es cierto que Barcelona y Madrid pueden, con el tiempo, recuperar su lugar como centros de actividad editorial en la lengua castellana, no es menos cierto que el Gobierno del General Franco –enemigo de la cultura y profundamente reaccionario– será un obstáculo insalvable para ellas. Porque, ¿se imagina el lector qué sucederá cuando una casa editorial tenga que someter el programa de sus ediciones al Ministerio de Instrucción Pública? ¿Cuántos autores mundiales habrá que escapen al "index" franquista y a la censura de los falangistas? Pocos. Tan pocos que con una máquina movida a mano cualquier editorial podrá dar abasto a su producción.[2]

Sin embargo, no se debe limitar las causas del desarrollo editorial en Argentina a partir de 1938 al declive de la industria española. Durante la Primera Guerra Mundial, América Latina ya había experimentado un desabastecimiento de libros similar, que, no obstante, no había originado un desarrollo suficiente de las casas autóctonas. Desde finales de los años veinte, en cambio, venía teniendo lugar un gradual crecimiento de la actividad editora que tuvo su eclosión final con la guerra española y que debe relacionarse con otros factores sociales, principalmente, un sobresaliente crecimiento de la demanda debida a una buena coyuntura económica y al desarrollo de las clases medias, así como a una mayor variedad en la oferta editorial. Y hay un tercer factor importante que explica esta eclosión de la industria editorial argentina, además de la crisis española y del sostenido desarrollo de los años previos: la presencia de republicanos españoles refugiados en Buenos Aires, muy presentes en el sector editorial.

Me interesa abordar en este trabajo la dimensión ideológica de este fenómeno de emancipación cultural mediante el estudio de algunas de las colecciones editoriales fundadas en estos años y aquilatar la influencia que tuvieron en ellas los exiliados republicanos en Argentina. Determinados publicistas del primer franquismo hacían recaer en ellos la culpa de la pérdida de influencia española sobre el público americano. Reproduzco dos textos publicados en la España de la alta posguerra acerca de la influencia cultural de los exiliados republicanos en América. El primero de estos fragmentos, de 1940, está tomado de un artículo de Gonzalo Torrente Ballester. Advertía allí Torrente del espíritu de competencia entre los intelectuales de dentro y de fuera de la Península con estas palabras: "la España peregrina pretende arrebatarnos la capitanía cultural del mundo hispano, ganado para la Patria por nuestros mayores" (1940: 5). El segundo texto es un editorial sin firma aparecido en la revista *Escorial* en 1941, presumiblemente redactado por Dionisio Ridruejo. Dice lo siguiente:

> No sólo con el enemigo sajón tenemos que luchar, sino con esa parte de España que como España actúa, aunque no lo queramos, aunque su espíritu sea adverso. No es gallardo conformarse diciendo que, sean ellos o nosotros, lo esencial es que España

---

[2] Tomado de la revista *Noticas Gráficas*, Buenos Aires, 19 de enero de 1940.

deje oír su voz; porque lo que nosotros queremos es que sea la voz de España proclamada por nuestras lenguas la que se oiga a lo largo de los Andes y de la Sierra Madre (Ridruejo 1941: 329).

Para comprender ambos textos debemos tener en cuenta un contexto muy marcado, desde luego, por la retórica de Falange. Pero también es necesario conectarlos con los tópicos ideológico-comerciales –si se me permite el adjetivo– con que los editores españoles habían justificado su expansión por América Latina casi desde sus orígenes. El mundo de la edición española estaba asociado desde finales del siglo XIX con un discurso nacionalista que servía de coartada ideológica al imperativo expansionista por América. Según aquellos argumentos, la proliferación de libros alemanes o franceses en lengua española por toda América Latina era un desdoro para España e incluso una desnaturalización cultural de las antiguas colonias. El mismo Instituto Nacional del Libro Español, instaurado por el Gobierno franquista en 1942, se convertía en heredero de aquel imperativo neocolonizador al constituirse como un instrumento de la "revolución de tipo preeminentemente espiritual, que pone principal acento en restablecer el imperio moral de España en el mundo", empresa que "necesita por exigencias de su misma naturaleza, controlar la producción editorial, vehículo del pensamiento, y encauzarla en derechura a su finalidad".[3] Los textos de Torrente y Ridruejo son una buena muestra de la continuidad entre aquellos discursos de los años diez, veinte y treinta, y de la política cultural exterior del primer franquismo. Torrente habla aquí de recuperar la "capitanía cultural del mundo hispano"; trece años antes, Guillermo de Torre, postulaba a Madrid como "meridiano intelectual de Hispanoamérica" (1927: 1). Al comparar ambos discursos, emerge una diferencia sustancial. Para Guillermo de Torre, los intereses comerciales de los editores españoles eran lo fundamental y para ello argumentaba a favor de la deseable influencia exclusiva de España sobre América. Por el contrario, para Torrente Ballester y Ridruejo, lo esencial es la idea del imperialismo falangista, según la cual a España le correspondía desempeñar una misión histórica de padrinazgo espiritual sobre la América hispana, tarea para la cual las industrias culturales eran el instrumento principal. Y sin embargo, ¿ideología y economía no son las caras de la misma moneda?

Hay otra diferencia más marcada, de tipo coyuntural. Pese a recuperar argumentos recurrentes en los años veinte y treinta, los textos de Torrente y Ridruejo son expresivos de un tiempo nuevo en las relaciones culturales entre las repúblicas americanas y la Península. Si el discurso falangista emprende con estas palabras la tarea de recuperar una primacía cultural es porque considera que su

---

[3] Decreto de Institución del INLE, 1942; en: *Bibliografía Hispánica* 1, mayo-junio de 1942, pp. 1-2.

influencia le había sido arrebatada. Mientras de Torre describe satisfecho una situación, Torrente y Ridruejo exhortan a la resistencia o, más bien, a la reconquista. Entre una fecha (1927) y otra (1940-1941) había tenido lugar un importante proceso de emancipación cultural en América Latina y, singularmente, en Argentina, hecho que, para los falangistas es 'anti hispánico'. La alarma de estos portavoces de la ideología franquista reside en que América ha dejado de ser una gran sucursal de las editoriales y de la cultura española, donde era posible verter los excedentes de producción –libros, pero también revistas, conferencistas...– y, al mismo tiempo, mantener una posición de prestigio nacional.

En este trabajo pretendo, al menos, plantear varios interrogantes acerca de su incidencia en el despertar de la industria editorial argentina, tanto desde un punto de vista cuantitativo –¿hasta qué punto se debe a los exiliados españoles el desarrollo editorial de Argentina?– como cualitativo –¿en qué medida influyeron en la orientación de los catálogos editoriales?

2. El nacimiento de las grandes colecciones editoriales en Argentina

Entre las influencias más manifiestas de los españoles en Argentina estuvo la formación de colecciones editoriales, que contaban con escasa tradición en Argentina y que, sin embargo, habían comenzado a prodigarse en la Península, sobre todo, a partir de los años veinte –pienso en las colecciones de editoriales tan diferentes como la CIAP, Espasa-Calpe, Juventud, Aguilar, Cenit, Morata…–. También algunas editoriales argentinas fundadas entre 1915 y 1925 habían lanzado ya colecciones imprescindibles en la formación cultural del país, sobre todo Tor y Claridad –ambas fundadas, por cierto, por inmigrantes españoles–, que en los años veinte antecedieron al libro de avanzada en la Península. Y, ya en los años treinta, los libros de Sur, personalmente seleccionados por Victoria Ocampo, fueron contemporáneos y de similares características a las ediciones del Árbol, de José Bergamín. Por eso, no es correcta la afirmación de que la aparición de la Colección Austral, de Espasa-Calpe Argentina, durante la Guerra Civil, sea la primera gran colección editorial de libro económico en Hispanoamérica. La idea de lanzar esta colección se debió a los delegados de Espasa-Calpe en Argentina, Gonzalo Losada y Julián Urgoiti, quienes en abril de 1937 habían recibido poderes para convertir la sucursal argentina de Espasa-Calpe en Compañía Anónima Editora Espasa-Calpe Argentina, ante el colapso de la producción en España a causa de la guerra. La sede de la editorial así como los talleres estaban en Madrid, en zona republicana, mientras los miembros del Consejo de Administración se diseminaban y algunos partían al extranjero. El objetivo era dotar a la delegación en Argentina de mayor independencia en su actuación y centralizar la producción en América, ya que la guerra –y, más tarde, la posguerra– dificultaba extraordinariamente editar en España. Pocos meses después, apareció el primer número de la

Colección Austral, *La rebelión de las masas*, de José Ortega y Gasset. Gonzalo Losada manifestó años después que su salida se había debido tanto a su deseo de fundar una casa editorial propia como a la intervención excesiva del Consejo de Administración de la empresa cuando finalmente se pudo reunir en zona franquista. En concreto, Losada se refirió a las reticencias ante la excesiva publicación de autores argentinos en el catálogo, que finalmente derivaron en el veto a la publicación en la Colección Austral de los libros *Historia argentina*, de Emilio Ravignani, y *Romancero*, de Arturo Capdevila. Según el testimonio de Losada, a la dirección de la editorial "le molestaba que en estas obras se hablara de la independencia de América, de sus héroes y de sus hechos" (1974: 21).

Un repaso al catálogo de la colección entre 1937 y 1945 demuestra la preferencia de los editores de Espasa-Calpe Argentina por las letras españolas. Entre los primeros quinientos títulos de la colección, más de la mitad correspondía a autores españoles y sólo el 14% era de autores latinoamericanos. Pero esta segregación no era puramente cuantitativa. Si se analizan los nombres de los autores americanos seleccionados, se observa una criba. Sólo son publicados autores conservadores, como Alfonso Junco y Enrique Larreta, o clásicos como Sor Juana, el Inca Garcilaso de la Vega y Ricardo Palma. Hay también una escasa pero representativa selección de escritores modernistas, como Amado Nervo, Horacio Quiroga y Rubén Darío. Como se ve, una lista compatible con las directrices culturales del Régimen y con credenciales suficientes de hispanismo. Entre los españoles, los autores contemporáneos escogidos fueron afines al Régimen (Azorín, Julio Camba, Jacinto Benavente y Ramón Gómez de la Serna) y, entre los anteriores, autores de probada ideología conservadora, como Luis Coloma, Marcelino Menéndez y Pelayo, Ricardo León y José María Pereda. Se publicó profusamente a Unamuno, Valle-Inclán y Ortega y Gasset... Austral, en una palabra, fue un instrumento de la política cultural del franquismo en territorio americano, lo cual no obsta para que los títulos de la colección, bien complementados por los catálogos de otras editoriales, constituyeran un instrumento utilísimo para la educación cultural de una o dos generaciones.[4]

Losada y Espasa-Calpe Argentina fueron, con signos ideológicos tan dispares, los editores de las dos colecciones de bolsillo más importantes de los años cuarenta y cincuenta. Así describía Pedro Henríquez Ureña a su corresponsal Alfonso Reyes la fundación de la editorial Losada:

> Espasa-Calpe Argentina, bajo la presión del franquismo, se ha reducido a poca cosa. No puede publicar sino libros de ultraderecha o libros antiguos inofensivos. Los que allí estábamos –Guillermo de Torre, el pintor Attilio Rossi y yo; medio afuera y

---

[4] Los datos están extraídos del catálogo especial de la Colección Austral que la editorial Espasa-Calpe Argentina publicó en 1945 con motivo del número quinientos de la colección.

medio adentro, Romero y Amado– nos hemos ido con Gonzalo Losada, ex gerente de Calpe, que ha fundado una casa editorial (Henríquez Ureña/Reyes 1981: 444).

La editorial se funda, pues, con los capitales de Gonzalo Losada, español afincado desde 1928 en Buenos Aires. Probablemente sea el primer gran entramado empresarial del libro en América Latina, con un programa editorial bien definido y con una compleja distribución de funciones que no tenía antecedentes. Entre los impulsores del proyecto inicial figuraban varios españoles muy relacionados con círculos intelectuales de Argentina, como el propio Losada, Guillermo de Torre y Amado Alonso; exiliados recién llegados, como Luis Jiménez de Asúa y Lorenzo Luzuriaga; argentinos con gran prestigio intelectual, como Francisco Romero –que había presidido la Comisión Argentina de Ayuda a los Intelectuales Españoles– y Teodoro Becú; y otros extranjeros radicados en Buenos Aires, como Attilio Rossi y Pedro Henríquez Ureña.

Así pues, cabe esperar que la editorial Losada planteara una política editorial completamente opuesta a la de Espasa-Calpe y acertase a conectar con un amplio espectro de gustos del público argentino. El conocimiento que de éste tenían Losada y Guillermo de Torre fue un importante factor de su éxito. Hay que tener muy en cuenta que uno de los principales déficits de las editoriales españolas que habían desembarcado en Argentina en los años anteriores, fue no hacer estudios de mercado adecuados. En el catálogo de Losada, por el contrario, llama la atención la marcada voluntad de integración transatlántica. El primer título publicado por la editorial Losada fue *La Metamorfosis*, de Kafka, en la colección La Pajarita de Papel, que se terminó de imprimir en agosto de 1938. Aún hoy perdura una controversia en torno a la falsa autoría de la traducción por Jorge Luis Borges, tal como constaba en la edición. Al decir de un jubiloso Pedro Henríquez Ureña, el éxito no tardó demasiado en saltar:

> La Editorial Losada, S.A., está en marcha desde el 1º de agosto. [...] El éxito es enorme: hay libros que salieron ayer, y hay librerías, de las que los recibieron, que hoy pedían de nuevo ejemplares; un estudiante me contó que sólo la Librería Amateur, de la calle Corrientes, había vendido 150 ejemplares de Kafka. ¡Ah! Y uno de las obras de García Lorca (Henríquez Ureña/Reyes 1981: 448).

En los meses que restaron hasta el final de ese año, Losada consiguió sacar al mercado un total de sesenta títulos que sentaron las bases de su política editorial. Destacaron entre estos primeros empeños la edición de las *Obras completas* de Federico García Lorca y de otros autores fuertemente identificados con la cultura liberal republicana, como Gide, Malraux, Thomas Mann y Bertrand Russell.

La Biblioteca Contemporánea, que a partir de los años cincuenta se llamó Biblioteca Clásica y Contemporánea, es probablemente la colección más famosa y de mayor éxito de Losada. Se trataba de una colección de bolsillo dedicada a divulgar títulos de todos los géneros de los escritores más importantes de los siglos XIX y XX, y, posteriormente, de autores anteriores. La colección estaba dirigida por Guillermo de Torre y entre 1938 y 1982 publicó 478 volúmenes. Si analizamos los títulos, de formato y precio similares a los de Austral, se perciben notables diferencias. En primer lugar, la presencia de autores latinoamericanos: de los primeros trescientos títulos aparecidos hasta 1961, el 42% corresponden a autores españoles; el 40% a autores latinoamericanos; y sólo el 18% eran traducciones. Este hecho tiene especial relevancia, teniendo en cuenta que la colección aspiraba a recoger un repertorio de clásicos contemporáneos entre los cuales había una gran representación de autores americanos elevados por primera vez a esa dignidad. Los autores americanos contemporáneos incluidos en el catálogo de la Biblioteca Clásica y Contemporánea tienen un carácter marcadamente diferenciado respecto de los del catálogo de Austral: Pablo Neruda, César Vallejo, Elvio Romero, Arturo Uslar Pietri, Miguel Ángel Asturias, Ernesto Sábato y Roberto Arlt. Y entre los españoles, varios exiliados, como Rafael Alberti, Emilio Prados, Antonio Machado y María Teresa León.

Para la literatura del exilio, tres colecciones dirigidas también por Guillermo de Torre tuvieron una significación muy especial: Novelistas de España y América; Prosistas de España y América; y Poetas de España y América, que quisieron significar el vínculo intelectual surgido como consecuencia del destierro republicano. Dentro de la colección Novelistas de España y América vieron la luz obras de importantes narradores americanos como Asturias, Arguedas, Onetti, Carpentier y Bioy Casares, y de españoles exiliados como Clemente Cimorra, Ricardo Bastid, Segundo Serrano Poncela, Esteban Salazar Chapela, Rosa Chacel, Eduardo Blanco Amor, José Antonio Rial, Arturo Barea y Manuel Lamana. En la dirección de la colección Poetas de España y América, además de Guillermo de Torre, participó Amado Alonso. Entre sus títulos destacan las obras poéticas y antologías de Francisco Luis Bernárdez, Rafael Alberti, Juan Ramón Jiménez, Pablo Neruda, Luis Cernuda, Oliverio Girondo, Elvio Romero, Arturo Serrano Plaja, Pedro Salinas, José Hierro, José Moreno Villa, Vicente Aleixandre... En Prosistas de España y América se editaron textos en prosa –cuentos, relatos, ensayos, artículos–, algunos tan relevantes como las primeras ediciones de *El Aleph*, de Jorge Luis Borges, y *La cabeza del cordero*, de Francisco Ayala.

Además de la importancia de las obras contenidas en el catálogo, destaca la cuidada organización de las colecciones, a cuyo frente se ponía siempre a un destacado especialista. Además de las ya mencionadas, son reseñables la Biblioteca Filosófica, dirigida por el filósofo Francisco Romero, en la que colaboraron como autores, traductores y prologuistas filósofos exiliados, como María Zambrano, José Gaos, José Ferrater Mora, Juan David García Bacca, Joaquín Xirau y José Rovira Armengol; Las Cien Obras Maestras de la Literatura y el Pensamiento Universal, compendio seleccionado por Pedro Henríquez Ureña; La Pajarita de Papel y Las Grandes Novelas de Nuestra Época, dirigidas por Guillermo de Torre, en las que se recogieron textos narrativos de autores extranjeros contemporáneos; Gran Teatro del Mundo; Cristal del Tiempo, sobre ensayo contemporáneo, que incluía títulos de Camus, Sartre, Thomas Mann... y se prestó una especial atención a obras que analizaban la situación española contemporánea a través de las páginas de Luis Jiménez de Asúa, Luis Araquistáin, Francisco Ayala, Indalecio Prieto, Manuel Azaña, así como varios ensayistas argentinos; Biblioteca Pedagógica, La Escuela Activa, Cuadernos de Trabajo, La Nueva Educación, Biblioteca del Maestro y Textos Pedagógicos, dirigidas por el pedagogo exiliado Lorenzo Luzuriaga; la Biblioteca Sociológica, dirigida por Francisco Ayala; Ciencia y Vida, dirigida por el médico e investigador Felipe Jiménez de Asúa, antiguo colaborador de Cajal y exiliado en Argentina; Monografías de Arte; Una Nueva Cristiandad, dirigida por el filósofo católico Rafael Pividal; la Biblioteca del Pensamiento Vivo, original colección de breviarios que resume, en un tono de divulgación, las principales líneas de pensamiento de relevantes filósofos, sociólogos, economistas, científicos, pedagogos, políticos y militares; y otras colecciones como Biografías Históricas y Novelescas; Azul y Blanco; Nuestro Mundo; Prisma; Cuadernos del Arquero; y Teatro en el Teatro. El acervo cultural de todas ellas, bien inventariado y ordenado en colecciones supone una aportación de considerable valor para la cultura argentina.[5]

Sudamericana, por su parte, cuenta con un capital inicial casi exclusivamente argentino. Sus fundadores son un grupo de financieros y abogados porteños, acompañados por los escritores Victoria Ocampo y Oliverio Girondo, y por dos empresarios españoles afincados en Buenos Aires: Andrés Bausili y Rafael Vehils, ex diputado a Cortes por la Lliga Regionalista de Cambó, que residía en América desde 1924 y era por entonces director de la Compañía Hispano Argentina de Electricidad. La editorial sólo comenzó a funcionar cuando, un año después de la fundación, se puso a su frente a dos españoles veteranos en el mundo de edición, Antonio López Llausás y Julián Urgoiti. Hasta entonces, únicamente habían llegado a aparecer tres volúmenes didácticos de la colección Grandes Libros Infantiles, que incluían textos de María Rosa Oliver y Leopoldo Marechal. Lo más probable es que cuando Rafael Vehils contrató a Antonio López Llausás para que se hiciera cargo de la editorial, aquel pusiera énfasis en la viabilidad económica de la empresa más que en un proyecto cultural determinado. De ahí que desde el principio –y casi hasta la actualidad– Sudamericana se caracterice por no tener un perfil ideológico nítido y por ser una editorial muy ecléctica, donde caben desde obras de clásicos contemporáneos hasta *best sellers* o manuales de autoayuda. Sus catálogos no están tan marcados exclusivamente por la

---

[5] Los datos están tomados del catálogo de mayo de 1965 y del catálogo general publicado con motivo del trigésimo aniversario de la editorial, en el que constan todas las obras publicadas hasta la fecha. Agradezco a Manuel Aznar que amablemente me remitiera una copia del mismo.

calidad de los títulos que los integran, como en el caso de Losada, sino por su oportunidad de mercado. Varios de sus autores, como Richard Llewellyn, Vicky Baum, Lin Yutang, o, muchos años después, Gabriel García Márquez o Isabel Allende, han garantizado a la editorial números de ventas inéditos hasta entonces en Hispanoamérica.

En Horizonte, la colección de novelas, aparecieron algunos de los títulos con mayor venta y repercusión de la narrativa del siglo XX. Dirigida por el director editorial, muchos de sus títulos fueron sonados éxitos de ventas. Destacan las traducciones de algunos de los más importantes narradores contemporáneos, como Thomas Mann, Aldous Huxley, John Steinbeck, John Dos Passos, Virginia Woolf, Hermann Hesse y François Mauriac. De hecho, casi la totalidad de las obras publicadas en esta colección fueron traducciones. La presencia de escritores estadounidenses fue abrumadora: durante el primer decenio de la historia de la editorial, copaban casi la mitad de los títulos de la colección. Esto se debe, sobre todo, a la fecunda colaboración establecida con la agencia literaria Lawrence Smith, de Nueva York. También tuvo relevancia la colaboración con la recién creada International Editors, primera agencia literaria de Buenos Aires, dirigida durante muchos años por Nicolás Costa, sobre todo para textos de novelistas europeos.

En Horizonte aparecieron las primeras ediciones en español de *Las palmeras salvajes*, de William Faulkner (traducido por Jorge Luis Borges); *La fuerza bruta*, de John Steinbeck; *Orlando* y *La señora Dalloway*, de Virginia Woolf; *Tener y no tener*, de Ernest Hemingway; *Narciso y Goldmundo*, de Hermann Hesse; *Retorno a Brideshead*, de Evelyn Waugh; *Memorias de Adriano*, de Marguerite Yourcenar (traducida por Julio Cortázar); *El cielo protector*, de Paul Bowles; *Los mandarines* y *La mujer rota*, de Simone de Beauvoir; y otras obras de autores hasta entonces desconocidos en el ámbito hispánico, como Franz Werfel, Lawrence Durrell, William Golding y Robert Graves. Se publicaron, también, algunos pocos clásicos como *Cumbres borrascosas*, de Emily Brontë, y se reeditaron algunas de las obras del fondo de la editorial Sur, como *La condición humana*, de André Malraux, y *Contrapunto*, de Aldous Huxley. Prevalece, con todo, un acusado criterio comercial que dio a la colección un cierto tono de literatura popular, gracias a los grandes éxitos comerciales como las novelas de Lin Yutan, Margaret Kennedy, Mary Webb y Vicki Baum. Entre los pocos autores en lengua española que contenía el catálogo de Horizonte estaban Salvador de Madariaga, uno de los autores protegidos de la editorial, y Eduardo Mallea. Aproximadamente las dos terceras partes de los títulos de Horizonte corresponden a traducciones; poco más de 28% son de autores hispanoamericanos y menos de un 6% es de autores españoles.

A principios de los años cincuenta, López Llausás compró el último paquete de acciones que todavía no estaba en su poder. Como resultado, comenzaron a incorporarse importantes nombres de la literatura americana en español al catálogo de Sudamericana. Fueron pioneros en este sentido Leopoldo Marechal, Silvina Bullrich, Julio Cortázar, Eduardo Mallea y Manuel Mujica Laínez. Los dos últimos eran buenos amigos de López Llausás y contertulios suyos en el café La Biela. *Adán Buenosayres* (1948), de Leopoldo Marechal, fue probablemente la primera gran obra de la literatura latinoamericana publicada por la editorial.

Los narradores del exilio republicano español estuvieron también notablemente representados. Títulos tan relevantes dentro de este corpus como *La venda* –que Sudamericana había intentado en vano editar en España a través de su filial Edhasa– y *La raya oscura*, de Segundo Serrano Poncela, *Los usurpadores*, *El fondo del vaso* y *Muertes de perro*, de Francisco Ayala, *El hombre en el espejo*, de Xavier Benguerel, y *La bomba increíble*, de Pedro Salinas fueron publicados por Sudamericana.

Como ya se ha dicho, todos los demás géneros editoriales ocupaban un lugar muy secundario en relación con la primacía otorgada a la narrativa. En poesía, destacó la primera edición definitiva de *Cántico* (1950), del poeta exiliado Jorge Guillén, que presentaba notables ampliaciones respecto de las ediciones de 1928, 1936 y 1945. Llama la atención el cuidado puesto en esta edición, de más de quinientas páginas, hecha con papel de gramaje superior al de otros libros de la editorial. Guillén publicó también en Sudamericana otros poemarios. Igualmente destacables son los libros de grandes poetas argentinos que publicó la editorial: Francisco Luis Bernárdez, Alberto Girri, Leopoldo Marechal, Fermín Estrella Gutiérrez... Entre todos estos autores y títulos, sobresalen tres libros de dos autores: *Campo nuestro*, de Oliverio Girondo, y *Los trabajos y las noches* y *Extracción de la piedra de locura*, de Alejandra Pizarnik, que supusieron rupturas casi definitivas en las trayectorias poéticas de sus respectivos autores.

En cuanto al ensayo, predominan las obras de autores españoles contemporáneos, tanto del interior (Eugenio D'Ors, Pío Baroja, Julián Marías), como del exilio (María Zambrano, Niceto Alcalá-Zamora, Rafael Dieste, Salvador de Madariaga). También fue notable la presencia de los exiliados en los textos académicos de historia, filosofía y ciencias sociales (Claudio Sánchez-Albornoz, Francisco Ayala, José Ferrater Mora, entre otros). En la sección de teatro, se tradujeron obras de Eugene O'Neil, George Bernard Shaw y Tennesse Williams. Las colecciones Ciencia y Cultura (de divulgación científica), Biblioteca de Orientación Económica, Laberinto (antologías de textos literarios), Ensayos Breves (dirigida por el filósofo Ezequiel de Olaso), Grandes Libros Infantiles, Biografías... supusieron importantes réditos a Sudamericana. Sin embargo, en Sudamericana, a diferencia de Losada, predominan las ediciones fuera de colección.[6]

---

[6] Me he basado para este análisis en el catálogo general de la editorial Sudamericana de 1969. Deseo expresar mi agradecimiento a Gloria López Llovet, nieta de López Llausás y directora de Sudamericana hasta finales de 2005, quien me facilitó amablemente el catálogo.

El perfil de Emecé, la tercera gran fundación editorial en Argentina en los años 1938-1939, es también muy diferente de los de Losada y Sudamericana. La editorial estuvo impulsada inicialmente por dos gallegos en Buenos Aires, Mariano Medina del Río y Álvaro de las Casas, si bien los capitales procedían de Carlos Braun Menéndez –descendiente de asturianos–, heredero y presidente de la celebérrima Sociedad Anónima Importadora y Exportadora de la Patagonia, con quien Medina del Río tenía vieja amistad. Álvaro de las Casas fue el primer director editorial. Lo sustituyeron el pintor Luis Seoane y el poeta Arturo Cuadrado, que había llegado a Buenos Aires a bordo del *Massilia* en noviembre de 1939, después de conseguir escapar de la España de Franco.

En el proyecto inicial estaba la idea de difundir textos representativos de la cultura gallega, atentos a una comunidad cada vez más consciente de su identidad colectiva, muy numerosa en la capital argentina a causa de inmigraciones y exilios, y más organizada en federaciones, grupos políticos y centros culturales y sociales. Luis Seoane y Arturo Cuadrado dieron forma al sentido galleguista de Emecé, que se manifestó en las tres primeras colecciones que aparecieron bajo su sello editorial: Dorna, Hórreo y Biblioteca Gallega. Dorna (en referencia a la tradicional embarcación pesquera de Galicia) fue una colección dedicada a la publicación de poetas gallegos. Arturo Cuadrado la dirigía y llegó a publicar una decena de títulos en castellano o traducidos al castellano de Rafael Dieste, Manuel Antonio, Eduardo Pondal, Aquilino Iglesia Alvariño, Rosalía de Castro, etc. Después de la salida de Cuadrado y Seoane, en 1942, se cerró la colección con un segundo libro de Rosalía de Castro (*Follas novas*, 1943) y dos títulos de poesía no gallega: la recopilación de *Odas, epístolas y tragedias* (1943) que hiciera Marcelino Menéndez Pelayo, uno de los intelectuales de referencia del nacionalcatolicismo español; y *Paisajes del alma en guerra* (1945), del funcionario y posteriormente diplomático franquista José María Alonso Gamo.

La Biblioteca Gallega reunía libros relacionados con la cultura gallega, publicados en castellano y gallego: ensayos, narrativa, libros de viajes... En cuanto a Hórreo, fue una colección que recogía obras en prosa. Disponía de dos secciones: la Serie gallega y la Serie blanca, para escritores españoles no gallegos. En Hórreo se publicaron obras de Otero Pedrayo, Concepción Arenal, Feijóo, y la segunda edición de *La familia de Pascual Duarte*, de Camilo José Cela, temporalmente prohibida en España, también con posterioridad a la marcha de Cuadrado y Seoane. Otra colección de singular importancia en estos primeros años de la editorial fue Buen Aire, dirigida en un principio por Luis Baudizzione. Dentro de esta colección se publicaron, entre 1941 y 1946, libros de historia, antropología, literatura... de los diversos pueblos americanos. La última de las colecciones inaugurales de Emecé fue Los Románticos, que publicaba textos del romanticismo literario europeo. En 1942 Seoane y Cuadrado abandonan la editorial, al parecer por discordias con la familia Braun Menéndez. Comparado con el de Losada y Sudamericana, el resultado de su política editorial era escaso, tanto desde el punto de vista cultural como económico. El espectro editorial de Emecé era muy restringido: en los años 1939 y 1940 sólo publicó autores gallegos: de Eugenio Montes a Valle-Inclán y de Madariaga a Feijoó. Entre los exiliados, se publicaron libros de Castelao y Dieste. Las únicas traducciones hasta 1942 fueron las de Newton Freitas, del portugués, y las de Pushkin y Nerval, en la recién iniciada colección Los Románticos. Parece haber sido éste el motivo que llevó al principal propietario, Carlos Braun, a imponer la marcha de los directores editoriales en primavera de 1942.

A partir de entonces, Emecé abandonó su propuesta galleguista y orientó su política editorial hacia textos que alcanzaran a un ámbito más amplio de autores, a través de colecciones como Los Libros Evocadores (dedicada al género biográfico) y Maestros de la Ciencia (de divulgación científica). Destacan tres colecciones: El Séptimo Círculo, dirigida por Jorge Luis Borges y Adolfo Bioy Casares, que incluía lo mejor de la novela y los relatos policíales contemporáneos; La Quimera y Cuadernos de la Quimera, dirigidas por Eduardo Mallea, donde se publicaban "grandes novelas universales", como reza el catálogo de la editorial; y Grandes Novelistas, dirigida también por Mallea. Si bien Emecé comenzó a dar prioridad a las traducciones, sobre todo del inglés, algunos importantes autores latinoamericanos, como Borges, Bioy Casares y Mallea, hicieron de Emecé su sello editorial. La presencia de los exiliados fue prácticamente nula a partir de 1942, si exceptuamos a Ricardo Baeza, director de la colección Biblioteca Emecé de Obras Universales, una de las más significadas de la editorial, y la publicación, en la colección Hórreo, de *Memorias de Leticia Valle*, de Rosa Chacel, y *Don Manuel de León*, de Arturo Serrano Plaja, en 1945 y 1946.[7]

Arturo Cuadrado y Luis Seoane prosiguieron sus tareas editoriales después de su salida de Emecé con la fundación de la editorial Nova. Aunque se vieron obligados a matizar su galleguismo, el primer título fue el poemario *Torres de Amor*, de Lorenzo Varela, y lanzaron algunas colecciones similares a las de Emecé, como Camino de Santiago, restringida a literatura gallega en castellano. Allí se publicaron, entre otros títulos, *Historias e invenciones de Félix Muriel*, de Rafael Dieste, y obras de otros autores gallegos que ya habían figurado en el catálogo de Emecé: Manuel Murguía, Roberto Novoa, Concepción Arenal y Ramón Otero Pedrayo. Al igual que en Emecé, Cuadrado y Seoane, a quienes se había unido Lorenzo Varela, separaron las colecciones dedicadas a América –Tierra Firme, Mar Dulce y Nuestra América, dirigidas por el argentino Luis Baudizzone– de las que tenían como objeto la literatura gallega. Esto volvió a producir una imagen reduccionista. Sólo en la colección Pomba, dedicada a poesía, hubo una fusión transatlántica. Como ya había ocurrido en Emecé, la salida de Arturo Cuadrado en 1946 supuso un giro radical en la política editorial de Nova.

---

[7] Los datos están tomados del catálogo general de la editorial de mayo de 1967.

Parecido al regionalismo inicial de Emecé y Nova fueron los de otras colecciones catalanas y vascas en Buenos Aires, como Elcano y Patria, de la editorial Vasca Ekin y los libros editados por la Agrupació d'Ajut a la Cultura Catalana.
   Es necesario recordar otras colecciones literarias de gran importancia, lanzadas por Pleamar bajo la dirección editorial de Rafael Alberti. La política editorial no difería aquí demasiado de la de Losada, encargada de la distribución y principal accionista de Pleamar. La colección Mirto estaba dedicada a la difusión de clásicos de la literatura española e hispanoamericana, principalmente de poesía. Publicó dieciocho títulos, en cuidadas ediciones encuadernadas en tela, con una selección de poesía española preparada por el propio Alberti, con prólogos de importantes escritores como Juan Ramón Jiménez, Guillermo de Torre y Pablo Neruda. Aparecieron allí excelentes ediciones de obras de poesía de los Siglos de Oro (Garcilaso, fray Luis de León, Góngora), del Romanticismo y del Modernismo (Bécquer, Salvador Rueda), así como poetas contemporáneos olvidados por el franquismo (León Felipe, García Lorca, Juan Ramón Jiménez y Antonio Machado). También se publicaron obras de los poetas americanos Pablo Neruda y Nicolás Guillén. La otra gran colección fue El Ceibo y la Encina, dedicada a textos literarios en prosa, donde se editaron, entre otros, varios de los *Episodios Nacionales* de Pérez Galdós. Otra colección de la editorial Pleamar fue la Biblioteca Conocimiento, dirigida por Diego Hurtado de Mendoza, en la cual aparecieron más de veinticinco libros de divulgación cultural y científica.
   Poseidón, editorial dedicada a las artes plásticas, fundada por el exiliado Joan Merli, fue la primera gran editorial de este tipo en Argentina. Tuvo una importancia singular la colección Biblioteca Argentina de Arte, dirigida por el pintor argentino Julio Payró, que constaba de monografías de pintores clásicos y contemporáneos, con preferencia manifiesta por los argentinos y españoles.
   La Colección Oro, de Atlántida, dirigida por los exiliados Carmen Muñoz y Rafael Dieste, fue otro de los hitos en la formación de los argentinos. Se trataba de una colección generalista, para la que Dieste y Muñoz solían recabar colaboración de otros exiliados.
   Por último, desde el punto de vista de la cultura del exilio, tuvieron especial relevancia los Cuadernos de Cultura Española, colección editada por el Patronato Hispano-Argentino de Cultura y dirigida por Augusto Barcia en los primeros años de exilio. Se publicaron 24 obras breves, escritas en su totalidad por exiliados, en donde se intentaba dar continuidad al espíritu republicano.[8]

---

[8] Los datos completos y reseñas del catálogo pueden consultarse en la revista *España Republicana*, publicada también por el Patronato Hispano-Argentino de Cultura. Véase, por ejemplo, "Las publicaciones del PHAC", en el número 690, del 24 de abril de 1943, p. 43; o "Cuadernos de Cultura Española", en el número 693, del 15 de mayo de ese mismo año, p. 10.

3. Conclusión. Los exiliados y el despegue editorial argentino

Retomo, para terminar, algunos interrogantes con los que comenzaba mi exposición: ¿hasta qué punto puede hablarse de "editoriales del exilio"? O, dicho con otras palabras, ¿de cuántas editoriales, colecciones o libros publicados en estos años puede decirse que respondieran inequívocamente a alguna de las formas de la cultura política del exilio? Después de este repaso de algunas colecciones editoriales, podemos concluir que la participación de exiliados, emigrantes y naturalizados españoles en las editoriales argentinas coincidió con una convulsión del mundo del libro en lengua española y, también, de la cultura argentina. Sin embargo, es difícil considerar exiliados a Gonzalo Losada y Julián Urgoiti, que llevaban ya diez años en Buenos Aires; a Antonio López Llausás, que había salido precipitadamente de la zona republicana a poco de iniciarse la Guerra Civil, cuando su imprenta fue requisada por la CNT; a Mariano Medina del Río, que era un emigrante; mucho menos al conservador Álvaro de las Casas, que en Buenos Aires llegó a convertirse en un franquista convencido. A todos ellos, hay que considerarlos, antes de nada, empresarios del libro.

Ahora bien, la presencia de exiliados como directores de colecciones, autores, traductores, correctores e incluso ilustradores es muy significada. Tan inexacto sería atribuir todo el mérito del desarrollo editorial en Argentina a los refugiados republicanos como minimizar su incidencia. La difusión de una cultura progresista y libre fue al mismo tiempo, un imperativo ético y una 'oportunidad de mercado', por lo que el conflicto entre intereses comerciales y principios políticos sólo se dio en el caso de la defensa de culturas regionales, sobre todo la gallega.

Todo esto supone un fuerte contraste con el mundo de la edición en México a partir de 1939. Porque Joan Grijalbo, Rafael Jiménez Siles, Joaquín Díez-Canedo, Bartomeu Costa-Amic (y, por supuesto, los escritores-editores José Bergamín, Ramón J. Sender y Manuel Altolaguirre) sí son exiliados en un sentido estricto. En sus editoriales, el interés comercial está mucho más subordinado a los principios políticos. También la sociología del público lector, el desarrollo previo de la industria editorial y las características del exilio en México influyen en los matices que diferencian a las editoriales fundadas por los exiliados en uno y otro país. En líneas muy generales, cabe decir que la participación de los refugiados en la industria editorial mexicana tuvo un carácter mucho más hispánico y menos comercial. La empresa más emblemática de los exiliados en México fue Séneca, que cumplió la función de preservar la cultura laica, progresista y liberal proscrita en España, pero no la de brindar a la sociedad de acogida un repertorio de su cultural nacional. Cierto es que la presencia masiva y fundamental de un gran número de exiliados en el Fondo de Cultura Económica y algunas fundaciones como las de Joan Grijalbo, Bartomeu Costa-Amic y Rafael Giménez Siles suplen aquella reincidente tendencia exclusivista hacia España. Salvando aquellas excepciones, puede afirmarse que la simbiosis transatlántica que en los años cuarenta y cincuenta ofrecieron los catálogos de Losada, Sudamericana, Emecé y otras editoriales porteñas fue heredada en México por Era y Joaquín Mortiz, dos editoriales fundadas en 1960 y 1962 por exiliados de segunda generación.

Con todo, debemos dar la razón a Torrente Ballester y a Ridruejo en una cosa. En cierta manera, el libro laico, progresista y liberal se exilió a América Latina y allí arraigó gracias a que fue acogido en los catálogos de estas empresas editoriales –y de otras fundadas en los años cuarenta, como Santiago Rueda, Paidós, Argos–, salvándose así de la represión cultural. De este modo, pudieron seguir llegando al público hispanohablante las corrientes de la literatura y el pensamiento extranjeros; sobrevivió el proceso de democratización del libro que había tenido lugar en la España republicana y que las condiciones políticas y económicas del franquismo hacían imposible; se objetivó un modelo de cultura hispánica que no privilegiaba *a priori* a la cultura peninsular; y fue así, por último, como pudo subsistir la cultura del exilio, desterrada de las instituciones culturales de la España peninsular. A todo ello, se unieron importantes beneficios para la cultura argentina, pues se dotó a su sociedad de un nuevo acervo de clásicos nacionales; permitió a los lectores estar al día en lo referido a las corrientes literarias occidentales y aun orientales; y se redujo el precio del libro, con respecto a los libros importados en las décadas anteriores.

Con razón puede afirmarse que la llegada de exiliados republicanos coincide con la edad de oro del libro argentino. Nada que ver con el modelo anterior, en que los editores españoles, franceses, alemanes, ingleses... exportaban indiscriminadamente sus productos, pretiriendo siempre los gustos de los lectores argentinos. Ni tampoco es comparable con el momento actual, en el que grandes grupos editoriales han hecho casi desaparecer aquellas casas independientes y, queriendo dar una imagen de respeto por las culturas nacionales, lo que hacen es incomunicarlas. Fue el paradigma más ventajoso para la cultura de Argentina entre todos los que se han sucedido en la historia del libro en español. Para llegar a él no fue necesario romper los vínculos con la antigua cultura hegemónica, sino aceptar la colaboración de profesionales españoles de la cultura curados de todo prurito de superioridad. Un modelo que, en general, no se basa ni en el aislamiento nacionalista ni en el sometimiento a culturas superiores, sino en el justo equilibrio entre manifestaciones propias, pertenencia a una cultura hispánica común y beneficiaria de un cosmopolitismo que recoge lo mejor de otras tradiciones culturales.

Bibliografía

BOTTARO, Raúl (1964). *La edición de libros en Argentina*. Buenos Aires: Troquel.
Catálogo General de la Editorial Sudamericana 1939-1969 (1969). Buenos Aires: Sudamericana.

Catálogo General mayo 1967 (1967). Buenos Aires: Emecé.
Catálogo mayo 1965 (1965). Buenos Aires: Losada.
Colección Austral (1945). Buenos Aires: Espasa-Calpe.
DE DIEGO, José Luis (dir.) (2006). *Editores y políticas editoriales en Argentina, 1880-2000*. Buenos Aires: Fondo de Cultura Económica.
DE TORRE, Guillermo (1927). "Madrid, meridiano intelectual de Hispanoamérica". En: *La Gaceta Literaria* 8, p. 1.
Editorial Losada S. A. 1938-1968 (1968). Buenos Aires: Losada.
GARCÍA, Eustasio (1965). *Desarrollo de la industria editorial argentina*. Buenos Aires: Fundación Interamericana de Bibliotecología Franklin.
HENRÍQUEZ UREÑA Pedro/REYES, Alfonso (1981). *Epistolario íntimo (1906-1946)*. Ed. Juan Jacobo de Lara. Vol. 2. Santo Domingo: Universidad Nacional Pedro Henríquez Ureña.
LAGARDE, Pierre (1980). *La politique de l'édition du livre en Argentine*. Toulouse: Université de Toulouse-Le Mirail.
LOSADA, Gonzalo (1974). "Gonzalo Losada". En: *Gente*, 13 de junio, pp. 20-22.
RIDRUEJO, Dionisio (1941): "La política cultural hispanoamericana". En: *Escorial* 11, pp. 325-330.
TORRENTE BALLESTER, Gonzalo (1940). "Presencia española en América". En: *Tajo* 10, p. 5.

Los editores españoles y la traducción en la Argentina: desembarco en tierras fértiles

PATRICIA WILLSON
FAU Erlangen-Nürberg/IES Lenguas Vivas, Buenos Aires

1. Introducción

En el prólogo al número índice de la revista *Sur*, Victoria Ocampo reconstruye los avatares de la fundación de la editorial Sur en 1933 (Ocampo 1967: 1-18). Siguiendo el ejemplo de Ortega y Gasset y la *Revista de Occidente*, y para compensar los gastos originados por la revista, Ocampo resuelve fundar una editorial. Los derechos de traducción de las dos primeras obras publicadas por la editorial Sur en el año de su fundación –*Point Counter Point*, de Aldous Huxley, y *Kangaroo*, de D. H. Lawrence– son tramitados a través de la española María de Maeztu, quien sirve de nexo entre Ocampo y la editorial Espasa-Calpe de Madrid (Ocampo 1967: 13); el traductor de ambas novelas es el poeta cubano Lino Novás Calvo, por entonces colaborador en la revista de Ortega y Gasset. El relato retrospectivo de esos comienzos está organizado por los recuerdos personales, en los que las propias preferencias literarias aparecen como único motor en la decisión de los primeros títulos traducidos y publicados en la editorial: "elegí, porque me gustaban, obras que otras editoriales no se atrevían a publicar" (Ocampo 1967: 11). *Point Counter Point* da indicios al respecto: novela en clave, pone en escena, entre otros personajes que apenas ocultan figuras reconocibles de la intelectualidad inglesa de la primera posguerra, a Lucy Tantamount, *alter ego* de Nancy Cunard, mujer bella, rica y mecenas literario. En el relato restrospectivo que hace Ocampo de aquellas decisiones literarias, relato por momentos épico pero fundamentalmente egótico, predomina la idea del *mecenazgo*: alguien dispone del dinero que le hace posible la difusión de los gustos personales en materia de literatura extranjera y, por tanto, puede aplicar el posesivo 'mi' –mi editorial, mi revista– a instituciones culturales que, de ordinario, se disuelven en sujetos colectivos o en personas jurídicas.

La fuerte impronta de mecenazgo en el inicio de Sur, editorial que prolongó durante años sus publicaciones de literatura extranjera, parece señalar la heteronomía del campo de las traducciones en aquella época. El presente trabajo estudia, justamente, el grado de desarrollo de ese campo en el Buenos Aires de fines de la década de 1930, cuando se fundan las editoriales más prestigiosas entre las vinculadas con inmigrantes españoles: Losada, Emecé y Sudamericana. La crítica ya ha señalado la labor editorial de los españoles llegados a la Argentina (de

Sagastizábal 1995; de Diego 2006) –no todos, necesariamente, como consecuencia de la Guerra Civil española, ya que algunos arribaron al país previamente–; la intención que anima estas líneas es demostrar que esa labor vino a insertarse en un campo cultural diversificado y autónomo. Lo que aquí se sostiene es que, cuando se fundan esas editoriales, el campo específico de las traducciones presenta, a su vez, una autonomía verificable en el espacio cultural argentino. Esta tesis se razonará acudiendo a herramientas de análisis pertinentes para reflexionar sobre la historia de la traducción en un espacio cultural determinado: las prácticas y los agentes importadores, las figuras de traductor y el problema de lengua; también se hará referencia a las traducciones de literatura extranjera en las editoriales Losada, Emecé y Sudamericana en el período que va de 1938 a 1955.

2. Aparato importador

El primero de los conceptos que aquí se abordarán es lo que podría denominarse 'aparato importador', esto es, la presencia, en un espacio cultural determinado, de una serie de prácticas y agentes que tienen como centro la traducción y el traductor (Gouanvic 1999: 21 *passim*). Entre las prácticas se cuentan la selección de lo que se traduce, la negociación de los derechos de traducción, la intermediación de los agentes literarios o sucedáneos, la organización de los textos traducidos en colecciones, la escritura de prólogos, la crítica literaria, la publicación de reseñas, el otorgamiento de premios, etc. Entre los agentes pueden incluirse editores, agentes literarios, directores de colecciones, prologuistas, reseñistas, críticos en general. En este sentido, el aparato importador no se limita al campo editorial, sino que abarca otras empresas culturales y determinadas instituciones, como la prensa escrita, las revistas culturales, los medios académicos, las bibliotecas populares. También desde una perspectiva sociológica, en un estudio referido a Francia, en el período que se extiende entre 1885 y 1914, Blaise Wilfert estudia a los agentes que intervinieron en la importación literaria, a los que llama "importadores", grupo constituido por traductores, aunque no únicamente (2002: 34). Según Wilfert, hay varios elementos que permiten inferir cierto grado de informalidad –y, por ende, de heteronomía– del sector en el período estudiado (y que pueden aplicarse a otros casos, en otros momentos de la historia): el conocimiento precario de la lengua de la que se traduce o a la que se traduce en algunos de los traductores activos en el período; las traducciones de favor, en las que no median relaciones formales ni mucho menos contratos escritos entre quien hace el encargo y el traductor; la dependencia de la elección de los textos a traducir de hechos ajenos a toda apreciación del valor literario, tales como la amistad del traductor con el autor traducido, la omisión del pago de los derechos de traducción, etc. Tanto Gouanvic como Wilfert –siguiendo las premisas de la sociología de Bourdieu– eligen designar con un término proveniente del campo de lo económico, "importación", a la incorporación de material literario a una tradición nacional.[1] A propósito de este primer concepto, la pregunta que se plantea aquí y que se intentará responder es, entonces: ¿cuál era el grado de consolidación del 'aparato importador', o del campo en el que operaban los 'importadores', en la Argentina de fines de la década de 1930?

3. Figuras de traductor

El segundo concepto que resulta operativo en la demostración de la tesis enunciada más arriba es el de 'figura de traductor'. Para evitar una historia de la traducción lineal y a menudo carente de conflictos, en la que sólo se registren las obras, sus autores y sus traductores, se propone una categoría de mediación que dé cuenta del estatus del traductor en un espacio cultural determinado: la 'figura de traductor'. Con frecuencia, las historias de la traducción describen sin conflicto la intervención de los traductores, con una visión conciliatoria que los reduce a los datos de una vida, a sus traducciones más relevantes. Aparecen así, en el caso de América Latina, "Martí, traductor", "Sarmiento, traductor", "Borges, traductor". Como parte de una puesta a punto metodológica para pensar una historia de la traducción en la Argentina, es necesario introducir mediaciones posibles entre los datos bio-bibliográficos sobre traductores individuales y los modos en que éstos –en tanto pertenecientes a un grupo, en un contexto dado, y no como sujetos individuales, fuera de la historia– operan en un campo literario. El concepto mediador de 'figuras de traductor' no corresponde a las representaciones sociales del traductor, dado que éstas tienden a la invisibilidad, o remiten crasamente a la idea de traición: el "consabido adagio italiano", como lo llama Borges en "Las versiones homéricas", es justamente el ideologema en el que cristalizan esas representaciones. Antes bien, la figura de traductor que aquí se propone consiste en un haz de prerrogativas que, en un momento de la historia de un espacio cultural determinado, el traductor mismo y otros agentes importadores –editores, prologuistas, críticos, profesores universitarios, periodistas culturales–, en el marco de

---

[1] Afirma Wilfert: "El término 'importadores', tan poco usado en historia intelectual como en historia literaria, puede parecer sorprendente. Se suele preferir el de 'mediadores', 'facilitadores', o incluso 'cosmopolitas literarios'. Por su carácter desencantado, creemos que permite hacer a un lado las mitologías retrospectivas y las representaciones legadas por los interesados mismos, preocupados por distinguirse del común de los mortales literarios por sus redes internacionales, que pueden acarrear consigo otras designaciones no sólo más vagas, sino también más nostálgicas, patéticas o apologéticas" (2002: 34). Ocampo, ya sea que se la llame "importadora" o "cosmopolita literaria", como ella seguramente hubiera preferido, reúne en su persona dos fuerzas opuestas: la de la informalidad que entraña el conocimiento directo de los autores que hizo traducir y la del impulso incansable por "traducir lo nuevo".

las instituciones que los legitiman, contribuyen a construir con respecto a la práctica. Esa figura depende de cuestiones precisas, a saber: que se lo mencione o no al pie de la traducción de un artículo, en página par o página impar en un libro; que su nombre se vincule o no con otras prácticas propias del campo cultural; que haya escrito o no sobre la traducción, y en qué términos; que sea autor de paratextos que acompañan a sus traducciones; que pueda o no traducir directamente de la lengua en que fue escrito el original; que haya aprendido la lengua extranjera en contextos más o menos formales de enseñanza de lenguas; que reciba paga por su trabajo específico como traductor o lo considere parte indiferenciada de otras tareas vinculadas con la escritura o con la participación política; por último, depende de la existencia o no de una asociación que nuclee a los traductores y se haga eco de sus reclamos gremiales. La figura de traductor supone una sumatoria entre la construcción deliberada por los agentes mismos de la importación –y no únicamente del traductor, dado que es poco frecuente la construcción pública de una imagen de traductor–,[2] y la perspectiva metodológica del investigador. Desde luego, a los efectos del análisis, no podrían existir tantas figuras de traductor como combinatorias posibles de los rasgos enumerados –un inimaginable factorial de n rasgos–; en síntesis, los que servirán en cada caso para delinear la figura de traductor pertinente en determinada indagación dependerán de la perspectiva teórica y metodológica del investigador. Esas figuras, por otro lado, no se suceden linealmente, sino que se superponen, se solapan. ¿Cuál era, o cuáles eran la(s) 'figura(s) de traductor' en Argentina hacia 1938?

4. Traducción y crítica

Gran parte de los trabajos sobre la traducción durante un período en un espacio cultural determinado demuestran que, en todo proceso exitoso de importación literaria –sea de la obra completa de un escritor, de una variante genérica, de una tópica, de un modo de representación de la realidad o de un modelo de escritura–, las traducciones no se sostienen por sí solas, sino que hay todo un conjunto de prácticas que apuntalan la importación en la que la traducción es la práctica central. En su ensayo *Una modernidad periférica* (1998), Beatriz Sarlo muestra el estado de desarrollo de las industrias culturales en la Buenos Aires de las décadas

---

[2] En este sentido, el caso de los traductores es diferente del de los escritores y del de los intelectuales, ya que no hay construcción pública –en entrevistas, encuestas, paratextos de libros, publicidad de libros, por ejemplo– de la figura del traductor, salvo en los casos en que éste es, además, escritor o poeta, y hace referencia a esa otra actividad en la cual también compromete una parte de "su identidad social, al asociar su nombre a los objetos importados y erigirse, por lo tanto, en garante de su interés" (Wilfert 2002: 34). Como se ha analizado en otra parte, ese interés suele vincularse con el propio proyecto literario (Willson 2004: 273).

de 1920 y 1930. En los años veinte existe un nuevo mercado editorial, pues, ante todo, aparece un nuevo público lector. En efecto, en el período de entreguerras, hay una serie de emprendimientos editoriales a los que es posible atribuirles un programa: "ofrecen lo que juzgan adecuado para convertir al lector en un hombre culto, para entretenerlo adecuadamente, para ayudarlo a comprender y eventualmente a solucionar determinados problemas: los conflictos sociales y políticos, la paz y la guerra, la 'revolución sexual'" (Romero 1990: 50). De esos emprendimientos editoriales interesan aquí los que incluyeron sistemáticamente literatura extranjera: la Cooperativa Editorial Claridad (en especial, su colección Los Pensadores), la biblioteca del diario *Crítica*, la editorial Tor y la revista *Leoplán*. Dos elementos centrales marcan el matiz popular de estos proyectos: los bajísimos precios, las altas tiradas y la organización en "bibliotecas", que configuraban verdaderos planes de lectura, armando así la biblioteca del pobre.[3] Los folletines franceses habían empezado a ser publicados por La Biblioteca de *La Nación* ya a partir de 1901, y también estaban destinados a "los anaqueles del pueblo" (Severino 1996: 57); de los ochocientos setenta y dos títulos que componen la colección y que salen a la venta a razón de cuatro por mes, la abrumadora mayoría son traducciones (Willson 2008: 37).

Sin embargo, como lo señala Sarlo, los debates estaban en las revistas: *Proa, Martín Fierro, Nosotros, Sur, Contra*. Desde el punto de vista de la traducción, en las revistas literarias y culturales en general, aparece uno de los elementos cruciales de ese 'aparato importador': la crítica. En lo que concierne a la literatura extranjera, el discurso crítico opera doblemente: por una parte, sobre la legibilidad que un texto traducido tiene para el lector de una revista o un suplemento cultural, por ejemplo; por otra, es vehículo de un juicio de valor que incide sobre otros agentes importadores: sobre editores, directores de colecciones, traductores. Sin embargo, si bien suele asociarse la traducción a la idea de novedad –la posibilidad de que nuevos géneros, tópicos o procedimientos transpongan las fronteras lingüísticas–, también es posible que esta práctica discursiva corrobore o apuntale los modos literarios ya consagrados en la cultura receptora (Lambert 1980: 251). El ejemplo que puede darse es la profusa reedición de traducciones de los narradores realistas, de Balzac a Anatole France, en un arco que también comprende a Dickens, a Dostoievski, a Turgueniev y a Maupassant.

---

[3] El diario *Crítica*, fundado por Natalio Botana en 1913 y especialmente atento a las demandas de un público creciente, publica una vasta serie de textos literarios europeos entre diciembre de 1924 y octubre de 1926. Véase el trabajo de Sylvia Saítta sobre el diario *Crítica*, en particular, el apartado referido a la publicación de una colección de textos traducidos (1998: 87-88, n. 40). Sobre la editorial Claridad y su colección Los Pensadores, véase Montaldo 1987; sobre la colección publicada por la revista *Leoplán* a partir de 1934, en las que las traducciones –aunque no necesariamente la identificación del traductor– eran una parte importante de lo editado, véase Rocco-Cuzzi 1996.

Durante las décadas de 1920 y 1930 se publica en la prensa escrita de Buenos Aires crítica de obras literarias extranjeras, en idioma original y traducidas, en un espectro que va desde las revistas de vanguardia como *Martín Fierro* y *Proa*, pasando por la más esperable *Sur*, hasta revistas misceláncias, como *El Hogar*. En *El Hogar*, por ejemplo, Borges escribe sus famosas biografías sintéticas, algunas de las cuales corresponden a los escritores que él mismo tradujo o traducirá, o que otros tradujeron: James Joyce, Virginia Woolf, William Faulkner, Ernest Hemingway, Eugene O'Neill, O'Henry, entre otros.[4] Por otra parte, en esas publicaciones hay secciones dedicadas a literatura extranjera editada en el país y la mayoría de las veces el traductor aparece mencionado. Esa práctica (la de la mención del traductor y hasta de una posible referencia a la calidad de la traducción), estaba presente en las recensiones bibliográficas del siglo XIX en la Argentina,[5] se pierde durante algunas décadas, pero reaparece de manera sistemática en la revista *Sur*, a partir de su fundación, en 1931. Emulando la maqueta de revistas como *La Nouvelle Revue Française*, o *The Criterion*, de T. S. Eliot, *Sur* incluye una sección fija de "Letras extranjeras" y al pie de cada texto, a la izquierda, en bastardilla por lo general, el nombre del traductor de los textos originalmente escritos en lengua extranjera.

La crítica que interviene en el proceso de importación literaria no es únicamente la vinculada con el periodismo o las revistas culturales, sino también la crítica académica, desde las cátedras donde se enseñaban las tradiciones literarias extranjeras de las universidades nacionales. En efecto, uno de los trabajos que resta por hacer es ponderar el peso de la creación de unidades académicas dedicadas al estudio y, por ende, a la difusión de autores extranjeros en la selección de textos a traducir. Además de haber contado en la década de 1920 con la presencia de conferenciantes europeos, durante la década de 1930 se crearon, en la Facultad de Filosofía y Letras de la Universidad de Buenos Aires, el Instituto de Estudios Franceses (1932) y el de Estudios Italianos (1937); a comienzos de la década siguiente se fundó el Instituto de Estudios Anglosajones (1942) (Buchbinder 1997: 132 n. 44).

5. Del traductor letrado al traductor profesional

En la historia de la traducción en la Argentina –se hace referencia aquí a la traducción escrita, es decir que se deja a un lado la intervención de lenguaraces y de

---

[4] El caso de los textos de Borges sobre Faulkner publicados en *El Hogar* en 1937, 1938 y 1939, marcan una estricta contemporaneidad con las críticas europeas, por ejemplo, las de Jean-Paul Sartre publicadas en la *Nouvelle Revue Française* en 1938 y 1939, y recogidas luego en *Situations I*, en 1947, sobre *Sartoris* y sobre *El sonido y la furia* (Sartre 1947: 7-13 y 70-81).
[5] Véase, por ejemplo, la sección "Literatura" del *Anuario Bibliográfico de la República Arjentina*, editado por los hermanos Navarro Viola, primero por Alberto, hasta su muerte, y luego por Enrique, entre 1879 y 1887. Sobre esta obra de recensión bibliográfica, véase de Sagastizábal 2002.

intérpretes–, es posible deslindar cuatro figuras diferenciadas de traductor. Hasta fines del siglo XIX los traductores respondían a la descripción de traductor-letrado, quienes, además de traducir, eran políticos y a veces militares, y solían provenir de las familias criollas tradicionales. A principios del siglo XX pueden juzgarse contemporáneas las figuras del traductor-letrado y del traductor-periodista, concomitante con la profesionalización del escritor. Se llama aquí traductor-periodista a aquel que circunstancialmente tiene que traducir algún texto para el diario o la revista para la que trabaja. La profesionalización del traductor es más tardía, y termina de consolidarse cuando el acceso a las lenguas extranjeras deja de ser una marca de clase. Esto es: cuando el saber de un idioma no depende únicamente de la prosapia ni tampoco de una experiencia de vida (padres inmigrantes; viajes al exterior).

A fines de la década de 1930, la figura del traductor ya había alcanzado en la Argentina un lugar muy parecido al que seguirá teniendo hasta hoy, con mayor visibilidad para los traductores-escritores que para los traductores-traductores. A este cambio contribuyó, sin duda, un hecho acaecido varios años antes. En efecto, por un decreto de 1904, durante la segunda presidencia del general Roca, se creó la primera escuela nacional de formación de profesores en lenguas extranjeras, la Escuela Normal del Profesorado en Lenguas Vivas, hoy Instituto de Enseñanza Superior en Lenguas Vivas "Juan R. Fernández". En el texto del plan de estudios y su fundamentación, se advierte el lugar de privilegio que se le otorga a la lectura, la lengua escrita y la variedad literaria (Bein/Varela 2005: 37-38). Con este decreto, la enseñanza de lenguas extranjeras (que ya existía en algunos colegios secundarios desde fines del siglo XIX) se difunde a la enseñanza media y aparecen las academias de idioma, con lo cual se amplía la base social de quienes pueden acceder a la práctica de la traducción.

La figura del traductor letrado es la más fácilmente caracterizable, dado que su intervención se cierra a principios del siglo XX, como se ha expuesto en otra parte (Willson 2008: 33). Los traductores que mejor encarnan esas figuras sucesivas son Bartolomé Mitre (el traductor-letrado, o traductor-*gentleman*), autor del primer gran texto teórico sobre la traducción en el Río de la Plata, la "Teoría del traductor" que precedía su traducción de la *Divina Comedia* de Dante (Mitre 1943: 7-8), Roberto J. Payró (el traductor-periodista), Jorge Luis Borges, Julio Cortázar y José Bianco (el traductor-escritor), y quizá Aurora Bernárdez (la traductora-traductora). Estas dos últimas figuras son las que subsisten hasta hoy. Hacia 1938, fecha en la que José Bianco asume como secretario de redacción de la revista *Sur*, ya está consolidada la figura del traductor-traductor.[6]

---

[6] En otro lugar se explica con más detalle los relevos en las figuras de traductor (Willson, en prensa).

6. Normas en conflicto

En su ensayo sobre las traducciones teatrales en Quebec entre 1968 y 1988, Annie Brisset plantea la centralidad de la cuestión de la variedad de lengua en la traducción: "la traducción, antes de ser un problema discursivo, es un problema de lengua" (1990: 36; traducción nuestra). Así, examina las traducciones quebequenses en las cuales la variedad utilizada no es el francés "de Francia". Las traducciones realizadas en España, o incluso algunas realizadas en la Argentina pero que seguramente tuvieron correctores españoles, introducen en el léxico elementos ajenos a la variedad rioplatense, pero también en la sintaxis: por ejemplo, el leísmo o el loísmo. Ese trabajo de corrección –que es muy difícil, o casi imposible desmontar hoy, en el sentido de saber qué es del traductor, qué del corrector– está presente en las traducciones de la editorial Losada, por ejemplo. El registro de este conflicto es importante, porque las estrategias de traducción domesticadoras, las que recurren a las normas de uso local son las que le permiten al lector reconocerse en el texto extranjero doblemente, por lo que puede evocarle el texto literario y porque se reconoce lingüísticamente en los modos de fraseo del traductor vernáculo (Venuti 1998: 12). Para pensar este problema no basta con limitarse a las traducciones en tanto libros: las traducciones son también textos y, en ellos, están las marcas que deja un debate que aún hoy sigue existiendo. En este caso: hacia 1938, ¿en qué condiciones y negociando qué cosas se privilegia en las traducciones la norma peninsular o la rioplatense, entre otras posibles variantes dialectales de América Latina, o se privilegia un 'compósitum' sin lugar de anclaje determinado, el llamado "español neutro"?

Una anécdota literaria ilustra una tensión que es propia de la década de 1920. En 1924 se publica en París –y en francés– el primer libro de Victoria Ocampo, *De Francesca à Beatrice*. Se trata de una lectura personal, impresionista, de la *Divina Comedia* de Dante. La versión castellana es publicada en la *Revista de Occidente* dos años más tarde, con posfacio de José Ortega y Gasset, y en traducción del español Ricardo Baeza. En el tomo III de su *Autobiografía*, Ocampo dice que Baeza la tradujo en "prosa almidonada" (1981: 105), es decir, ella le atribuye a Baeza un cambio de registro sobre su texto, de un registro neutro a uno más formal, cuando en realidad, si se comparan el original de Ocampo y la traducción de Baeza, se comprueba que se trata simplemente de un cambio de variedad dialectal: Baeza recurre a la norma peninsular y, para un rioplatense, el "vosotros" y sus terminaciones verbales, entre otros rasgos no frecuentes en el Río de la Plata, suena a "almidón", sobre todo para alguien que, como Ocampo, hace del cambio de registro un estilo de escritura. Baeza, traductor muy activo en el período de auge editorial en la Argentina, y que tradujo para diferentes editoriales (tradujo, entre otros, a Oscar Wilde, a Marcel Schwob y a Dostoievski del inglés, al parecer), reaparece en el discurso de Borges citado por Adolfo Bioy Casares: Baeza, "como es español, se permite cualquier libertad y le encaja un gorro de cocinero (en lugar de una gorra) al pobre condenado" (Bioy Casares 2006: 661-662).

También en la década de 1920, Arturo Costa Álvarez, gramático y traductor argentino, incluyó en su libro *Nuestra lengua*, publicado en 1922, un extenso apartado dedicado a la traducción. Como se sabe, Costa Álvarez fue uno de los adversarios de Américo Castro en la querella en torno de la norma dialectal rioplatense, y defendió las peculiaridades de esa norma. Borges fue, sin duda, un gran protagonista de esta disputa, pues ya en la década del veinte, en *El idioma de los argentinos* y en artículos publicados en la *Revista Multicolor* de *Crítica* y en la revista *Martín Fierro* defiende la variedad rioplatense. En la revista *Martín Fierro* Borges también replica a la intención de convertir a Madrid en meridiano cultural de América:

> La sedicente nueva generación española nos invita a establecer ¡en Madrid! el meridiano intelectual de esta América. [...] Madrid no nos entiende. Una ciudad cuyas orquestas no pueden intentar un tango sin desalmarlo; [...] una ciudad cuyo Yrigoyen es Primo de Rivera; una ciudad cuyos actores no distinguen un mexicano de un oriental; una ciudad cuya sola invención es el galicismo –a lo menos en ninguna parte hablan tanto de él–, una ciudad cuyo humorismo está en el retruécano; una ciudad "envidiable" para elogiar, ¿de dónde va a entendernos, qué va a saber de la terrible esperanza que los americanos vivimos? (Borges 1927: 7).

Más tarde, ya en la década de 1940, reseña para *Sur* el libro de Américo Castro, *La peculiaridad lingüística rioplatense y su sentido histórico*, pieza condensada donde Borges combina su arte de injuriar y su rechazo de los dogmatismos académicos (Borges 1941).[7]

A partir de lo expuesto hasta aquí, y aun de lo que se manifiesta como tensión no resuelta, como 'falla' que atraviesa un territorio, puede afirmarse que el campo de las traducciones en la Argentina estaba bien abonado y listo para la incorporación del corpus de traducciones que suscitan las editoriales fundadas por españoles hacia fines de los treinta: entre ellas, se hará referencia a Losada, Emecé y Sudamericana.

7. Tierras fértiles

El crítico argentino Jorge B. Rivera, especialista en la historia de las industrias culturales en la Argentina, fue el primero en abordar el tema del auge editorial en

---

[7] El problema del meridiano cultural es un punto de singular tensión en la pugna entre España e Hispanoamérica. Remito aquí a los trabajos de Alejandrina Falcón, en los que se analizan pormenorizadamente los avatares de la polémica por el "meridiano". Falcón demuestra la necesidad de rastrear los lances previos de esa polémica, así como la de reflexionar sobre sus repercusiones en las tensiones presentes en el campo editorial de habla castellana. Véase Falcón 2010; así como su contribución en este volumen.

la Argentina haciendo referencia específicamente a "la traducción como campo" durante ese período (1986: 581). Fue también el primero que publicó una lista de traductores activos en el período y el primero que vinculó la disponibilidad de traductores en el Río de la Plata con la profesionalización del escritor. Profesionalizado el escritor, otras actividades relacionadas con la escritura –por ejemplo, la traducción– contribuían a completar los ingresos no siempre suficientes derivados de la escritura. Las fechas límite de ese apogeo son, según Rivera, 1936-1956, según los datos que releva del Registro Nacional de la Propiedad Intelectual, "esto es, el período de mayor prosperidad relativa de la industria editorial argentina y con toda certidumbre su momento de mayor relevancia como productor internacional de libros" (1986: 577).[8] Ese período tiene un antecedente significativo: la Primera Exposición Nacional del Libro Argentino, realizada en el Teatro Nacional Cervantes de Buenos Aires entre el 21 y el 30 de septiembre de 1928, y que contó en la inauguración con la presencia del entonces presidente de la República, Marcelo T. de Alvear (Delgado/Espósito 2006: 60). En el caso de la traducción, el problema de la periodización es complejo, porque la literatura traducida es una parte incluida dentro de un espacio cultural donde también circula la producción vernácula, es decir, la literatura escrita directamente en la lengua nacional o en las lenguas nacionales de ese espacio. Si bien el auge editorial es un factor determinante para el desarrollo del campo de la traducción, también es necesario tener en cuenta otras componentes, como la selección de textos a traducir, el grado de profesionalización del traductor –dicho de otro modo, qué figura o figuras de traductor están presentes en determinado período– y cuáles son las estrategias de traducción predominantes.

Desde el punto de vista de la traducción, lo primero que puede decirse de lo que se publica en esos años es que los textos traducidos son mayoría, pero eso no es novedad en la Argentina. Salvo en las colecciones exclusivamente dedicadas a la literatura nacional, como La Cultura Argentina, creada por José Ingenieros, y la Biblioteca Argentina, creada por Ricardo Rojas, las colecciones de literatura en el país durante la primera mitad del siglo XX son en gran proporción traducciones.[9] Los historiadores y los teóricos de la traducción dan explicaciones posibles para este hecho: en las literaturas jóvenes –como puede ser el caso de la literatura argentina a principios del siglo XX, con poco más de un siglo de vida–, la traducción ocupa un lugar central. Como se dijo, en la Argentina hay una matriz de

---

[8] Según los datos proporcionados por el Registro de la Propiedad Intelectual y publicados por Eustasio Antonio García, el primer año de declinación es 1953, pero efectivamente, el descenso por debajo de las 3.000 obras por año se produce en 1955 (García 1965: cuadro número 11, s. p.). Por su parte, José Luis de Diego propone como límites los años 1938 y 1955 (de Diego 2006: 91).

[9] Véanse los análisis de las colecciones de autores nacionales en Merbilhaá 2006 y Delgado/Espósito 2006.

colección de "literatura extranjera" que aparece tempranamente, a principios del siglo XX, con La Biblioteca de *La Nación* y que siguen publicando editoriales populares como Tor hasta bien entrada la década de 1950, o colecciones como las de la revista *Leoplán*, a partir de 1934 (Rocco-Cuzzi 1996: 29). El relevo, el 'descubrimiento' de nuevas literaturas se produce cuando hay un cambio en la selección de textos que se traducen, que es lo que ocurre hacia fines de la década del treinta (aunque la que inicia ese cambio es la editorial Sur, fundada en 1933).

En esa selección se nota una apertura a autores de la literatura anglosajona contemporánea que antes, excepción hecha de H. G. Wells y Arthur Conan Doyle, casi no habían aparecido: Aldous Huxley, D. H. Lawrence, John Dos Passos, James Joyce, Ernest Hemingway, William Faulkner, Theodor Dreiser, Sherwood Anderson, Raymond Chandler. Si bien todos ellos son contemporáneos, también se tradujo a autores del siglo XIX: Nathaniel Hawthorne, Herman Melville, Mark Twain, o finiseculares, y de principios del siglo XX, como Henry James y Joseph Conrad. Es difícil apreciar en qué medida fue Borges el artífice de ese cambio de elección de la tradición francesa a la anglosajona, pero hay una serie de hechos que culminan con la publicación de sus ficciones en Emecé que son cruciales para entender ese cambio. En primer lugar, los relatos que empieza a publicar en el diario *Crítica* en 1933 y que serán recogidos en 1935 en *Historia universal de la infamia*. En segundo lugar, la publicación en 1940 de la *Antología de la literatura fantástica* que compiló con Silvina Ocampo y Adolfo Bioy Casares en la editorial Sudamericana. Ese mismo año aparece su célebre prólogo a *La invención de Morel*, de Bioy Casares, publicada por Losada. A partir de 1945, se inicia la codirección junto con Bioy Casares de la colección El Séptimo Círculo en Emecé. Todos estos hechos literarios, en los que están involucradas las editoriales Losada, Emecé y Sudamericana, contribuyen a la configuración de un proyecto antirrealista, antimimético, en contra del realismo literario.

La idea de exclusividad de un autor con una editorial no estaba presente, y tampoco la exclusividad del traductor.[10] Varios fueron los que tradujeron a Lawrence y varios fueron también los que tradujeron a James –aunque el que más haya perdurado haya sido el James de Bianco por razones que no cabe analizar aquí, el de *Otra vuelta de tuerca*, para Emecé–. Con lo cual tenemos varios James, varios Conrad, varios Lawrence. El primer D. H. Lawrence en español fue publicado por la editorial Sur, en 1933, en traducción del cubano Lino Novás Calvo. Pero a partir de la fundación de las editoriales antes mencionadas a fines de los treinta, las traducciones se multiplicaron: todas las editoriales publicaron algún Lawrence: cartas, críticas, relatos de viajes, además de las novelas más conocidas. Varios traductores, incluida la madre de Borges, doña

---

[10] En este sentido, seguimos la afirmación de de Diego (2006) respecto de la aparición de la "exclusividad" en la década de 1950.

Leonor Acevedo, tradujeron a Lawrence. Ante la crítica por la aparente secundariedad de algunos de esos autores tan traducidos y aclamados por *Sur*, o puntualmente por su directora, Victoria Ocampo, habría que reponer la idea de 'lectura de época'.

Otro hecho que forma parte de una concepción de la traducción es la irrupción de la nota al pie del traductor. No es un dato menor, porque indica que la editorial se aviene a mostrar esa especie de granulosidad, de ripio, de la traducción, y, por ende, un lugar explícito donde el que enuncia es el traductor. Es un hecho importante, ya que contribuye a delinear la figura del traductor versado en literatura, que no vacila en mostrar esa versación, que figura a un lector, también él instruido, con destrezas lectoras consolidadas. Por supuesto que hay toda una legión de traducciones sin notas al pie: lo que aquí se afirma es, simplemente, que se trata de un recurso que el campo permite, que es imaginable. Quizá los ejemplos más floridos en cuanto a la utilización de las notas al pie sean *Corydon*, de André Gide, en traducción de Julio Gómez de la Serna para Losada (1938), y *Las palmeras salvajes*, de William Faulkner, en traducción Borges para Sudamericana (1940). La traducción es una práctica privilegiada en la que interrogar el conflicto: el conflicto de sentidos —en una nota al pie del traductor— y el conflicto de códigos —en los usos de las variedades lingüísticas en pugna.

En *Un viaje de ida y vuelta* (Lago Carballo/Gómez Villegas 2007), un puñado de editores de uno y otro lado del Atlántico rememoran los desembarcos recíprocos en el siglo XX: primero el de los editores españoles en México y Argentina, y luego el de los latinoamericanos en España. Retomando la metáfora del viaje, puede decirse, para concluir, que las tierras a las que llegaron los exiliados españoles no eran yermas; al menos en el caso de la Argentina, que es el que ocupa estas páginas, había un sustrato feraz en todo lo concerniente al libro y, en especial, a lo que aquí se enfoca, el campo de la traducción.

Bibliografía

BEIN, Roberto/VARELA, Lía (2005). "El discurso acerca de las lenguas extranjeras. Dos momentos de la legislación escolar argentina: 1904 y 1994". En: *Lenguas Vivas* 4/5, pp. 35-40.

BIOY CASARES, Adolfo (2006). *Borges*. Buenos Aires: Destino.

BORGES, Jorge Luis (1927). "Sobre el meridiano de una gaceta". En: *Martín Fierro* IV, 42, p. 7.

— (1941). "Américo Castro: La pecularidad lingüística rioplatense y su sentido histórico". En: *Sur* 86, pp. 66-70.

BRISSET, Annie (1990). *Sociocritique de la traduction. Théâtre et altérité au Québec. 1968-1988*. Longueuil (Montréal): Le Préambule.

BUCHBINDER, Pablo (1997). *Historia de la Facultad de Filosofía y Letras, Universidad de Buenos Aires*. Buenos Aires: Editorial Universitaria de Buenos Aires.

DE DIEGO, José Luis (2006). "1938-1955. La 'época de oro' de la industria editorial". En: de Diego, José Luis (dir.). *Editores y políticas editoriales en Argentina 1880-2000*. Buenos Aires: Fondo de Cultura Económica, pp. 91-123.

DE SAGASTIZÁBAL, Leandro (1995). *La edición de libros en Argentina*. Buenos Aires: Editorial Universitaria de Buenos Aires.

— (2002). *Diseñar una nación. Un estudio sobre la edición en la Argentina del siglo XIX*. Buenos Aires: Norma.

DELGADO, Verónica/ESPÓSITO, Fabián (2006). "1920-1937. La emergencia del editor moderno". En: de Diego, José Luis (dir.). *Editores y políticas editoriales en Argentina 1880-2000*. Buenos Aires: Fondo de Cultura Económica, pp. 59-90.

FALCÓN, Alejandrina (en prensa). "El idioma de los libros: antecedentes y proyecciones de la polémica 'Madrid, Meridiano Editorial de Hispanoamérica'". En: *Iberoamericana* X, 37, pp. 39-58.

GARCÍA, Eustasio Antonio (1965). *Desarrollo de la industria editorial argentina*. Buenos Aires: Fundación Interamericana de Bibliotecología Franklin.

GOUANVIC, Jean-Marc (1999). *Sociologie de la traduction – La science-fiction américaine dans l'espace culturel français des années 1950*. Arras: Artois Presses Université.

LAGO CARBALLO, Antonio/GÓMEZ VILLEGAS, Nicanor (eds.) (2007). *Un viaje de ida y vuelta. La edición española e iberoamericana (1936-1975)*. Buenos Aires: Ediciones Siruela/Fondo de Cultura Económica.

LAMBERT, José (1980). "Production, tradition et importation: une clef pour la description de la littérature en traduction". En: *Canadian Review of Comparative Literature* 2, pp. 246-252.

MERBILHÁ, Margarita (2006). "1900-1919. La época de organización del espacio editorial". En: de Diego, José Luis (dir.). *Editores y políticas editoriales en Argentina 1880-2000*. Buenos Aires: Fondo de Cultura Económica, pp. 29-58.

MITRE, Bartolomé (1943). "Teoría del traductor". En: Alighieri, Dante. *La Divina Comedia*. Buenos Aires: Sopena, pp. 7-8.

MONTALDO, Graciela (1987). "La literatura como pedagogía, el escritor como modelo". En: *Cuadernos Hispanoamericanos* 445, pp. 41-64.

OCAMPO, Victoria (1966-1967). "Vida de la revista *Sur*". En: *Sur* 303-304-305, pp. 1-22.

— (1981). *Autobiografía III. La rama de Salzburgo*. Buenos Aires: Sur.

RIVERA, Jorge B. (1986) "El auge de la industria cultural". En: *Historia de la literatura argentina*. Vol. 4. Buenos Aires: Centro Editor de América Latina, pp. 577-600.

ROCCO-CUZZI, Renata (1996). "*Leoplán*: contrapunto entre la biblioteca y el kiosco". En: *Hipótesis y discusión/12*, noviembre (publicación del Instituto de Literatura Argentina de la Universidad de Buenos Aires).

ROMERO, Luis Alberto (1990). "Buenos Aires en la entreguerra: libros baratos y cultura de los sectores populares". En: Armus, Diego (comp.). *Mundo urbano y cultura popular*. Buenos Aires: Sudamericana, pp. 40-67.

SAÍTTA, Sylvia (1998). *Regueros de tinta. El diario* Crítica *en la década de 1920*. Buenos Aires: Sudamericana.

SARLO, Beatriz (1988). *Una modernidad periférica: Buenos Aires 1920-1930*. Buenos Aires: Nueva Visión.

SARTRE, Jean-Paul (1947). *Situations I*. Paris: Gallimard.

SEVERINO, Jorge Enrique (1996). "Biblioteca de *La Nación* (1901-1920). Los anaqueles del pueblo". En: *Boletín de la Sociedad de Estudios Bibliográficos Argentinos*, abril, pp. 57-94.
VENUTI, Lawrence (1998). *Scandals of Translation*. London/New York: Routledge.
WILFERT, Blaise (2002). "Cosmopolis et l'homme invisible. Les importateurs de littérature étrangère en France, 1885-1914". En: *Actes de la Recherche en Sciences Sociales* 144, pp. 33-46.
WILLSON, Patricia (2004). *La Constelación del Sur. Traductores y traducciones en la literatura argentina del siglo XX*. Buenos Aires: Siglo XXI.
— (2008). "El fin de una época. Letrados-traductores en la primera colección de literatura traducida del siglo XX en la Argentina". En: *Trans* 12, pp. 29-42.
— (en prensa). "Contemporaneidad de las figuras de traductor en el Buenos Aires del 1900". En: *Actas del Coloquio de Hispanistas Húngaros*. Budapest: Instituto Cervantes.

Intelectuales españoles en el campo cultural argentino: Francisco Ayala, de *Sur* a *Realidad* (1939-1950)

RAQUEL MACCIUCI
Universidad Nacional de La Plata

1. La recepción del exilio español

Es bien conocido que el exilio republicano español que arribó a Argentina en 1939 no lo hizo gracias a una política de estado abierta y generosa. Por el contrario, los derrotados de la Guerra Civil no eran confiables para un gobierno conservador que combatía con distintos métodos a las organizaciones de signo progresista.

Sin embargo, las restricciones a la entrada de refugiados impuestas por el presidente Ortiz, con la salvedad de los provenientes del País Vasco, a los que se sentía unido por razones de sangre, fueron contrarrestadas por la existencia de una tradición migratoria que contaba con cauces de intercambio consolidados y por una sociedad civil que ofreció el apoyo y los carriles de entrada que el Estado negaba. En particular, las instituciones culturales o educativas –especialmente las universidades– fueron clave para gestionar las invitaciones y los avales que las autoridades locales exigían a quienes buscaron refugio en Argentina.[1] De este modo, un nutrido número de españoles representantes del mundo del arte, las letras o las ciencias pudieron establecerse en este país.

Entre los intelectuales arribados tras la diáspora republicana, el nombre de Francisco Ayala (1906-2009) constituye una referencia destacada debido a su extensa e intensa vida pública, que se inaugura en diversos ámbitos (académico, literario, político) en los años anteriores a la Guerra Civil, continúa en su dilatada vida de emigrado republicano en distintos países americanos y nuevamente en España a partir de 1976.[2] El exilio argentino de Ayala se extiende desde 1939 a

---

[1] Sirva como ilustración una lista somera de exiliados que pasaron por la Universidad Nacional de La Plata: Luis Jiménez de Asúa (Derecho); Pedro Pi Calleja, Esteban Terradas y Luis Antonio Santaló (Ciencias Exactas); Francisco Morán Miranda, Pío Río Hortega (Ciencias Médicas); Clemente Hernando Balmori, Claudio Sánchez-Albornoz, Américo Castro, Joan Cuatrecasas, Emilio Mira y López, Ángel Garma, Nicolás Sánchez-Albornoz, Manuel Lamana (Humanidades).

[2] Al momento de exiliarse Ayala acreditaba una intensa vida intelectual: era autor de obras de creación y colaboraba asiduamente en *El Sol* y *La Gaceta Literaria*. En 1929 la Universidad le concedió una beca por un año para estudiar en Alemania y a su regreso obtuvo el título de Doc-

1950, con el paréntesis del año 1945, en que se traslada a Brasil, invitado por la Universidad de Río de Janeiro.

La inserción del escritor español en el medio cultural argentino no parece haber sido difícil, a juzgar por sus propias palabras y por la pronta aparición de su nombre en lugares señalados de la cultura argentina. Consecuente con la actitud desmitificadora de los padecimientos de los desterrados que caracteriza su visión del exilio, en reiteradas ocasiones se ha mostrado en desacuerdo con las lamentaciones que acompañan los relatos muchos de quienes lo padecieron:

> Nunca he sentido la angustia del destierro [...]. Algunas personas, también los escritores, tienen una tendencia jeremíaca a hacer un drama de cosas que no lo son. La vida cambia continuamente, y los países también, de modo que España, como abstracción en el exilio, es asunto de la mente, más que de la geografía o de la historia (en Fernández 1997: 66).

En el mismo sentido, sostiene que la hospitalidad de un país depende fundamentalmente de que las circunstancias sean propicias para abrir sus puertas, no de la mayor o menor inclinación al altruismo de sus gentes e instituciones:

> Según me parece a mí, lo que en cada caso proporciona –o, al contrario, cicatea o aun niega– oportunidades de vida al recién llegado, sea como simple emigrante, sea como refugiado político, son las condiciones objetivas en que el país en cuestión se halle en el momento dado (Ayala 1983: 11-12).

---

tor en Derecho. En 1932 ganó la Cátedra de Derecho Político en la Universidad de La Laguna, aunque prefirió continuar en el cargo de profesor ayudante de Derecho Político en Madrid que desempeñaba desde 1928. El comienzo de la Guerra Civil lo sorprendió entre Chile y Argentina, países a donde había sido invitado a dictar una serie de conferencias, y decidió volver inmediatamente a España. Allí ocupó un cargo en el Ministerio de Estado de la Segunda República y en 1937 fue enviado como secretario consejero de la Legación en Praga. En los últimos meses de la contienda estuvo en Barcelona al frente del Comité de Ayuda a España. Pasó luego a Francia donde se embarcó rumbo a Chile con su mujer y su hija, previo paso por Cuba. Una vez en el país andino, su esposa, de nacionalidad chilena, viajó con la niña a Argentina para gestionar el posterior ingreso de Ayala, que se hizo posible en octubre de 1939. En 1945 el escritor se trasladó con su familia durante un año a Brasil, invitado a dictar clases de Sociología por la Universidad de Río de Janeiro. En 1950 programó una serie de conferencias en Centroamérica y Estados Unidos. El alejamiento, que iba a ser temporal, se convirtió en permanente. Ayala se estableció primero en Puerto Rico, donde enseñó Sociología en la Universidad de Río Piedras, y luego, desde 1956 hasta su jubilación, en Estados Unidos donde fue profesor de Literatura en distintas universidades norteamericanas, principalmente en Chicago (tres años) y de forma casi estable, en Nueva York. En 1960 regresó por primera vez a España y en 1976 lo hizo de forma definitiva. De sus memorias se desprende que únicamente regresó a Buenos Aires en 1977, por muy breve tiempo, para participar del acto de donación de Villa Ocampo a la UNESCO (Ayala 1983: 699).

En este sentido, Argentina se presentaba como "lugar apetecible por diversas razones, pero sobre todo por razón de las perspectivas económicas que ofrecía" (Ayala 1983: 26). En su caso particular, el autor de *Cazador en el alba* contaba con la experiencia de su gira sudamericana de 1936 para impartir conferencias invitado por la entonces poderosa Institución Cultural Española (ICE). El antecedente le permitió establecer amistad con representantes de un sector destacado del campo intelectual argentino así como con latinoamericanos y españoles residentes en la capital porteña. En sus memorias refiere el primer encuentro casual en la Plaza de Mayo de Buenos Aires, el día mismo de su llegada, con Enrique Díez-Canedo, embajador de España recién enviado por el Frente Popular.[3] También fue a saludarlo a su hotel Jorge Luis Borges, a quien conocía de modo indirecto a través de su hermana Norah, que residía en Madrid desde su casamiento con Guillermo de Torre (Ayala 1984a: 188 y ss.). El espacio de la Embajada, regido por un hombre culto y generoso como Díez-Canedo, figura señalada de los círculos madrileños de los años veinte, conectó a Ayala con representantes de la cultura local y con intelectuales extranjeros radicados en Argentina, como Amado Alonso y Pedro Henríquez Ureña.

Al volver en 1939 en condición de exiliado, se reencontró con las viejas amistades, pero fue la ICE a través de uno de sus miembros más notorios, el médico Raúl Sánchez-Díaz, la institución que lo ayudó a conseguir el visado para afincarse en Argentina, destino que Ayala se había fijado desde el momento en que se supo forzado a abandonar España tras el avance definitivo del ejército de Franco.

Pero además de sus vinculaciones personales, el autor de *Cazador en el alba* portaba sobre todo el capital simbólico de su trayectoria literaria, estrechamente ligada al exclusivo grupo de la *Revista de Occidente*, conducido por Ortega y Gasset, maestro insigne del foco intelectual más influyente en la España de la primera mitad del siglo XX.[4]

El magisterio del filósofo dejó su huella en la estética y el pensamiento de Ayala, pero también en la red intelectual de la que formó parte en Argentina.[5] Como en el caso de la mayoría de los exiliados, la trayectoria iniciada en el país de origen explica en gran parte los vínculos que luego establece en la primera

---

[3] Las memorias de Ayala se publicaron en tres partes bajo los títulos *Recuerdos y olvidos 1. Del paraíso al destierro* (1982); *Recuerdos y olvidos 2. El exilio* (1983); *3. Recuerdos y olvidos. El retorno* (1988).

[4] Ortega es uno de los intelectuales que más poder ha concentrado en España: en un mismo momento fue catedrático de Metafísica en la Universidad de Madrid, dirigió la *Revista de Occidente* (1923-1936), la editorial del mismo nombre y el periódico *El Sol*, al cual debe añadirse los diarios *Luz* y *Crisol* (1931-1932), efímeros desprendimientos del primero después de que Ortega y sus principales colaboradores fueran desplazados de su directorio.

[5] Analizo con más detenimiento este punto en Macciuci 2006.

etapa del destierro. No es por consiguiente extraño que accediera de inmediato a dos de los medios de la cultura más influyentes: el diario *La Nación* y la revista *Sur*. Al primero le abrió sus puertas Eduardo Mallea, responsable del suplemento cultural del diario de los Mitre; al segundo, la propia directora de la publicación, Victoria Ocampo.[6]

No es posible describir aquí la nutrida red que tiende la constelación de los exiliados españoles a principios de los años cuarenta en el campo cultural argentino, pero no puede dejar de mencionarse la editorial Losada, nudo vital para el intercambio y la inserción de los recién llegados. Ayala siempre se mantuvo ligado a la cada vez más pujante casa, a pesar de que en sus memorias hace un retrato poco favorable de su fundador, Gonzalo Losada.[7] Basta un somero repaso al equipo que acompañó al célebre editor en sus comienzos para comprobar que muchos de los integrantes son los mismos a los que estará estrechamente ligado Ayala durante su exilio argentino: Guillermo de Torre, Atilio Rossi, Pedro Henríquez Ureña, Francisco Romero, Amado Alonso; incluso con varios compatriotas había alternado en el Madrid de los "felices veinte". Al finalizar la guerra se sumaron a la editorial dos personas muy cercanas al derrotero de Ayala, anterior y posterior al destierro, Lorenzo Luzuriaga y Luis Jiménez de Asúa (Pochat 1991: 167).[8]

2. Letras de España en *Sur*

Los investigadores han rastreado con detalle los pasos de Ayala en el exilio. Su actividad y su producción han sido registradas en distintos y pormenorizados repertorios, pero aún queda por hacer un análisis detenido y una interpretación de las relaciones que llegó a establecer con el sistema literario y el campo intelectual

---

[6] La cronología evidencia una aceptación sorprendente por su celeridad: Ayala llegó a Argentina en octubre de 1939 y el día 15 del mismo mes aparecía su primer artículo en el suplemento cultural de *La Nación* (Martínez 2007). Al mes siguiente publicaba una colaboración en *Sur*, a la que siguió, en diciembre, el cuento alegórico "Diálogo de los muertos".

[7] Gonzalo Losada residía en Buenos Aires desde antes de la Guerra Civil como gerente de Espasa-Calpe, sin embargo puede calificárselo de exiliado porque cuando en 1936 esta editorial apoya abiertamente la sublevación de Franco, decide separarse y fundar su propio sello. Aunque el tema sigue siendo objeto de debate, hoy se acepta que la condición de exiliado no se restringe a quienes abandonan un país al momento de producirse un conflicto. Los criterios son diversos, pero la imposibilidad de regreso es un factor aceptado con regularidad para otorgar ese estatuto.

[8] A Luzuriaga lo había conocido en las tertulias de *Revista de Occidente* (Ayala 1984: 96) y Jiménez de Asúa era el cónsul de la Legación de Praga cuando Ayala fue enviado a esa sede por el Ministerio de Estado.

argentinos. Asimismo, es frecuente que los estudiosos se dejen guiar excesivamente por la narración autobiográfica de sus *Recuerdos y olvidos*, que aunque detallada y lúcida, no se exime de la naturaleza subjetiva y selectiva de la memoria, como el propio autor lo advierte.[9]

Por otro lado diversas historias de la literatura argentina del período no consideran a los escritores exiliados parte de su objeto de estudio: o se los localiza apartados en un apéndice o se los menciona como una referencia obligatoria y cristalizada.[10]

Frente a tal estado de la cuestión, el análisis del campo cultural argentino a partir de la trayectoria de un escritor español como Francisco Ayala podría enriquecer el conocimiento del sistema literario y, al mismo tiempo, permitiría comprender mejor la experiencia del exilio y las consecuencias del destierro, las cuales, no por muy exploradas dejan de ofrecer aún complejidades y problemas.

La década en que Ayala permanece en Buenos Aires fue especialmente dinámica, y dio lugar a transformaciones en el campo de las letras que tendrán largos efectos en lo que resta del siglo XX. Entre las diversas facetas de la inserción del escritor español en el cambiante escenario de los cuarenta que todavía no se han indagado en profundidad, su participación en la revista *Sur* constituye una vía prometedora, tanto por las ramificaciones con otros medios y espacios culturales en los que intervino, como por constituir un importante eslabón con la etapa posterior a su alejamiento de Argentina.

Las colaboraciones de Ayala –como la de otros expatriados– no inauguran la presencia de España en *Sur*. Desde los comienzos de su singladura editorial, Victoria Ocampo fue receptiva con los escritores españoles, mostrándose especialmente entusiasta con los más representativos de la literatura moderna (Zuleta 1992). Destaca entre ellos Ramón Gómez de la Serna, considerado el introductor de las vanguardias en su país y en los años veinte figura mimada tanto en Europa como en América.

---

[9] "[L]a memoria configura siempre ese pasado de modo selectivo, descartando (es decir, olvidando) muchas cosas que pueden ser significativas y que por serlo –justamente porque lo son, aunque tal vez de una manera dolorosa–, quedan arrumbadas en sus últimos desvanes, mientras con tenacidad se aferra a otras, significativas también, por supuesto, a las que, en cambio, confiere un valor positivo, y las ilumina, y las destaca con énfasis" (Ayala 1984:10).

[10] Valga como ejemplo quizás azaroso pero homólogo de otros muchos que no lo son, el caso de la *Historia Crítica de la Literatura Argentina*, en cuyo volumen 7 Ayala figura solamente una vez, en una nota al pie que informa: "Entre ellos [Roger Caillois, Witold Grombrowicz y otros europeos emigrados o refugiados que habían huido de la política totalitaria de la Alemania Nazi] hubo un nutrido grupo de exiliados españoles, destacándose en particular Gómez de la Serna, por sus vinculaciones con la vanguardia española y local y tan cercano a Macedonio Fernández y Borges, así como también Rafael Alberti, Arturo Cuadrado, Alejandro Casona, Jacinto Grau, Clemente Cimorra, Francisco Ayala, muchos de ellos publicados por la Editorial Losada en su colección Contemporáneos" (Manzi 2009: 411).

En el campo de la crítica literaria académica, *Sur* tuvo, además, en Amado Alonso, director del Instituto de Filología de la Universidad de Buenos Aires hasta 1946, a su principal interlocutor español, secundado por Pedro Henríquez Ureña, Enrique Anderson Imbert, Raimundo Lida y María Rosa Lida. Vale la pena apuntar para el tema del presente estudio que los colaboradores del Instituto de Filología constituían un grupo con identidad diferenciada en *Sur*:

> El dominio de las cuestiones referidas a la lengua y a la investigación filológica, el conocimiento de los clásicos y de las literaturas extranjeras y el interés por la latinoamericana hicieron que los trabajos de estos estudiosos adquirieran un relieve propio, aunque no llegaron a imponer una tendencia crítica hegemónica en la revista (Gramuglio 2004: 113).

Pero el precedente más claro de la actitud abierta que cultivaría la revista hacia las letras peninsulares del exilio, es su posición pro-republicana y antifascista durante la Guerra Civil. Victoria Ocampo defendió la legalidad de la Segunda República frente a la sublevación del general Franco, tanto en las páginas de *Sur* como en otros ámbitos públicos y foros internacionales, como es el caso del Congreso del PEN Club celebrado en Buenos Aires en septiembre de 1936. A pesar de su renuencia a abordar los vínculos de la República con el Frente Popular y el avance de las izquierdas, *Sur* mantuvo un firme y creciente apoyo al orden constitucional, posición que le valió ataques y descalificaciones de la Iglesia y la derecha católica argentinas.[11] Los aspectos político-ideológicos del conflicto encontraron un parcial tratamiento en la sección "Calendario", que se abrió en 1937, armada con fragmentos de prensa argentina o extranjera y con frecuentes comentarios sin firma que pueden interpretarse como la voz de la redacción. En los comienzos, el responsable de estas páginas fue Ernesto Sábato y en algunos números se suprimieron, quizás por razones de espacio.

La estrategia de evitar en sus páginas el tratamiento de las contradicciones entre republicanismo y revolución o liberalismo y colectivismo que se dirimían entre los sectores antifascistas españoles, fue muy coherente con el ideario de

---

[11] Consecuente con la consideración de la política como un factor ajeno a las grandes empresas de la cultura, en *Sur* el tratamiento de la Guerra Civil elude las declaraciones explícitas o la simple mención a las fuerzas de izquierda o los frentes populares. Sin embargo, el apoyo a la Segunda República, fundado en el liberalismo democrático y el rechazo de los totalitarismos, fue suficientemente desafiante como para valerle enemistades y ataques de la jerarquía católica, representada por la revista *Criterio*. Paralelamente, también incurrió en gestos que generaron la protesta de los representantes de la causa republicana. Destacan por su tratamiento en las páginas de la publicación el altercado con José Bergamín a causa del recibimiento ofrecido a Gregorio Marañón y la polémica generada por un artículo de Ortega y Gasset sobre las ediciones clandestinas en Sudamérica. Para un análisis detallado del tratamiento de la Guerra Civil en *Sur*, ver Macciuci 2005.

Sur. En sus principios fundacionales figuraba la firme convicción de que la cultura y la aristocracia del talento garantizaban el entendimiento de las elites por encima de las circunstancias históricas y de su alineamiento ideológico. Según John King (1989), esta creencia, sostenida en persona y de forma inquebrantable por su directora, permitió la convivencia de una hermandad intelectual formada por gentes de ideas diversas y hasta opuestas, al menos hasta la Guerra Civil española y la Segunda Guerra Mundial. Si bien esta afirmación es válida para la franja de la derecha nacionalista, representada por los hermanos Irazusta, la convivencia con el pensamiento de izquierda pudo prolongarse unos años más –con dificultades, como lo demuestra el mismo King– mediante estrategias semejantes: el entendimiento supraideológico se apoyaba en la selección de nombres suficientemente prestigiosos y legitimados, como Jean-Paul Sartre, y de textos poco conflictivos que no delataban abiertamente la posición de los autores.

Esta orientación programática, sucintamente descrita, debe tenerse en cuenta a la hora de analizar la presencia de Francisco Ayala y de otros exiliados españoles en *Sur*. Cuando comenzaron a llegar los artistas y escritores republicanos a Argentina, el aura que envolvía al arte de vanguardia –o "arte nuevo" en la terminología de la época–, y especialmente a los artistas consagrados por la *Revista de Occidente*, limaba las posibles asperezas ideológicas. Así se explica la coexistencia en la revista dirigida por Victoria Ocampo –por citar sólo dos casos paradigmáticos– de Francisco Ayala, liberal declarado, y Rafael Alberti, comunista confeso. La selección de la vena más estética del autor de *La arboleda perdida* no impidió sin embargo que varios de sus poemas publicados en *Sur* se inscribieran en la línea testimonial, aunque sin el sesgo combativo de su poesía de guerra.[12]

---

[12] A pesar de la estrategia de Victoria Ocampo, la extraña convivencia de *Sur* con el poeta comunista tuvo sus dificultades. King sostiene que Alberti había sido aceptado merced a su esfuerzo por recuperar el ritmo y la libertad de su verso; su intensidad lírica era objeto de reconocimiento pero su poesía testimonial no podía ser asimilada. Es así como –probablemente– el final del poema "Picasso" ("Y aquí el juego del arte comienza a ser un juego/explosivo", *Sur* 130, agosto 1945, pp. 40-44) inició un progresivo distanciamiento. Sin embargo, se puede comprobar que Alberti continuó colaborando en la revista hasta el número 266 (sept.-oct. de 1960), en que escribe "Imagen y recuerdo de Supervielle". King añade que la ambivalencia de *Sur* ante la poesía albertiana queda manifiesta en el comentario de González Lanuza en el artículo que recoge el homenaje brindado a Alberti en 1963 (probablemente con valor de despedida, pues coincide con la fecha de la partida de Alberti y María Teresa León a Italia): "la mejor poesía de Alberti es la dedicada a la pintura y la poesía, la obsesión por la guerra y el exilio la perjudicaban" (en King 1989: 133). Sin duda, el giro estético realizado por Alberti al comienzo del exilio argentino favorece su presencia en las páginas de *Sur*, no sólo porque abandona su registro más señaladamente combativo sino también porque sus actividades y vínculos en Buenos Aires tienden al fortalecimiento de sus lazos con la institución literaria más tradicional y a la reconciliación con la esfera autónoma del arte. Ver al respecto Macciuci 2006: 326-332.

A simple vista, y sin intentar un ejercicio comparativo, las respectivas entradas correspondientes a los artículos de Ayala y de Alberti en el *Índice (1966-1967)* de *Sur* parecen equilibradas. Sin embargo, llama la atención que el primero dedica a la revista y a su directora importantes pasajes de sus memorias, mientras que el poeta gaditano menciona a Victoria Ocampo una sola vez, y en forma marginal, en sus extensas memorias.[13]

3. Sociólogo y escritor

La participación de Francisco Ayala en *Sur* y, solidariamente, la incidencia que la revista tuvo en su trayectoria literaria e intelectual en la etapa argentina, pueden analizarse a partir de los artículos que publicó en *Sur* entre 1939 y 1950 y de las reseñas que la revista dedicó a algunas de sus obras editadas en el mismo período.

Para la realización de dicho estudio, la propia organización interna de *Sur* ofrece un primer ordenamiento, en el que resulta pertinente desagregar distintos subgrupos según la temática o los géneros, los cuales se vinculan con las distintas facetas intelectuales del escritor.

En primer lugar, entonces, debe atenderse a que la revista distinguía principalmente dos categorías de colaboraciones, los "Artículos", más extensos y jerarquizados (que llamaremos así aunque no se los identificaba con ningún rótulo especial) y las "Notas". En 1937 se agregó, como queda dicho, un tercer rango, "Calendario".[14] Existieron además secciones diversas cuya duración dependía del tema o el objetivo que las suscitaba. Aunque de acuerdo a esta estructuración

---

[13] Alberti escribió tres volúmenes de memorias, *La arboleda perdida. Libros I y II* (1959), *La arboleda perdida (Segunda parte). Libros III y IV de Memorias* (1987) y *La arboleda perdida (Tercera parte)* (1989). De la primera parte existe una edición independiente publicada en 1942 como *La arboleda perdida (Libro primero de memorias y otras prosas)* (México: Séneca). En el libro cuarto de la *Segunda parte* refiere: "A Delia [del Carril] yo la había conocido, por casualidad, una tarde que fui a saludar, en un barrio elegante de París, a Victoria Ocampo, la gran admirada de don José Ortega y Gasset, creadora y directora de la revista argentina *Sur*" (Alberti 1987: 295).

[14] Los artículos de *Sur* podían tener dos jerarquías, según el lugar del ejemplar en que aparecieran. Los más destacados figuraban en la primera parte, con un tipo de imprenta más grande y nítido, que a su vez podía variar, haciéndose menor para los que iban en último término. Estos artículos principales, que no solían pasar de cuatro, se inclinaban más hacia el registro ensayístico que hacia el literario y abarcaban aproximadamente las primeras ochenta páginas. Continuaba la sección "Notas", en tipos más pequeños, sobre temas muy diversos, desde crítica de libros, arte, música o cine, hasta polémicas breves o incluso ensayos menores. Su número variaba entre cuatro y ocho, de acuerdo a la extensión de cada uno, y abarcaban las casi treinta páginas restantes. La presencia de subtítulos organizaba los textos de acuerdo a la materia principal, pero no seguían un criterio preestablecido ni uniforme.

las contribuciones de Ayala se pueden clasificar en artículos y notas, ambos compartimentos son susceptibles de formar otras series.

Es así como en el conjunto de los artículos extensos se distinguen: a) textos de creación (cuentos) y b) artículos 'de pensamiento' (políticos, sociológicos o literarios). A los segundos pueden añadirse los aportes en la sección "Debates", organizada por Victoria Ocampo sobre temas de actualidad.

Por su parte, las "Notas", que mayormente son reseñas de libros o estudios originados en el comentario de un libro (Ayala suele referirse a estos escritos como "notas de lectura"), también ofrecen una rica variación de acuerdo al tema y a la extensión, por lo que no es sencillo sistematizarlos con exactitud. En este sentido, es necesario aclarar que entre determinadas reseñas y los artículos 'de pensamiento' no existe una frontera evidente, si no es la establecida *a priori* por la disposición interna de la publicación.[15]

3.1. *Artículos: textos de invención*

El primer texto de invención, "Diálogo de los muertos", aparece en el número 63 de diciembre de 1939. Aunque más tarde Ayala lo incluirá como cierre al volumen de cuentos *Los usurpadores* publicado en 1948, se distingue notablemente de los relatos que lo preceden en ese libro, todos ambientados en la Edad Media o en la temprana modernidad, con base en episodios sobresalientes de la historia española y protagonizados por personajes encumbrados o cercanos al poder. "Diálogo de los muertos" difiere en modo tal, que podría hablarse de un género diverso, ya que utiliza fundamentalmente la técnica del discurso directo al modo dramático y, si bien retoma la tradición de las danzas macabras del Medioevo, se ambienta en el presente inmediato. El relato reproduce el coloquio, atravesado por el tópico del poder igualador de la muerte, entre dos combatientes de la Guerra Civil pertenecientes a distintos bandos y enterrados en una misma fosa. Ambos llegan a la conclusión de que han sido víctimas del mismo mal y que la muerte ha disuelto las causas del enfrentamiento fratricida. La lucha ha desembocado, finalmente, en un sinsentido del cual ambas facciones son responsables por igual.

En los diez años siguientes de residencia en Argentina, Ayala no publicará en *Sur* más que dos textos de naturaleza literaria: los cuentos "La campana del Huesca" (106, agosto de 1943) y "El mensaje" (170, diciembre de 1948). El primero también será incluido en *Los usurpadores* y el segundo en *La cabeza del cordero*, dos volúmenes de relatos publicados en 1949.[16]

---

[15] Ver el Apéndice incluido al final del artículo.
[16] *Los usurpadores* (Buenos Aires: Sudamericana, 1949); *La cabeza del cordero* (Buenos Aires: Losada, 1949). La distancia temporal que media entre los dos cuentos publicados en *Sur* autori-

"La campana del Huesca" se inscribe en la narrativa de materia histórica a la que se ha hecho mención. El autor recrea el episodio legendario atribuido a Ramiro II de Aragón, conocido como El Monje, quien con el fin de restablecer su autoridad decapitó a doce nobles que encabezaban los levantamientos contra la potestad real. Ayala convierte el suceso en una reflexión en torno a las dificultades del ejercicio del poder, hilo conductor de toda la serie.

La materia narrativa de "El mensaje", en cambio, se sitúa en el pasado inmediato del autor. En la línea de todo el volumen, el tema se centra en la Guerra Civil. El "mensaje" es una enigmática nota cuyo sentido velado altera la vida de un pequeño pueblo que intentará descifrarlo, volcando en su esfuerzo interpretativo los miedos y la premonición de la violencia que estaba a punto de desatarse.

Existe otro texto de género incierto, "El loco de la fe y el pecador" (91, abril de 1942) que el *Índice* de *Sur* clasifica como ensayo y que puede considerarse a medio camino entre "Diálogo de los muertos" y los dos cuentos anteriores. Consiste en un acercamiento a distintos pasajes del Evangelio a partir de interrogaciones que proponen una interpretación insólita, distinta de las consagradas.

3.2. *Artículos de pensamiento*

El primer trabajo de esta naturaleza es "Sobre la opinión pública" (*Sur* 74, noviembre de 1940, 7-35). Se trata de una contribución extensa, estrechamente relacionada con el campo de conocimiento que exploraba Ayala antes del exilio. Aquí se propone continuar la línea de la reflexión teórica sobre la opinión pública de pensadores eminentes como Lawrence Lowel, Ferdinand Tönnies y, en menor medida, Ernst Manheim, a quien conoce bien por haberlo traducido poco antes de dejar España. A su entender, los intentos de seguir profundizando en el tema llevados a cabo por Giner de los Ríos y Bryce, entre otros, se reducían a aproximaciones parciales y carecían de acercamientos teóricos actualizados, que respondieran a las transformaciones de la sociedad moderna. Desde su punto de vista, el avance de los regímenes de masas y la aparición de un nuevo foco de influencia ideológico y político proveniente del proletariado organizado, ponían

---

za a suponer que Ayala empezó a redactar primero *Los usurpadores*, si bien ambos libros aparecieron en el mismo año. Suma argumentos para esta tesis no sólo la temprana aparición en *Sur* de "Diálogo de los muertos" y "La campana de Huesca", sino también el hecho de que en 1945 Ayala publicara en Emecé en forma independiente *El Hechizado*, un relato histórico que luego pasó a integrar *Los usurpadores*. Aunque ambos volúmenes se encuadran en la narrativa breve, debido a la extensión de los relatos, en alguna oportunidad la crítica ha preferido denominarlos *nouvelles* (en especial en el caso de *La cabeza del cordero*). Puede aducirse, sin embargo, que la presencia de un eje temático y un episodio central aglutinante en torno a los cuales construye la historia los acercan más a la estructura centrípeta del cuento.

en crisis las bases esenciales de la vida colectiva en la etapa histórica del Liberalismo y el Estado constitucional, dificultando un auténtico gobierno de opinión pública emanado de las elites en condiciones de proveerlo.

Con el segundo y último artículo extenso que publica en la revista de Victoria Ocampo, "Nueva indagación de las condiciones del arte cinematográfico" (*Sur* 119, septiembre de 1944),[17] Ayala retoma una vieja preocupación de su juventud. Desde el momento de su aparición, el séptimo arte había cautivado a los artistas de la vanguardia española, y Ayala había acusado tempranamente su impacto, tanto en la prosa de invención como en aproximaciones de orden teórico.[18] En esta "Nueva indagación", intenta dilucidar los rasgos específicos del cine, derivados de su carácter de obra de autoría colectiva y necesariamente sometida a imperativos económicos. Los condicionamientos de orden material convierten según Ayala al cine en un arte complaciente con los deseos del público, con forzoso menoscabo de la calidad. También reflexiona el autor sobre la intervención del Estado en el desarrollo de la industria cinematográfica, bien como parte de la política cultural de un gobierno, bien como modo de control de la ciudadanía en los regímenes totalitarios.

4. La sección "Debates"

Como se ha dicho, Ayala también escribe en la sección "Debates sobre Temas Sociológicos", inaugurada en el número 71 de agosto de 1940. El bloque es presentado como el resultado de las versiones taquigráficas de los encuentros celebrados en la redacción de *Sur*, cada quince días o una vez al mes, con la presencia de invitados que se seleccionaban según la naturaleza del tema.[19] En realidad, se trata de un apartado de la sección "Notas", con igual jerarquía que los apartados "Los Libros", "Crítica de Arte" o "Cinematógrafo".

Ayala estuvo presente en la primera de las reuniones, convocada bajo el título *"En torno a la defensa de la república* de Roger Caillois" (*Sur* 71, agosto de

---

[17] Aparece cerrando la sección de artículos largos, con un tipo de letra más pequeño que los precedentes.
[18] Ver su *Indagación del cinema* (Madrid: Mundo Latino, 1929).
[19] La revista no siempre consigna la fecha exacta ni la lista de los concurrentes; por otra parte, a juzgar por las transcripciones, no todos los invitados toman siempre la palabra en los debates. Por ejemplo, en el encuentro en torno a "Relaciones interamericanas" celebrado el miércoles 7 de agosto de 1940 a las 22.15 horas y publicado en el número del mes siguiente, se consigna la presencia de Amado Alonso, Germán Arciniegas, Raúl Arrarás Vergara, Francisco Ayala, José Bianco, Roger Caillois, Patricio Canto, Carlos Alberto Erro, Edith Helman, Pedro Enríquez Ureña, Eduardo E. Krapf, Eduardo Mallea, Angélica Mendoza, Victoria Ocampo, María Rosa Olivar y Arnaldo Orfila Reynal. Sin embargo, en esta ocasión Ayala, como otros participantes, no interviene en la discusión, si se da crédito a lo publicado por la revista.

1940, 86-104), en la segunda, sobre "Relaciones interamericanas" (*Sur* 72, septiembre de 1940, 100-123) y en las dos reuniones dedicadas a Mac Leish: "Comentario a *Los irresponsables* de Archibald Mac Leish" (*Sur* 83, agosto de 1941, 99-126) y "Nuevas perspectivas en torno a *Los irresponsables* de Archibald Mac Leish" (*Sur* 84, septiembre de 1941, 83-103) en que se discutió la actitud de los intelectuales ante los problemas del presente y, en especial, el papel que habían desempeñado durante las persecuciones llevadas a cabo por el nazismo.[20]

5. La sección "Notas"

Es en las "Notas" donde la firma del escritor granadino aparece más asiduamente, en particular en el subapartado "Libros", dedicado a reseñar obras de variado género. Esta sección, es sabido, fue adquiriendo mayor relevancia gracias a la decisiva presencia de Borges, quien desde allí confirió dinamismo e impulso renovador a la revista. John King (1989) y Beatriz Sarlo (1983) han señalado que a partir de la intervención de Borges, refractario al perfil especulativo y moralizante que la revista tenía originariamente, comienza a resquebrajarse el proyecto inicial de *Sur*. La idea de un arte aleccionador al servicio de los valores del espíritu, propugnada por la directora y por Eduardo Mallea, fue perdiendo peso frente a la concepción de un arte en libertad, no sometido a deberes éticos ni misiones redentoras. Frente a la extensión y las enseñanzas de Mallea triunfaron la fragmentación y la concisión elíptica de Borges.

En el caso de Francisco Ayala, se observa en esta sección la misma tendencia que revela en los artículos largos: se ocupa primordialmente de reseñar obras de temas sociales o filosóficos y, en menor medida, literarios. Entre 1939 y 1950 publica veintitrés recensiones de diversa extensión y densidad, según la materia del libro y, en ocasiones, de la valoración que le merecía. Un buen porcentaje de ellas son auténticos artículos, por su extensión y la profundidad del tratamiento, que brindan un riguroso marco conceptual, filosófico o literario de la obra objeto de análisis.

A fin de relevar la evolución del perfil intelectual de Ayala desde su arribo a Argentina hasta su partida, resulta esclarecedor, al igual que se procedió con los artículos extensos, bosquejar un ordenamiento de los trabajos por tema y materia.

---

[20] María Teresa Gramuglio concede especial relevancia a la última sesión mencionada, por el tema abordado y porque Victoria Ocampo logró reunir allí "un elenco impresionante de invitados, entre figuras prestigiosas como Roger Caillois, Francisco Ayala, Pedro Henríquez Ureña, Germán Arciniegas, Denis de Rougemont, María de Maeztu y, como dato curioso, Margarita Sarffati, la brillante intelectual judía que fue amante de Mussolini" (2004: 107).

Sin embargo, no es posible comentar aquí cada una de las colaboraciones, por lo que se apuntará aquello que resulte más relevante para el objeto del presente estudio y se remite al apéndice anexado al final para obtener una visión del conjunto.

Constituye un dato revelador que del total de las colaboraciones aparecidas en la sección "Notas", quince versan sobre sociología, derecho político o temas afines (con la salvedad que debe hacerse cada vez que se intenta un ordenamiento temático y disciplinar). El primer trabajo en este subgrupo, que precede en un número a la aparición de "Diálogo de los muertos", está dedicado a toda una colección, la Biblioteca del Pensamiento Vivo, de la editorial Losada (*Sur* 72, noviembre de 1939). Ayala demuestra conocer a fondo los distintos volúmenes que, bajo la responsabilidad de autores contemporáneos, ofrece una antología del pensamiento de algunos grandes filósofos con la finalidad de recuperar las ideas que aún tienen vigencia para el lector contemporáneo: Rousseau editado por Romain Rolland, Voltaire por André Maurois, Schopenhauer por Thomas Mann, son algunos de los títulos analizados con brevedad pero con perspicacia para elogiar aciertos y marcar errores.

En "El curso de Roger Caillois" resume una serie de conferencias que había dictado el crítico francés en Buenos Aires con el título de "Naturaleza y estructura de los regímenes totalitarios" (*Sur* 73, octubre de 1940, 86-88). Ayala elogia la altura de pensamiento puesta de manifiesto por el conferencista pero manifiesta su discrepancia con la estrategia de equiparar la revolución de clase con la revolución nacionalista alemana y combatirlas con iguales argumentos, y encuentra endeble la tesis de Caillois de que los totalitarismos modernos tienen su origen en la Revolución francesa.

En más de una ocasión un único trabajo reúne el análisis de dos y hasta tres libros. En "La aventura del pensamiento político: tres monumentos literarios", Ayala reseña sendas obras de Dante, Locke y Hobbes (*Sur* 80, mayo de 1941).[21] Las formas de gobierno bajo distintos regímenes es el eje temático que justifica el tratamiento en conjunto aunque es Hobbes quien concita la mayor atención del autor.

A la modalidad de reseña extensa pertenecen las notas dedicadas a obras de Sebastián Soler, Gilberto Freyre, James George Frazer y Thorstein Bunde Veblen. Entre todos, merece un mínimo detenimiento el trabajo "Ubicación en la sociología de G. Freyre" (*Sur* 110, diciembre de 1943). Ayala subraya la hibridez de la obra del autor de *Casa grande e Senzala*, quien practica así de forma deliberada la literatura y la sociología al mismo tiempo, en un intento de ir más allá de la ciencia y transmitir una impresión de vida, pero sin abandonar las exigencias de un estudio sociológico.

---

[21] En forma similar presentará en 1946 las notas de lectura sobre textos de Dante y Dilthey.

Cuatro notas dedica Ayala a criticar la crítica literaria: reseña el estudio de Francisco de Sanctis sobre la *Divina Comedia*, resume la *Poética* de Dilthey o presenta los *Ensayos críticos* de Orwell, en los que destaca la variada y audaz miscelánea de obras examinadas por el autor inglés, que van desde novelistas canónicos como Dickens a relatos policiales, pornográficos o letras de periódicos. Debe apuntarse que en las lecturas de Ayala la mirada sociológica se impone sobre lo literario, al menos sobre el concepto de lo literario dominante en la época. Especiales consecuencias tuvo su comentario del libro de Carmen R. L. de Gándara, *Kafka o El pájaro en la jaula*, ya que dio pie al proyecto de fundar la revista *Realidad*. En *Recuerdos y olvidos* el autor trata con cierta displicencia a la escritora,[22] sin embargo, las palabras que dedica a su obra novel en *Sur* son muy ponderativas. Baste aquí el comienzo para apreciar la valoración altamente positiva que le mereció.

> Si alguien me preguntara en estos días cómo debe, a mi entender, ejercitarse la crítica literaria, contestaría proponiendo a manera de ejemplo un libro que cabalmente acaba de llegar a mis manos: el ensayo *Kafka o El pájaro en la jaula* de Carmen Gándara (Ayala 1944: 84).

Las tres obras de invención reseñadas también muestran la misma decantación hacia las ciencias sociales, tanto por la índole de los títulos abordados como por la orientación del juicio. Así, Ayala lee el *Sarmiento*, de Ezequiel Martínez Estrada (*Sur* 150, abril de 1947)[23] como un oportuno tratado político y sociológico que, a partir de la figura del estadista sanjuanino, se interna en la mentalidad y los conflictos del pueblo argentino en una época señalada por la presencia de grupos que atacan la tradición nacional, aunque proclamen defenderla (en obvia alusión al peronismo).

Las otras dos reseñas de corte literario están dedicadas a *Meditación de la costa*, de Eduardo Mallea (*Sur* 65, febrero de 1940), y *La mascareta*, de Alberto

---

[22] "La de lanzar una nueva revista en Buenos Aires fue idea de Eduardo Mallea, quien –con todos los circunloquios, reservas, precauciones y reticencias propios de su carácter– me la brindó a mí; y sospecho que esa idea se había cocido originalmente en el seno de su amistad con una señora copetuda, doña Carmen Gándara (la Nena Gándara para sus próximos), que, bien pasados ya sus años juveniles, había comenzado a hacer ciertos pinitos literarios muy estimables. Antes de sugerirme el proyecto de revista me había pedido Eduardo que escribiera yo para *Sur* algún comentario sobre el librito que, acerca de Kafka, acababa de publicar su amiga. La señora de Gándara escribía bien, y yo no había tenido inconveniente en complacer a Mallea redactando la nota de lectura que solicitaba de mí. Poco después de eso comenzaron sus premiosas insinuaciones sobre la falta que estaba haciendo una revista de serio tono intelectual en aquella hora de confusión para el país" (Ayala 1983: 114-115).

[23] En el *Índice*, el libro aparece bajo el rubro "Historia", señal de que el célebre ensayo no gozó desde sus orígenes de un preciso estatuto disciplinar.

Moravia (*Sur* 189, julio de 1950), esta última publicada el mismo año de su partida a Puerto Rico.[24]

La primera es en rigor un detenido análisis de toda la producción anterior de Mallea y muestra el temprano interés de Ayala por el género ensayístico y el tema del pensamiento y las identidades nacionales. A ambos escritores los unió muy pronto una sólida amistad, que incluía la visible admiración del español por la obra del entonces prestigioso novelista y ensayista nacido en Bahía Blanca. La reseña elogia "la seguridad reflexiva y el severo, aunque melancólico discurso", que retoma la preocupación substancial de su fundamental *Historia de una pasión argentina* (Ayala 1940: 106), cuyos pasajes autobiográficos son considerados por el reseñador como "unas de las páginas más bellas, serenas y luminosas que hayan podido escribirse" (Ayala 1940: 104).

Con el título "Mascarada española" introduce un breve comentario sobre *La Mascherata* de Alberto Moravia, texto singular, con elementos de farsa, atravesada por destellos goyescos y esperpénticos que remiten a *Tirano Banderas*. El libro merece un elogioso comentario que, al mismo tiempo, revela la extrañeza de un buen conocedor de la obra del italiano –téngase en cuenta que ese mismo año Ayala había traducido *La Romana* para Losada–. Con el sutil estilo que caracteriza la crítica ayaliana, deja deslizar una velada reprobación del tópico grotesco, gastado y telúrico de lo hispano en que incurre el novelista.

Por último, un renglón aparte entre los textos de carácter literario o cultural lo constituye un artículo muy breve, dedicado a Alfonso Reyes, que tiene el carácter de un homenaje, con el título "Plenitud del hombre de letras" (*Sur* 180, octubre de 1949).

6. Obras de Francisco Ayala reseñadas en *Sur*

Otra fuente de información valiosa para indagar la imagen de Ayala como escritor que fue perfilándose en Argentina, la constituyen los comentarios que merecieron en *Sur* algunos de los libros que publicó durante la década del cuarenta.

En los primeros años, hasta 1945, se registran tres reseñas: dos se ocuparon de sendos libros publicados en Argentina, los cuales, en consonancia con los primeros artículos de Ayala aparecidos por esos mismos años en *Sur*, abordan temas de pensamiento político: *El problema del liberalismo* (México: Fondo de Cultura Económica, 1941) y *Razón del mundo: un examen de conciencia intelectual* (Buenos Aires: Losada, 1944); el tercero se ocupa del volumen de crítica literaria

---

[24] Aunque cabe la posibilidad de que Ayala ya hubiera partido hacia Puerto Rico, dada la fecha de aparición, se considera justificado incluir el artículo entre las colaboraciones escritas en Argentina antes que entre las que con posterioridad envió a *Sur* desde el extranjero.

Histrionismo y representación: Ejemplos y pretextos (Buenos Aires: Sudamericana, 1944).

Las reseñas de los ensayos políticos estuvieron a cargo de Aníbal Sánchez Reulet (*El problema del liberalismo, Sur* 101, febrero de 1943) y de Luis Emilio Soto (*Razón del mundo, Sur* 120, octubre de 1944). En la primera el prestigioso pensador argentino, identificado con un liberalismo progresista cercano a la izquierda reformista, destaca la templada inteligencia con que aborda el autor su tesis, pero se distancia de su visión pesimista sobre la crisis presente. El punto débil se encuentra, según el reseñador, en la errónea identificación de liberalismo con clase burguesa y en la influencia perniciosa de una extensa bibliografía antiliberal, aunque Ayala mismo no lo fuera.[25]

Por su parte, Luis Emilio Soto realiza un extenso y detallado análisis de *Razón del mundo*: destaca el acierto y rigor con que Ayala retoma el aparentemente agotado tema de la función del intelectual; instala desde una perspectiva actual la pregunta por el papel que la sociedad espera que juegue el letrado cuando han dejado de tener vigencia las prerrogativas del *clerc*; y se le reprocha al intelectual o bien su intervención excesiva o por el contrario, su repliegue en los fueros de su oficio.

Probablemente no es casualidad que la reseña de *Histrionismo y representación* (*Sur* 118, agosto de 1944) a cargo de Santiago Monserrat, aparezca casi al mismo tiempo que el artículo "Nueva indagación de las condiciones del arte cinematográfico", todo un signo de que en esos años Ayala retorna al ejercicio de la teoría y la crítica literarias, que había practicado asiduamente en los años veinte y dejado entre paréntesis en los años treinta para dedicarse a la sociología y el derecho político. El comentarista elogia la concepción crítica que anima al autor en sus lecturas de Proust, Rilke, Machado, Galdós y otros notables escritores. Ayala, dice Monserrat, no sólo demuestra un riguroso concepto científico de la realidad cultural sino que también realiza una labor creativa, que, al comprender las obras, las recrea.

En 1945 se publica el primer comentario de una obra de creación del granadino, al que seguirán dos más en lo que resta del período estudiado. La reseña inaugural –y la más célebre sin duda– fue escrita por Borges sobre *El Hechizado* (Buenos Aires: Emecé, 1944). El relato publicado en la colección Cuadernos de la Quimera, dirigida por Eduardo Mallea, logra suscitar la poco pródiga admiración del autor de *El Aleph* (*Sur* 122, diciembre de 1944). Con la concisión propia de su estilo, Borges concede un lugar sobresaliente en los universos literarios de las pesadillas y las reiteraciones infinitas a la historia de la pertinaz voluntad y dilatada espera del protagonista, un súbdito indiano que se traslada a España en busca de una entrevista con Carlos II, el rey menguado.

---

[25] Años después Sánchez Reulet sería un invitado frecuente en *Realidad*, la revista creada por Ayala y Mallea.

Por su economía, por su invención, por la dignidad de su idioma, *El Hechizado* es uno de los cuentos más memorables de las literaturas hispánicas. Entiendo que podríamos equipararlo con *La prueba de las promesas* de don Juan Manuel (o con su original arábigo) y con el *Yzur* de Lugones (Borges 1944: 59).

Sería anacrónico adjudicar a esta reseña la proyección que adquirió más adelante, ya que en el contexto literario de los cuarenta Borges no era todavía el escritor faro de la literatura argentina, aunque el proceso de su canonización ya estaba iniciado.[26] Para profundizar en la consolidación de la trayectoria literaria de Ayala y en los movimientos que produjo el exilio español en el campo intelectual argentino son probablemente más relevantes las reseñas dedicadas, finalizando la década, a *Los usurpadores* y *La cabeza del cordero*. Ambos libros revelan ya una actividad creadora regularizada y con la dimensión necesaria para delinear una trayectoria de escritor, para lo cual no hubiera sido suficiente la aparición esporádica de relatos en *Sur* ni la publicación en Emecé de un cuento largo (o novela corta) de 50 páginas como *El Hechizado*, aunque hubiera recibido la aprobación de un árbitro tan exigente como Borges.

El autor de las reseñas de ambos libros es el crítico y escritor Álvaro Fernández Santos, exiliado y viejo conocido de Ayala, recién llegado a Buenos Aires después de pasar por duros padecimientos. Antes de ser acogido en *Realidad* había colaborado en la prestigiosa revista uruguaya *Marcha*. Fernández Santos resalta la novedad de que con *Los Usurpadores* el reconocido sociólogo da a conocer sus aptitudes de autor de obras de imaginación (*Sur* 176, junio de 1949). El volumen es analizado con minuciosidad: cada uno de los siete relatos que lo conforman –o novelas cortas sugiere Fernández Santos– es objeto de sagaces comentarios y recibe mayor o menor aprobación, aun cuando el tono de toda la reseña es elogioso y positivo.

Cuando un año más tarde el mismo crítico se ocupa de *La cabeza del cordero* encontrará que Ayala ha crecido como escritor (*Sur* 186, abril de 1950). La reseña pondera especialmente que en las cuatro narraciones del volumen, a las que ahora no duda de calificar de novelas cortas, el autor consigue, mediante la elaboración literaria, que un episodio funesto como la Guerra Civil se convierta en materia de reflexión sin desatender las exigencias de la obra bien hecha.

Por último, reviste un interés especial por su singularidad la "Aclaración" –una suerte de reseña en espejo– con que Ayala replica a una crítica sobre *Razón del mundo* aparecida en la revista *Latitud* y firmada con las iniciales MB (*Sur*

---

[26] En 1945 Borges era un escritor poco reconocido. Cuando Juan José Sebreli reconstruye la operación de *Contorno* contra el canon vigente, recordará que luchaban "[p]rimero contra el *Establishment* de la oligarquía cultural: la revista *Sur* y Eduardo Mallea, que era la bestia negra; no Borges porque en esa época era un autor bastante marginal" (en de Diego 2006: 108).

133, noviembre 1945).[27] La reseña del libro apareció en el número doble, V-VI, de junio y julio de 1945, el último de la efímera publicación. El *Índice* de *Sur* sitúa la respuesta de Ayala en la entrada "Polémicas", y el tono corresponde ciertamente al de una controversia airada. En ese sentido, son elocuentes los términos peyorativos de que se sirve ("articulejo", "leguleyo disfraz", "tontería", "rastacueros", "amasijo de necedades"...) para manifestar el desacuerdo con la falaz interpretación de su tesis sobre la función del intelectual y la maliciosa acumulación de citas de su libro que desvirtúa el sentido original, toda "una ensaladilla de frases literales, entrecomilladas para prestar leguleyo disfraz de autenticidad a un sentido contrahecho" (Ayala 1945: 87). Se indigna además por el ligero y desatinado juicio sobre la filosofía alemana, imputada de nazi por el reseñador de *Latitud* y reprueba asimismo el ocultamiento de identidad bajo las iniciales MB, a las cuales irónicamente les concede el tratamiento de "don".[28] La intervención reviste el carácter excepcional de los artículos no programados: es breve, está escrita a dos columnas en un tipo muy pequeño de letra, poco frecuente en la revista, y está situado en la última página del número.

El episodio con *Latitud* ofrece elementos para un estudio independiente y encierra una controversia sobre la función del intelectual –verdadero nudo de la polémica– y la eficacia social de las ideas que se ponían en la mesa del debate.

7. Construcción de un nuevo proyecto creador

El sondeo realizado hasta aquí permite sostener que si se definiera la trayectoria de Ayala en *Sur* durante su permanencia en Argentina, posiblemente el escritor sería considerado un intelectual español exiliado que a partir de su formación en Ciencias Jurídicas produjo una importante obra en el campo de la filosofía política y la sociología, con incursiones nada desdeñables en el campo de la literatura. La impresión estaría refrendada porque el mismo autor aparece dictando clases

---

[27] *Latitud. Revista mensual de artes y letras* fue una publicación de corta vida adscripta al pensamiento de izquierda; sólo se publicaron cinco números entre enero y mayo de 1945. El editor era Rubén Núñez y fueron sus directores Jorge Thénon, Enrique Amorim, Leopoldo Hurtado, María Rosa Oliver, Antonio Berni, Norberto Frontini, Horacio Coppola y Luis Falcini. Junto con *Correspondencia* (1946) y *Cabalgata* (1946) se diferencia de las revistas literarias coetáneas porque lejos de ceñirse estrictamente al campo de la literatura, "sus páginas estuvieron destinadas preferentemente a comentarios y notas sobre la cultura y configuraron un quehacer periodístico muy vivo y ágil sobre el momento intelectual americano y europeo" (Laffleur/Provenzano/Alonso 1962: 217).

[28] La indicación de autoría mediante iniciales no es una excepción, por el contrario, es una práctica habitual en esta revista, visible en las restantes reseñas aparecidas el mismo número, las cuales llevan las firmas RN, LR, HC, sin más datos para su identificación.

de Sociología en la Universidad del Litoral en 1939 y en Río de Janeiro en 1945, trayecto que corona en 1947 con la publicación de un voluminoso *Tratado de sociología* en tres tomos,[29] precedido por una notoria producción de obras de pensamiento, algunas de las cuales han sido mencionadas más arriba.[30]

Esta línea de trabajo desarrollada por Ayala en el primer exilio muestra una notoria coherencia con su actividad intelectual durante la Segunda República, período en que no se entregó a la labor creativa en el campo de las letras ni a la producción científica, sino que se dedicó sobre todo a traducir obras de derecho político: entre 1931 y 1936 tradujo siete libros del alemán, seis de los cuales, con excepción de una biografía de Beethoven, pertenecen al ámbito de la política, el derecho de estado o afines.[31]

La continuidad queda aún más de manifiesto si se repara que el título de uno de los libros traducidos en 1936, *La opinión pública*, de Ernst Manheim es casi equivalente al de su primer artículo extenso en *Sur*, "Sobre la opinión pública", del que se ha hablado anteriormente.[32]

Si se retrocede más en el tiempo se verá que la conferencia que dictó a pedido de la ICE en su primer viaje a Argentina en 1936, "Derecho público español", versaba también sobre el campo de conocimiento de las ciencias sociales, no de la literatura (AA. VV. 1947: 12). Sin duda aquella primera huella de jurista y sociólogo dejada en Buenos Aires contribuiría más tarde a consolidar su nombre en este campo del conocimiento.

---

[29] *Tratado de sociología*. Buenos Aires: Sebastián de Amorrortu e Hijos, 1947.

[30] Igualmente versaron sobre ciencias jurídicas y sociales sus primeras colaboraciones en *La Nación*, sesgo que según el autor obedecía a las secuelas de la guerra y del exilio en su espíritu: "Los artículos que entonces empecé a escribir para *La Nación* eran sesudas elucubraciones de tipo más bien sociológico, o político social y sólo de vez en cuando crítico-literario, pues ni el lugar ni menos aún el estado de mi ánimo, se prestaban demasiado a destilar esencias poéticas y desnudar con ellas la intimidad" (citado por Tagliabue 1989: 483).

[31] Se trata de: Duprat, Juana. *Las funciones sociales del Estado según el Señor Posada*, 1931; Ebers, Godehard J. *Derecho eclesiástico del Estado*, 1931; Kautsky, Karl. *El problema de Erfurt: explicado en su parte fundamental*, 1933; Ludwig, Emil. *Beethoven*, 1933; Manheim, Ernst. *La opinión pública*, 1936; Manheim, Karl. *El hombre y la sociedad en la época de crisis*, 1936; Schmitt, Carl. *Teoría de la constitución*, 1934 (*Ayala 101 años*). Aunque cercana en el tiempo, se ha dejado fuera de la lista su primera traducción para la editorial Hoy, *Lorenzo y Ana*, de Arnold Zweig, de 1930. Esta obra prima no acuerda totalmente con la serie, porque es en 1931 que el escritor concluye su etapa de becario en Berlín y parece orientarse en forma más decisiva al campo del Derecho, giro que se aprecia también en la índole de los títulos que traduce del alemán (*Ayala 101 años*).

[32] Es ineludible recordar aquí que Ayala retomó esta labor intelectual en Argentina, donde realizó inestimables traducciones para Losada y Sudamericana principalmente. La lista de obras, sobre todo en idioma alemán, que trasladó al castellano es muy extensa, pero el propio autor ha preferido que figuren en los repertorios sólo las más relevantes. Destacan entre los autores traducidos Rilke, Thomas Mann, Goethe, Hans Freyer, Hans Kelsen y Georg Simmel.

El lugar central que Ayala ocupaba en el campo intelectual de los años cuarenta como profesional de las ciencias sociales y su posición marginal en el campo específicamente literario quedan expresados en la reseña que *Sur* dedica a *Los usurpadores*:

> [...] Francisco Ayala, profesor universitario, autor de un gran Tratado de Sociología y de obras especializadas que le dieron renombre, no obstante, comparece ahora con un libro de imaginación (Fernández Suárez 1949: 77).

El reseñador recuerda los antecedentes de Ayala en el ámbito de las letras, observando que el autor español "no es nuevo en el género y no hace sino volver a sus aficiones de primera juventud, pues se inició justamente en el cuento, hace más de veinte años, cuando era colaborador de *Revista de Occidente*" (Fernández Suárez 1949: 77). La reseña pone más bien el acento en los libros editados por el sello de la prestigiosa publicación que en la obra misma sin hacer mención a las dos primeras novelas del escritor.[33] El cierre de la reseña atestigua que solamente hacia fines de la década de 1940 comienza a forjarse la imagen de Ayala como literato, en tanto tiene un prestigio ya consolidado en el ámbito de las ciencias sociales: "Este volumen de Francisco Ayala, pensador y sociólogo, augura buena fortuna literaria para Francisco Ayala, creador de obras de imaginación, literato y artista" (Fernández Suárez 1949: 80).

Según lo expuesto hasta aquí, puede apreciarse que el lugar inicial de Ayala en *Sur* está vinculado a la vertiente más especulativa de la revista, que fuera concebida como un órgano de temática variada en la que el ensayismo, el artículo de ideas y el debate sobre la función del intelectual en la sociedad de masas tenían un espacio privilegiado. *Sur* le ofrece por tanto un marco apto para exponer su pensamiento de matriz jurídica y sociológica y, al mismo tiempo, para retomar paulatinamente su inicial vocación literaria, aunque ya no en la línea vanguardista de su juventud. Su proyecto creador consiste ahora en la conciliación del artista y del *clerc* que cumple una función ética y formativa.[34] Poco después de aban-

---

[33] La obra de iniciación a la que alude el reseñador incluye *Cazador en el alba* (1929) y *Erika ante el invierno* (1930), hoy calificada de prosa de vanguardia porque contiene tanto narraciones breves o *nouvelles* como cuentos. Antes de estos relatos Ayala había publicado las novelas *Tragicomedia de un hombre sin espíritu* (Madrid: Industrial Gráfica, 1925) e *Historia de un amanecer* (Madrid: Numancia, 1926), por lo que, en rigor, existe una etapa previa a estas sus "aficiones de primera juventud".

[34] Se cita a menudo las palabras iniciales del proemio a *La cabeza del cordero* como evidencia del cambio de dirección: "A los veinte años, uno escribe porque le divierte, y ¿para qué más justificación? A los cuarenta, ya es otra cosa: hay que pensarlo..." (Ayala 1978: 177). He analizado los debates sobre la misión del intelectual a comienzos del novecientos y la concepción de la función del escritor en Ayala desde la vanguardia al exilio en Macciuci 2006.

donar Argentina, Ayala definirá en el célebre ensayo "El escritor de lengua española" la misión que atribuía a la república letrada de la que se sentía partícipe. En la línea de las tesis orteguianas sobre la distancia entre las elites y las masas, y de la doctrina de Julien Benda que asociaba la función del escritor con la salvaguarda de los valores del espíritu, Ayala propugna una literatura formativa y edificante. Sin embargo, cree que las premisas del célebre ensayo *La trahison des clercs* ya no tienen vigencia después de la Segunda Guerra Mundial y que, por lo tanto, es preciso reconsiderar seriamente el papel del intelectual sin que esto signifique abandonar la misión de sacerdocio que la tarea del escritor presupone. Según la percepción que las minorías ilustradas formadas en las ideas de Ortega tenían de las masas incultas, la misión del intelectual era contribuir a su elevación. A partir de esta convicción, que se sostenía en el terreno político por un liberalismo heredero de la tradición republicana francesa, y en el terreno profesional, por una práctica austera reacia a la profesionalización, Ayala explorará en esta segunda etapa creadora una escritura densa en contenidos morales y formativos, y elaborada en el plano lingüístico y literario:[35]

> [...] la obra literaria realmente grande combinará y escalonará en sí, siempre, los puntos de abordaje y vías de acceso de modo tal que atraiga a la multitud con una aparente sencillez, induciendo a cada uno para que avance, según las fuerzas de su alma, hacia el reducto del castillo espiritual, hacia su núcleo significativo (Ayala 1984b: 210).

De modo que mientras Borges avanzaba en su operación dirigida a hacer prevalecer una concepción de lo literario desembarazada de designios moralizantes, Ayala se situaba más cerca del proyecto originario, sustentado por Mallea:

> Sacerdocio significa comunicación y mediación con una esfera trascendente, con el orden de lo espiritual; y el escritor tiene por misión, en efecto, captar los valores del espíritu en fórmulas que los hagan aptos para la comunión popular. Le importa, por lo tanto, y debe importarle, que el acto de comunicación se cumpla a través de su obra, sin lo cual ésta carecería de sentido, quedando frustrada; pero, al mismo tiempo, deber reconocer y no perder nunca de vista que el valor no radica en el acto de la comunicación, sino en la esfera trascendente donde su obra se inspira, y cuyo acceso es siempre escarpado, arriesgado, inseguro, de manera que una popularidad fácil vale, en verdad, como indicio de bastardía o impureza, de calidad inferior en la obra

---

[35] Tanto Ortega como Benda ocupaban un lugar preeminente entre los asiduos de *Sur*. Ortega había inspirado la creación de la revista, asesorando, sugiriendo, amonestando a veces, a su fundadora, como atestigua la copiosa correspondencia con Victoria Ocampo. En cuanto a *La Trahison des Clercs*, de Julien Benda, era una referencia frecuente porque proporcionaba los argumentos que un sector del grupo *Sur* buscaba para llevar adelante su proyecto intelectual.

producida; sugiere rebajamiento al nivel del vulgo en lugar de un esfuerzo por elevarlo al grado de una humanidad superior (Ayala 1984b: 210).

Resulta evidente que Ayala iba por un camino que se distanciaba del abierto por Borges, quien en los años cuarenta llevó adelante la operación de aligerar a *Sur* del peso del ensayismo moralizante de Mallea, hasta lograr imponerse no sólo en las páginas de la revista sino también en la cabecera del canon literario argentino (Gramuglio 2004: 112 y ss.; de Diego 2006: 106 y ss.; Prieto 2006: 287 y ss.). Según King, la brecha entre Borges y Mallea se había insinuado desde los primeros años de *Sur*, pero fue en los cuarenta cuando comenzó la marginación del autor de *Historia de una pasión argentina*: en 1945 Santiago Montserrat apuntó en *Sur* que su divorcio de la historia lo volvía irrelevante; diez años después la depreciación de su nombre sería incesante.[36]

> Mientras que la obra de Borges causaría después un enconado debate, Mallea simplemente sería ridiculizado. La forma de ficción en prosa que evolucionó a comienzos de los cuarenta hizo que Mallea pareciese totalmente improcedente a muchos críticos, que expusieron la vacuidad de gran parte de su retórica (King 1989: 153).

Parte de la crítica encuentra la explicación de este cambio menos en la prescripción de una poética que en motivos inherentes a las pugnas del campo intelectual, esto es, "a los sucesivos ajustes de cuentas que fueron realizándose dentro del mismo sistema de la literatura argentina en los últimos 50 años" (Prieto 2006: 288).

En este campo de tensiones, Ayala, además de expresar un enorme agradecimiento hacia Mallea como la persona que lo había recibido en el exilio, siempre manifestó una abierta admiración por su obra. Debe considerarse además que desde el momento de su arribo a Argentina Ayala se incorporó a los ámbitos de la cultura bajo la dilatada influencia de Mallea:

> Mallea era lo que hoy podríamos llamar un "agente literario": fue asesor editorial, dirigió tres colecciones para Emecé y tuvo a cargo [...] el suplemento cultural de *La Nación* entre 1931 y 1955. Pero también podemos suponer que era un escritor que jerarquizaba los catálogos: era entonces el prototipo de un escritor refinado y culto, un novelista *profundo* y un ensayista lúcido (de Diego 2006: 106-107; énfasis del autor).

Recordemos además que en 1940, como ya se ha dicho, Ayala dedicó a una obra de Mallea, *Meditación en la costa*, su primera reseña en *Sur*. La avenencia continuó afirmándose y no se redujo a una deuda moral. En sus *Recuerdos y olvidos*,

---

[36] La 'querella' que se inicia más abiertamente a mediados de los cuarenta queda también de manifiesto en el primer número de *Latitud* (febrero de 1945). La revista se abre con una encuesta a escritores y los elegidos para iniciar la serie son Mallea y Borges (en ese orden).

Ayala evoca con palabras elogiosas el gesto siempre hospitalario de Mallea y en otra ocasión se lamentará del silencio inmerecido que envuelve su obra:[37]

> Razón, y no poca, tiene Julián Marías cuando lamenta el injusto eclipse experimentado por la fama literaria de Eduardo Mallea durante la segunda parte de su larga vida de escritor [...]. Preterición injusta, hay que repetirlo, porque las novelas de este autor, tanto las anteriores como las posteriores y tardías, son de calidad excelente, y ocupan un lugar muy alto en las letras contemporáneas (Ayala 2006: 1059-1060).

8. *Realidad* y sus circunstancias

Queda por fin un último testimonio, quizás el más relevante, del entendimiento intelectual entre Ayala y Mallea. En 1947 Ayala emprende el que será el proyecto más ambicioso de su exilio argentino, la creación de *Realidad. Revista de ideas*. Como se ha anticipado, después de que la acaudalada y novel escritora Carmen Gándara leyera la reseña de su libro sobre Kafka, escrita por Ayala para *Sur* a instancias de Mallea, animó a ambos a que emprendieran una publicación de clara orientación intelectual. Además de Carmen Gándara, aportaron el capital inicial las editoriales Sudamericana y Losada y la Imprenta López. Según refiere Ayala, no quiso ser él el director, para evitar los recelos que su condición de extranjero pudiera suscitar. Junto con Lorenzo Luzuriaga convenció a Francisco Romero para que asumiera la dirección a cambio de realizar ellos dos todas las tareas en calidad de secretarios. Finalmente, el Consejo de Redacción quedó constituido por Francisco Romero, como director; Amado Alonso, Francisco Ayala, Carlos Alberto Erro, Carmen R. L. de Gándara, Lorenzo Luzuriaga, Eduardo Mallea, Ezequiel Martínez Estrada, Raúl Prebisch, Julio Rey Pastor y Sebastián Soler, como consejeros.

El ciclo de *Realidad*, que apareció con frecuencia bimestral entre 1947 y 1949, merece un capítulo aparte; aún está por hacerse un estudio detenido de la que ha sido considerada recientemente "una de las revistas más importantes de la cultura hispánica en su época" (García Montero 2007: XXIX). Las historias culturales argentinas, aunque no le dedican un examen minucioso, la incluyen entre el grupo de publicaciones de calidad que marcaron el paso de una década a otra.[38]

---

[37] Aunque no dejó de percibir que las causas trascendían el dominio de la literatura en sentido estricto. El autor granadino cree que en la postergación de Mallea influyó la desafortunada conjunción de sus teorías sobre el 'ser de los argentinos' con la preocupación por 'el ser nacional' de los ensayistas alineados con el peronismo.

[38] "[...] otras publicaciones daban densidad al campo intelectual: desde las surgidas en la segunda mitad de los años cuarenta (*Davar, Expresión, Los Anales de Buenos Aires, Realidad* y *Sexto Continente*) hasta *Poesía Buenos Aires* (1950-1960) e *Imago Mundi* (1953-1966)" (Gra-

Afirma Ayala en sus memorias que no existió voluntad alguna de competir o disputar el espacio de *Sur*, con la que siguió colaborando en buenas relaciones; pero es significativo que cuando la revista de Victoria Ocampo decantaba hacia un diseño menos circunspecto y más abierto a las colaboraciones literarias, surge el empeño de una publicación que busca caracterizarse por "un sesgo marcadamente ensayístico y crítico, excluyendo de sus páginas los textos de pura invención poética, verso o prosa, que predominaban en las páginas de *Sur*". El propósito, sin embargo, debió posponerse a menudo ante la insistencia de Mallea, "quien a todo trance deseaba abrir la revista a la literatura de invención imaginaria" (Ayala 1983: 116).[39] La divergencia concluía en una negociación, por lo que se publicaron textos de imaginación pero en forma discrecional.

Interesa subrayar que las personas que Ayala cita como más comprometidas con el proyecto, además de Carmen Gándara, son las mismas que figuran en sus memorias entre los vínculos intelectuales y personales más firmes de su exilio argentino. Los considerados partícipes necesarios de la nueva publicación asistían a los asados dominicales de camaradería organizados en Buenos Aires: "acudíamos un grupo de amigos, del que nunca faltábamos ni Eduardo Mallea, ni Lorenzo Luzuriaga, ni Francisco Romero ni yo" (Ayala 1983: 63).

Romero, uno de los filósofos argentinos del ala liberal de mayor trayectoria y también un viejo conocido del grupo liderado por Victoria Ocampo y miembro del Consejo de Colaboradores de *Sur*, era la figura más acertada para encabezar una revista de ideas. Por tanto, si bien no hay razones suficientes para calificar de rivales a las dos publicaciones, sí es posible ver a *Realidad* como una rama de la vertiente fuertemente especulativa de los comienzos de *Sur*, que se autonomizó en el momento en que desde dentro de la revista se acentuaba el cuestionamiento a la orientación ensayística.[40] La nueva publicación trató de tomar de *Sur* lo que esta debía a la *Revista de Occidente* en cuanto órgano de pensamiento, en cambio

---

muglio 2004: 112). Óscar Terán por su parte dice, refiriéndose a las voces opositoras durante el primer peronismo, que los escritores y artistas de la oposición "encontraron espacios de resistencia y producción cultural desde donde se editaron revistas como *Realidad, Imago Mundi* o *Ver y Estimar...*" (2008: 263).

[39] En diversas ocasiones el escritor ha reiterado esta divergencia respecto del lugar de la creación literaria en la revista: "Yo quise que *Realidad* fuese una revista de ideas. Aunque, finalmente, por la insistencia de algunos, como Eduardo Mallea, se publicaron cosas de imaginación. Eduardo insistió mucho en que se incluyera un relato mío (reunido después en *La cabeza del cordero*) sólo para que también entrara uno suyo: era una coartada)" (en Demicheli 1998: 18).

[40] Cabe observar que si bien la participación de Ayala en *Sur* no se interrumpe, se hace menos frecuente, lo que no es de extrañar en una persona que tenía la responsabilidad de editar una revista bimensual como *Realidad*. Un rápido examen del repertorio de sus colaboraciones permite comprobar que la mayor parte de los artículos y notas de Mallea se publicaron entre 1939 y 1945; luego comienzan a decrecer y entre 1947 y 1950 su nombre sólo aparece en cuatro ocasiones (exceptuadas las reseñas de *Los Usurpadores* y *La cabeza del cordero*).

prescindió de lo que la caracterizó como espacio abierto a la creación literaria, las misceláneas y la actualidad cultural:

> La revista nos recuerda en su línea de pensamiento a *Revista de Occidente*, y no es extraño que Ayala y Luzuriaga copiaran este modelo que tan bien conocían y que seguramente añoraban (Rodríguez Cela 1998: 126).

Al mismo tiempo, Ayala logra fundar un medio libre de los vetos, a menudo caprichosos, de Victoria Ocampo, que comenzaban a desprestigiar a *Sur*. El episodio que mejor ilustra esta situación es la negativa de Ocampo a mencionar en las páginas de la revista la novela *Adán Buenosayres* del escritor peronista Leopoldo Marechal, en tanto que *Realidad*, después de vencer algunas resistencias, encomendó su reseña a Julio Cortázar.

La revista recién fundada no sólo mantuvo los vínculos con *Sur*, sino que, desde el comienzo, estableció una relación con Losada, uno de los pilares de la incipiente industria editorial y la referencia intelectual quizás más importante del exilio. Así la revista nacía con el doble favor de *Sur* y de una de las instituciones emblemáticas del exilio español y al mismo tiempo del creciente mercado editorial argentino. Los cuatro miembros más representativos, Romero, Mallea, Ayala y Luzuriaga desempeñaron una función destacada en los tres ámbitos, para la cual contaron con otras dos figuras igualmente aglutinadoras: Amado Alonso y el influyente Guillermo de Torre, a quien Ayala trata con distancia y sutil ironía en sus memorias, aunque sin llegar al extremo de las invectivas que dedica al legendario Gonzalo Losada. A éste lo acusaba de predador de los traductores de la editorial –para la que él mismo había traducido a Rilke y a Thomas Mann– y de personaje fatuo y jactancioso.[41] A pesar de la experiencia negativa como traductor a destajo en Losada, Ayala mantuvo una buena, si no estrecha relación con la editorial y con sus principales mentores, de modo que al iniciar una empresa cultural independiente como fue *Realidad*, tuvo como colaboradores tanto a argentinos

---

[41] Decía de Losada que "en el flamante sello de la nueva casa editora veía el glorioso escudo nobiliario de sus pueriles vanidades" (Ayala 1983: 34). Contrariamente, Rafael Alberti se deshace en elogios y agradecimientos al mítico editor: "nuestro grande y generoso Gonzalo Losada, un nuevo editor lleno de genio e iniciativas, un verdadero adelantado, quien nos resolvió nuestra tan incierta situación [...]. Editor nuevo, audaz, publicó por primera vez la obra de tantos poetas y escritores latinoamericanos que antes nadie se había atrevido con ellos. Creó una sección de poesía, en la que figuraban los poetas más nuevos, atrevidos y poco vendibles en aquellos momentos: Macedonio Fernández, Oliverio Girondo, Jorge Luis Borges, Ricardo Molinari, César Vallejo, Pablo Neruda... Al lado de toda la obra de Federico García Lorca, siguió publicando la de Juan Ramón Jiménez y Machado. Lanzó la gran novelística norteamericana y todo lo que iba surgiendo en el continente de lengua española. Creó también una colección de obras universales del teatro, incluyendo algunas de los españoles prohibidos en España. Publicó, al fin, todos mis libros y algunos de María Teresa" (1987: 108-109).

como a españoles exiliados provenientes de dos núcleos claves del campo cultural argentino, *Sur* y la editorial Losada.

La aparición de la nueva publicación pone de manifiesto el dinamismo del exilio intelectual español y su interés por explorar nuevos espacios de actuación. Demuestra además que la incorporación de los emigrados al sistema literario argentino, aún en las situaciones en apariencia más nítidas y favorables, encierra alternativas complejas que dirimen tensiones, alianzas e intercambios concernientes a ambos campos.

Queda por ver si los escritores españoles exiliados formaron un grupo con rasgos propios y diferenciados, y queda por estudiar, en todas sus facetas, su incidencia en el campo literario argentino. También es tarea pendiente analizar cómo asumieron las transformaciones de la década de los cincuenta, cuando se consuma la operación de Borges en *Sur* y el cetro del canon literario cambia de mano; cuando irrumpe *Contorno* con un discurso antiliberal que inicia el diálogo del campo literario con el peronismo y en el mercado del libro se confirma la declinación de la industria editorial argentina que se anunciaba desde el final de la Segunda Guerra Mundial (de Sagastizábal 1991: 272).

Quizás no es casualidad que una vez finalizado el ciclo de *Realidad. Revista de ideas*, Ayala rechazara la oferta de iniciar un segundo período y convirtiera lo que iba a ser una gira para dictar unas conferencias en Puerto Rico, en un viaje sin retorno a Argentina. En muchas ocasiones el escritor ha manifestado que no fue perseguido por el peronismo, que simplemente buscó motivos para poner distancia porque se sentía a disgusto en la atmósfera social y cultural del gobierno de Perón.[42] Atribuir las razones de su alejamiento definitivo únicamente al ascenso del peronismo pareciera ser una explicación parcial que deja de lado otros factores pertinentes al campo cultural, y que requeriría otras hipótesis y nuevas indagaciones.

---

[42] "[Entrevistador] –¿Le echó el peronismo de Argentina? / [Ayala] –No. El peronismo fue un totalitarismo zafio y, en muchos aspectos, desagradable, pero no cruel. Yo pude eludirlo y lo hice, organicé unas conferencias en otros países de América y me fui. Pero no me echaron" (Fernández 1997: 67).

Apéndice

La siguiente relación recoge los artículos y notas de y sobre Ayala aparecidos en *Sur* en el período de referencia. Se respeta el orden cronológico y las secciones en que originariamente fueron publicados, con independencia de otras sistematizaciones posibles, incluida la del *Índice* de la misma revista y las subclasificaciones que se proponen en el presente trabajo. En cuanto a las notas de lectura escritas por Ayala, se otorga prioridad al título del libro comentado y se proporciona entre paréntesis el encabezamiento con que en algunos casos el autor introduce la reseña.

I. Colaboraciones de Francisco Ayala publicadas en *Sur* (1939-1950)

1. [*Artículos extensos*]

"Diálogo de los muertos; elegía española", nº 63, diciembre de 1939, pp. 35-42.
"Sobre la opinión pública", nº 74, noviembre de 1940, pp. 7-35.
"La campana de Huesca", nº 106, agosto de 1943, pp. 14-27.
"El loco de la fe y el pecador", nº 91, abril de 1942, pp. 38-42.
"Nueva indagación de las condiciones del arte cinematográfico", nº 119, septiembre de 1944, pp. 89-105.
"El mensaje", nº 170, diciembre de 1948, pp. 19-53.

2. *Notas*

Biblioteca del pensamiento vivo, nº 62, noviembre de 1939, pp. 72-74.
Eduardo Mallea. *Meditación en la costa*, nº 65, febrero de 1940, pp. 101-107.
"El curso de Roger Caillois", nº 73, octubre de 1940, pp. 86-88.
George Santayana. *El último puritano*, nº 76, enero de 1941, pp. 106-111.
Dante Alighieri. *De la monarquía*, nº 80, mayo de 1941, pp 88-97. (Unificado con las dos siguientes reseñas bajo el título "La aventura del pensamiento político: Tres monumentos literarios".)
John Locke. *Ensayo sobre el gobierno civil*, nº 80, mayo de 1941, pp. 88-97.
Thomas Hobbes. *Leviatán, o La materia, forma y poder de una república eclesiástica y civil*, nº 80, mayo de 1941, pp. 88-97.
Sebastián Soler. *Ley, historia y libertad*, nº 109, noviembre de 1943, pp. 82-86. (Con el título "Un jurista ante la crisis".)
Serge Voronof. *Del cretino al genio*, nº 109, noviembre de 1943, p. 75.
"Ubicación en la sociología de G. Freyre", nº 110, diciembre de 1943, pp. 18-25.
Carmen Gándara. *Kafka o El pájaro en la jaula*, nº 116, junio de 1944, pp. 84-86.
Clarence Crane Brinton. *Anatomía de la revolución*, nº 117, julio de 1944, pp. 89-92.
James George Frazer. *La rama dorada. Magia y religión*, nº 121, noviembre de 1944, pp. 66-75. [Con el título "Frazer y la antropología sociológica. (Con ocasión de haberse traducido *La rama dorada*)".]

Thorstein Bunde Veblen. *Teoría de la clase ociosa*, nº 130, agosto de 1945, pp. 73-78. (Con el título "Veblen y la clase ociosa").
"Aclaración", n° 133, noviembre de 1945, p. 87.
Francesco de Sanctis. *Las grandes figuras de la "Divina Comedia"*, nº 139, mayo de 1946, pp. 74-75. (Aparece unificado con la siguiente reseña mediante una única entrada, sin título).
Wilheim Dilthey. *Poética*, nº 139, mayo de 1946, pp. 74-75.
Robert Brady A. *La riqueza tras el poder*, nº 139, mayo de 1946, pp. 83-84.
Ezequiel Martínez Estrada. *Sarmiento*, nº 150, abril de 1947, pp. 72-74.
George Orwell. *Ensayos críticos*, nº 172, febrero de 1949, pp. 68-70.
"Plenitud del hombre de letras", nº 180, octubre de 1949, pp. 92-93.
Alberto Moravia. *La maschereta*, nº 189, julio de 1950, pp. 93-94. (Con el título "Mascarada española").

3. *Debates sobre Temas Sociológicos*

"*En torno a la defensa de la república* de Roger Caillois", n° 71, agosto de 1940, pp. 86-104.
"Relaciones interamericanas", n° 72, septiembre de 1940, pp. 100-123.
"Comentario a *Los irresponsables* de Archibald Mac Leish", n° 83, agosto de 1941, pp. 99-126.
"Nuevas perspectivas en torno a *Los irresponsables* de Archibald Mac Leish", n° 84, septiembre de 1941, pp. 83-103.

II. Reseñas de obras de Francisco Ayala publicadas en *Sur*

El problema del liberalismo, por Aníbal Sánchez Reulet, nº 101, febrero de 1943, pp. 75-77.
Histrionismo y representación, por Santiago Montserrat, nº 118, agosto de 1944, pp. 74-76.
Razón del mundo. Un examen de conciencia intelectual, por Luis Emilio de Soto, nº 120, octubre de 1944, pp. 71-79.
El hechizado, por Jorge Luis Borges, nº 122, diciembre de 1944, pp. 58-59.
Los usurpadores, por Álvaro Fernández Suárez, nº 176, junio 1949, pp. 77-80.
La cabeza del cordero, por Álvaro Fernández Suárez, nº 186, abril de 1950, pp. 64-67.

Bibliografía

AA. VV. (s. f.). *Ayala 101 años*. Madrid: Ministerio de Educación, Política Social y Deporte/Centro Nacional de Información y Comunicación Educativa, <http://www.isftic.mepsyd.es/w3/recursos/bachillerato/lengua/ayala/index.html> (última consulta: 08.05.2009).

AA. VV. (1947). *Compendio Historial de la Institución Cultural Española en América 1912-1947 y Orientación Futura*. Buenos Aires: Imprenta Platt.

AA. VV. (1967). *Índice. 1931-1966. Sur, nos. 303, 304, 305, nov. 1966-abr. 1967*. Buenos Aires: Sur.

ALBERTI, Rafael (1987). *La arboleda perdida. Libros III y IV de memorias*. Barcelona: Seix Barral.

AYALA, Francisco (1940). "Eduardo Mallea, Meditación en la costa" (reseña). En: *Sur* 65, febrero, pp. 101-107.

— (1944). "Carmen Gándara. *Kafka o El pájaro en la jaula*" (reseña). En: *Sur* 116, junio, pp. 84-86.

— (1945). "Aclaración". En: *Sur* 133, noviembre, p. 87.

— (1978 [1949]). *Los usurpadores y La cabeza del cordero*. Introducción de Andrés Amorós. Madrid: Espasa-Calpe.

— (1983 [1982]). *Recuerdos y olvidos 2. El exilio*. Madrid: Alianza.

— (1984a [1982]). *Recuerdos y olvidos 1. Del paraíso al destierro*. 2ª ed. Madrid: Alianza.

— (1984b [1952]). "El escritor de lengua española". En: Ayala, Francisco. *La estructura narrativa y otras experiencias literarias*. Barcelona: Crítica, pp. 205-221.

— (2006 [1982]). "Recuerdo de Eduardo Mallea". En: *Obras completas, Tomo III. Estudios literarios*. Edición de Carolyn Richmond. Presentación de Ricardo Senabre. Barcelona: Galaxia Gutemberg, pp. 1056-1065.

BORGES, Jorge Luis (1944). "Francisco Ayala: *El Hechizado* (Cuadernos de la Quimera, Emecé, Buenos Aires, 1944)". En: *Sur* 122, diciembre, pp. 58-59.

DEMICHELI, Tulio H. (1998). "Francisco Ayala. 'La gente se agarra a cualquier cosa con tal de odiar al vecino'". En: *ABC Cultural*, 22 de octubre, pp. 18-20.

DE DIEGO, José Luis (dir.) (2006). "1938-1955. La 'época de oro' de la industrial editorial". En: de Diego, José Luis (dir.). *Editores y políticas editoriales en Argentina, 1880-2000*. México: Fondo de Cultura Económica.

DE SAGASTIZÁBAL, Leandro (1991). "Editores españoles en el Río de la Plata". En: Clementi, Hebe (coord.). *Inmigración española en Argentina (Seminario 1990)*. Buenos Aires: Oficina Cultural de la Embajada de España, pp. 258-273.

FERNÁNDEZ, Julio (1997). "Francisco Ayala: 'Estoy demasiado viejo para obtener el premio Nobel'". En: *ABC Cultural*, 26 de julio, pp. 66-67.

GARCÍA MONTERO, José Luis (2007). "La aventura de pensar el mundo. Prólogo". En: *Realidad. Revista de ideas, edición facsimilar*. Sevilla: Renacimiento, pp. XIX-LXXV.

GRAMUGLIO, María Teresa (2004). "Posiciones de *Sur* en el espacio literario. Una política de la cultura". En: Saítta, Sylvia (dir.). *Historia Crítica de la Literatura Argentina. El oficio se afirma*. Vol. 9. Buenos Aires: Emecé, pp. 93-122.

KING, John (1989). *Sur. Estudio de la revista argentina y de su papel en el desarrollo de una cultura, 1931-1970*. Trad. de Juan José Utrilla. México: Fondo de Cultura Económica.

LAFFLEUR, Héctor René/PROVENZANO, Sergio D./ALONSO, Fernando Pedro (1962). *Las revistas literarias argentinas (1893-1960)*. Buenos Aires: Ediciones Culturales Argentinas/Ministerio de Educación y Justicia/Dirección General de Cultura.

MACCIUCI, Raquel (2005). "La Guerra civil española en la revista *Sur*". En: *Sociohistórica. Cuadernos del CHIS* 15/16, pp. 123-145.

— (2006). *Final de plata amargo. De la vanguardia al exilio. Ramón Gómez de la Serna, Francisco Ayala y Rafael Alberti*. La Plata: Al Margen.

MARTÍNEZ, María Victoria (2007). "Los intelectuales españoles en el exilio en la Argentina, y las condiciones de inserción en su nueva realidad. Los colaboradores españoles de *La Nación* de Buenos Aires, en la década 1939-1949". En: *Borradores. Revista digital del Departamento de Lengua y Literatura de la Facultad de Ciencias Humanas* 7, Segunda Época, <http://www.unrc.edu.ar/publicar/borradores/Vol7/pdf/> (última consulta: 07.06.2009).

MANZI, Joaquín (2009). "1939 y después: el largo invierno austral de Gombrowicz y Caillois". En: Manzoni, Celina (dir.). *Historia Crítica de la Literatura Argentina. Rupturas*. Vol. 7. Buenos Aires: Emecé, pp. 163-176.

POCHAT, María Teresa (1991). "Editores y editoriales". En: Sánchez-Albornoz, Nicolás/ Pochat, María Teresa (comps.). *El destierro español en América. Un trasvase cultural*. Madrid: Instituto de Cooperación Iberoamericana, pp. 163-176.

PRIETO, Martín (2006). *Breve historia de la literatura argentina*. Buenos Aires: Taurus.

RODRÍGUEZ CELA, Julia (1998). "El exilio de Francisco Ayala en Buenos Aires (1939-1950)". En: Aznar Soler, Manuel (ed.). *El exilio literario español de 1939. Actas del Primer Congreso Internacional (Bellaterra, 27 de noviembre-1de diciembre de 1995)*. Vol. 1. San Cugat del Vallès: GEXEL/Cop d'Idees, pp. 123-130.

SARLO, Beatriz (1983). "La perspectiva americana en los primeros años de *Sur*". En: *Punto de Vista* VI, 17, pp. 10-12.

TAGLIABUE, Nidia (1989). "El exilio español en Argentina: la labor de Francisco Ayala, Luis Jiménez de Asúa y Lorenzo Luzuriaga". En: Abellán, José Luis/Monclús, Antonio (coords.). *El pensamiento español contemporáneo y la idea de América*. Vol. II: *El pensamiento en el exilio*. Barcelona: Anthropos, pp. 477-495.

TERÁN, Óscar (2008). *Historias de las ideas en la Argentina. Diez lecciones iniciales, 1810-1980*. Buenos Aires: Siglo XXI.

ZULETA, Emilia de (1992). *Relaciones literarias entre España y la Argentina*. Buenos Aires: Oficina Cultural de la Embajada de España.

¡*No pasarán!*
Formas de resistencia cultural de los artistas republicanos españoles exiliados en Buenos Aires

DIANA BEATRIZ WECHSLER
Universidad de Buenos Aires/CONICET

1. Presentación

Es posible pensar la historia como una suma de fragmentos que al yuxtaponerse iluminan alguna zona del pasado. Pero es difícil encontrar todas las piezas de un relato, más aun cuando se trata de historiar viajes, tránsitos, exilios. Sin embargo, a veces algunos objetos o materiales se ofrecen como especialmente ricos para observar los cruces de varios itinerarios, lo que permite a su vez confirmar las hipótesis o sumar indicios relativos a las redes solidarias y las convergencias en la diáspora.

Particularmente para el caso que nos ocupa, producir una narración sobre la experiencia peculiar del exilio de artistas republicanos en la Argentina, las lecturas en paralelo de varios de estos derroteros permiten intuir en las palabras de unos las andanzas y avatares compartidos seguramente por varios. Es justamente a partir de esta lectura de los materiales impresos, de los rescates de memorias, obras y ensayos con distinto tipo de fragmentos, que está elaborado este breve ensayo en donde me propongo analizar algunas de las formas de resistencia desplegadas en la escena artística de Buenos Aires, por un grupo de exiliados republicanos durante los primeros años posteriores a la derrota republicana.[1]

En trabajos anteriores, presenté la inserción de los artistas que iban llegando al país, todavía en tiempos de guerra, en la trama de las publicaciones antifascistas, en los espacios de exposición y dentro del circuito de artistas e intelectuales antifascistas desde 1935 hasta 1949, teniendo en cuenta además no sólo a los exiliados republicanos, sino también aquellos migrantes forzosos que debían huir del nacionalsocialismo y del fascismo italiano.[2]

En esta oportunidad propongo avanzar sobre la experiencia del exilio republicano eligiendo como objeto indiciario un material que ofrece en sí mismo el cruce de varios itinerarios del exilio y desde su análisis revisar nuevamente este tramo del pasado.

---

[1] Sobre el exilio español en la Argentina, véase además Zuleta 1983 y Dolinko 2004.
[2] Ver Wechsler 2005a, 2005b, 2006 y 2007.

2. Una *summa* del exilio

El 27 de septiembre de 1945 sale de una imprenta en Buenos Aires, el libro *Manuel Ángeles Ortiz*, de la editorial Poseidón. Con un ensayo introductorio a cargo de Arturo Serrano Plaja y un poema de Rafael Alberti, esta pieza editorial de mediano formato y buena calidad representa en sí misma una *summa* del exilio.

La editorial había sido fundada en 1942 por el marchand y editor catalán Joan Merlí (1901-1995), quien al finalizar la Guerra Civil debió abandonar Cataluña y fue en Buenos Aires donde vio la posibilidad de proseguir sus proyectos.

En este sentido, la voz de otro exiliado, Francisco Ayala, permite reponer lo que significaba decidir el sitio donde continuar la vida: "Yo no me hacía ilusiones ninguna acerca del futuro", pero, "a la hora de decidir el sitio donde mejor pudiera rehacer mi vida tras la catástrofe, procuré encaminarme hacia Buenos Aires". Ayala había estado allí dando conferencias y por ende tenía cierto conocimiento del colectivo de intelectuales con el que se encontraría, pero además, como él mismo consigna: "Buenos Aires era un lugar apetecible por diversas razones, pero sobre todo por las perspectivas económicas que ofrecía para quienes debíamos rehacer nuestra vida fuera de España" (Ayala 1982: 235).

Evidentemente Joan Merlí intuyó algo similar al elegir Buenos Aires. Él había desplegado ya desde los años veinte una intensa labor como editor y operador dentro del espacio artístico de Barcelona. En tiempos de la guerra, esta actividad estuvo puesta al servicio de los intereses antifascistas en pro de la defensa de la cultura, dando lugar a la publicación en 1937 de *33 pintors catalans*, editado por el Comissariat de Propaganda de la Generalitat de Catalunya. En estos espacios, afirma María Amalia García, "Merlí privilegiaba la pintura catalana de base noucentista alejada de los posicionamientos modernistas" (2008: 187). Ya en el exilio, aquella experiencia fue capitalizada en nuevos emprendimientos. Entre ellos, la editorial Poseidón ocupará el centro de su atención, una editorial que desarrolló "la labor más completa realizada en la edición de libros sobre artes plásticas" (García 2008: 181) en los comienzos de los años cuarenta. La editorial de Merlí salió a competir con Losada, y El Ateneo, definiéndose de manera sistemática por la producción de libros de arte y particularmente por publicar monografías sobre artistas contemporáneos.[3]

El libro que nos ocupa, sobre Manuel Ángeles Ortiz, se inscribe dentro de una de las colecciones de Poseidón: la *Biblioteca Argentina de Arte* dedicada a artistas de Europa y América. La edición, de moderno diseño, tenía una estructura fija, con una introducción a cargo de un escritor o crítico de arte, de entre treinta y cuarenta páginas, y una sección de "reproducciones" que reforzaba el sentido de colección. Las imágenes –entre 50 y 70– en blanco y negro y algunas en color,

---

[3] Sobre la empresa editorial en la Argentina, véase de Sagastizábal 1995.

BIBLIOTECA ARGENTINA DE ARTE

MANUEL ÁNGELES ORTIZ

POR

ARTURO SERRANO PLAJA

SEGUIDO DE UN POEMA
DE RAFAEL ALBERTI

51 reproducciones en negro y
4 en color.

EDITORIAL POSEIDON
BUENOS AIRES

FIG. 1: Portada del libro *Manuel Ángeles Ortiz*
de la Biblioteca Argentina de Arte (Buenos Aires: Poseidón, 1945).

estaban impresas en papel ilustración y al final aparecía un detallado índice con los datos completos de cada una de las obras, incluyendo la colección de procedencia. La *Biblioteca Argentina de Arte* retomaba algunos formatos de su competidora de la editorial Losada, pero dobló la apuesta al publicar textos extensos –a veces acompañados por imágenes– y reproducir una importante secuencia de obras. Se destacaba entonces no sólo por instalar la obra de numerosos "artistas vivientes", sino también porque proponía un estilo dentro de la incipiente industria de los libros de artes plásticas.

Entre tanto, y volviendo al libro de Manuel Ángeles Ortiz, recordemos que el editor, el pintor, el ensayista y el poeta Rafael Alberti –que se suma en el cierre de la secuencia de imágenes– eran exiliados. La identificación de sus procedencias expone las redes solidarias de las emigraciones forzosas, así como las maneras en que en esos tiempos de emergencia se activan relaciones e intercambios sostenidos en otros momentos. Ensayemos una lectura pormenorizada de este emprendimiento editorial que, por otra parte, se inscribe dentro de una escena artística altamente receptiva.

En este sentido, cabe recordar que al promediar los años treinta el arte moderno tenía ya un sitio definido dentro del espacio artístico de Buenos Aires. La yuxtaposición de unos pocos datos jalona este proceso, y la expongo aquí como prueba del lugar que ocupaba esta metrópolis cultural dentro del concierto internacional de las metrópolis culturales en las que se elaboraba el debate moderno: Desde comienzos de la década de 1910 se leían en los medios gráficos de la ciudad notas sobre los Salones de los Independientes de París y sobre los debates por el cubismo y el futurismo; así mismo llegaban a las librerías, y de allí a las bibliotecas de artistas e intelectuales, las revistas europeas de arte –entre ellas, *Noi*, *Simplisissimus*, *Ultra*, *La Gaceta Literaria* en los primeros años, *Cahiers d'Art*, *L'Art vivant*, *L'Art et les Artistes*, *Art Aujourd'hui*, *L'Amour de l'Art*, *Moderne Bauformen*, *Verve*, *Minotaure*, en las décadas del veinte y treinta–. En septiembre de 1930 tiene lugar en Buenos Aires la última edición de la muestra *Novecento Italiano*, un conjunto de más de 200 obras entre las que figuraban trabajos de De Chirico, Carrá, Sironi, Dudreville, Oppi, etc. En 1934 llega a la ciudad otra muestra itinerante de importancia: la exposición de más de 70 obras de Pablo Picasso que venía de Londres después de un derrotero por varias ciudades europeas. Entretanto, en 1935, se exhibe en el Museo Nacional de Bellas Artes la colección Crespo, con muchas obras de artistas europeos contemporáneos, alineados en su mayor parte dentro de lo que se ha definido como "retorno al orden" o "nuevos realismos". Por otra parte, libros como el de Franz Roh, *Nach-Expressionismus – Magischer Realismus: Probleme der neuesten europäischen Malerei* en su traducción de la *Revista de Occidente* de 1926, formaron también parte de las bibliotecas de los jóvenes artistas. Éstos fueron a su vez quienes en el curso de las décadas del diez y del veinte transitaron como migrantes modernos por las distintas metrópolis europeas poniendo en cuestión el capital simbólico con el que se habían formado, apostando a revisar los recursos de lenguaje con los que trabajaban y apropiándose de las nuevas propuestas disponibles, tanto contribuyendo en este activo proceso de intercambio a la coproducción del debate moderno en estas metrópolis europeas, como colaborando en la circulación y producción de estas cuestiones en las metrópolis latinoamericanas (Wechsler 2000 y 2008). Sabemos, además, que estos migrantes latinoamericanos tomaron contacto con aquellos otros migrantes modernos de distintas ciudades europeas que llegaban a París –la "meca" del arte moderno– con los mismos propósitos que nuestros artistas. En este sentido, el caso de Manuel Ángeles Ortiz presenta un indicio significativo, ya que en sus memorias, elaboradas a comienzos de los años ochenta, recuerda que "fue un joven pintor argentino, Emilio Pettoruti, quien estando en París lo introdujo a Picasso" (Carmona 1996: 32). Estos contactos, sostenidos de manera más o menos fortuita en bares, museos, academias y talleres de arte, se activan en tiempos de crisis, en momentos de decidir el exilio. Asímismo, sabemos que los viajes no tuvieron un sentido único, la itinerancia por las metrópolis americanas se presentaba como un recorrido apetecible para artistas, escritores e intelectuales –basta recordar, por ejemplo, considerando únicamente a los españoles, las visitas de Ortega y Gasset, García Lorca y Pérez de Ayala a Buenos Aires.[4]

En suma, los viajes, los intercambios, las migraciones, las notas de prensa en los medios locales y en especial en las revistas culturales revelaban no sólo la actualidad del debate moderno, sino también el lugar que fueron asumiendo los artistas argentinos y con ellos la recepción que fueron teniendo los europeos que llegaron en el curso de estos años, exiliados de los fascismos –desde Grete Stern y Clement Moreau (Wechsler 2007), que huían del nacionalsocialismo, hasta Luis Seoane, Maruja Mallo, Manuel Colmeiro y Manuel Ángeles Ortiz, que escapaban del franquismo (Wechsler 2005b)–. En esta rica trama de intercambios y en el marco de un proceso de afirmación de los que por entonces eran reconocidos como "artistas modernos", comienzan a publicarse las primeras monografías dedicadas a sus trabajos. Entre ellos, Ángeles Ortiz va a ser tema de un volumen el mismo año en que Merlí le dedica otro a Juan del Prete y prepara los de Raquel Forner, Demetrio Urruchúa y Rafael Barradas, entre otros.

Avancemos sobre el libro que nos ocupa. Al comenzar, Arturo Serrano Plaja elige, en sus palabras, "resumir todo cuanto personalmente sé acerca de [...]" (1945: 8). Resulta interesante esta entrada, ya que refuerza el sentido de pertenencia, la identificación entre él como escritor y el artista de quien está hablando. Recuerda que se conocieron en Madrid antes de la guerra, y que volvieron a verse en Barcelona en distintas oportunidades. La guerra tiñe el relato por su presencia tanto como por los efectos que produjo a su paso:

---

[4] Sobre los intelectuales, véase Nieburg/Plotkin 2004.

recuerdo que en los primeros días fui con él y otros camaradas a la sierra y que al llegar al incendiado pueblecito de Guadarrama un proyectil de artillería estalló a unos diez pasos de nosotros. [...] Al concluir la lucha del pueblo español y llegar yo con mis compañeros del Ejército del Ebro al campo de concentración de Saint-Cyprien –en Francia– hube de tropezar un día con una de tantas sombras como por entonces me aparecieron todos mis amigos sin excepción. Resultó ser Ángeles Ortiz (Serrano Plaja 1945: 8).

Al narrar ese encuentro entre la angustia y la miseria, aparecen por primera vez en el texto dos palabras que lo atraviesan en distintos contextos: melancolía y esperanza. El recuerdo sigue marcando la salida de uno y otro. Al contar la historia de Ángeles Ortiz, cuenta la propia y ofrece con ella un testimonio de aquellos primeros momentos de la derrota que fueron señalando las alternativas del exilio. Salen del campo a distintos tiempos. Se reencuentran en París y luego en Buenos Aires, donde, afirma: "mantengo con él una amistad que se alimenta, entre otras cosas, de la admiración por su obra" (1945: 9). El texto continúa transitando por aquellos tramos que señalan la condición del artista especialmente en "tiempos de catástrofe":

Es nuestro tiempo, tiempo de guerras y catástrofes. Cataclismos que alcanzan a millones de seres humanos. Tiempo, para los pueblos que directamente las soportan, en que la vida ha tenido que reducirse al mínimo y en que la violenta realidad inmediata de la destrucción y el horror, somete a un nivel igual o sumamente parecido, a millones de hombres, por cuanto no ya las emociones sino hasta las condiciones más directas y materiales de la vida son comunes a verdaderas muchedumbres. Horrorosas condiciones de creación, ciertamente, pero de las cuales si ciertos "individualistas" terminan por asustarse al no tener su medio favorable, los verdaderos hombres dotados de una poderosa y valiente individualidad sienten ante sí la resistencia que determina el empleo de todas sus facultades. Sólo, ciertamente, las individualidades más poderosas consiguen sobrevivir en épocas como la nuestra en que la catástrofe cae sobre multitudes e impone en común sus despóticas condiciones. Porque precisamente entonces el saber aceptarlas, el saber entrever el camino de la propia individualidad, inclusive allí donde lo poco que hay es igualmente terrible y común a todos, viene a ser testimonio de fuerza y poder; en tanto que aquellos que sólo reclaman un medio adecuado para sí, ajenos a cuanto les es exterior, en tales circunstancias se ahogan (Serrano Plaja 1945: 13).

El tiempo contemporáneo es evidentemente ineludible. Unos años antes, la artista argentina Raquel Forner, al ser entrevistada en 1938 para *La Semana de Buenos Aires* a partir de la exhibición de su obra *Mujeres del mundo* –aquella que da comienzo a la *Serie del dolor o Serie de España*, que recorre a través de una figuración implicada en lo surreal el drama de la Guerra Civil–, apunta: "mi pintura no puede permanecer ajena al drama del mundo".[5] Esta declaración se añade a

---

[5] Véase Archivo Forner-Bigatti, rubro "Críticas", 1938.

otras, como las del artista Lino Enea Spilimbergo cuando, al recibir el Gran Premio Nacional de pintura del Salón Nacional de Bellas Artes por sus *Figuras*, en 1937, señala: "pintar es un terrible compromiso, con la memoria, con la gente, con uno mismo".[6] Podríamos seguir sumando declaraciones similares, pero la intención es sólo reponer las maneras en que la contemporaneidad de la Guerra Civil impactaba en los artistas, y observar cómo ella resultaba ineludible para unos y otros, y más intensa aún como vivencia para quienes la habían sufrido tan de cerca, quienes estaban todavía ensordecidos por los estruendos de los explosivos, enceguecidos por la penumbra después de un bombardeo, dolidos por el hambre, la muerte, el horror de la guerra.

Sin embargo, así como Serrano Plaja no pudo –ni quiso seguramente– eludir las referencias a esa historia que lo unía a Ángeles Ortiz, el camino del exilio también es un camino donde proseguir la vida. El escritor, el editor y el artista dieron señales de haber hecho algunas elecciones que les permitieran continuar adelante.

En el caso de Joan Merlí, vimos que a poco de llegar a Buenos Aires reactiva su sentido empresario y funda la editorial Poseidón. Arturo Serrano Plaja, por su parte, se vincula con artistas, críticos, escritores, y va restableciendo su escritura. En cuanto a Manuel Ángeles Ortiz, el libro da algunas pistas sobre sus elecciones al salir de España, o tal vez al salir de París, y elegir este destino en América.

3. Itinerario plástico como itinerario de vida

Propongo hacer una lectura de la secuencia de reproducciones del libro como piezas de un relato que adopta un curioso orden, dado por obras del presente porteño interferidas con otros trabajos que el artista habría elegido en el apuro de la huida, antes de partir hacia América.

Veamos cómo está estructurado el relato visual. La secuencia de "reproducciones" comienza con una obra realizada en Buenos Aires, como señalando un aquí y ahora. Se trata de un pequeño óleo de paleta luminosa y sereno naturalismo, donde aparece un encuadre de los *Árboles en la barranca sobre el Río de la plata* [sic]. La serie continúa con otros paisajes que alternan miradas muy cercanas –casi abstractas– del Río de la Plata y su vegetación con otras de paisajes de la Patagonia argentina. Luego sigue un conjunto de naturalezas muertas de carácter sombrío –por ejemplo, *Frutero con pera* o *Bodegón de espárragos*, ambas de 1944–, y a continuación la serie de *Naturalezas muertas* elaboradas a partir de botellas vacías, del año 1945. Todas ellas recuperan un clima inquietante, metafí-

---

[6] En: *Crítica*, 4 de octubre de 1937; véase Archivo Spilimbergo, Buenos Aires.

sico, donde la representación de esas botellas, de esos vidrios, encierra fragmentos de una historia silenciada. Aquí es petinente retomar el texto de Serrano Plaja cuando dice:

> no sé si es lícita la asociación de ideas, pero en todo caso sé que todos estos cuadros me sugieren algo espantoso [...]. Esas botellas de Ángeles Ortiz, por momentos me parecen los campos de concentración de las botellas: símbolos ya rígidos y materiales, abstractos en su concreción y desolada manifestación de algo oscuro, inhumano y terrible como eran aquellos días. Tanto más inhumano, cuanto que en alguno de ellos, en ese anubarrado, se ve al fondo una franja de cielo escandalosamente azul como para contrastar aún más la pobreza y miseria de esas inanimadas botellas desparramadas y angustiosas.
>
> Cuando camino de Saint-Cyprien, adonde hube de pasar una corta temporada en un campo de concentración, vimos lo que, en el argot de aquellos días pasó a llamarse el campo de concentración de los caballos: unos encharcados terrenos, cercados con alambradas dentro de las cuales macilentos animales en medio de una lluvia persistente y terrible, intentaban pastar no sé qué briznas de hierba que pudieran subsistir en aquel barrizal inmenso. Y resultaba, que habiendo a pocos centenares de metros de allí, campos de concentración de hombres, acaso por participar uno mismo en su vida común, era el otro, el de los caballos, mucho más siniestro y conmovedor [...] pues bien, esas botellas de Ángeles Ortiz, por momentos me parecen los campos de concentración de las botellas: símbolos ya rígidos y materiales, abstractos en su concreción y desolada manifestación de algo oscuro, inhumano y terrible como eran aquellos días. Tanto más inhumano, cuanto que en alguno de ellos, en ese anubarrado, se ve al fondo una franja de cielo escandalosamente azul como para contrastar aún más la pobreza y miseria de esas inanimadas botellas desparramadas y angustiosas (1945: 34).

Si bien el escritor señala que la lectura procede de su libre asociación, dada la relación con el artista podemos suponer cierto acuerdo sobre ella. Por otra parte, lo que sin dudas estas obras recogen –sumadas a las otras naturalezas muertas señaladas– es el clima de tensión sostenida de aquellos años, los del final de la guerra, los de los campos de refugiados, los de la soledad y extrañamiento del exilio.

Más que juegos de composición, estas obras operan con varios registros superpuestos. El más evidente es el de la transposición figurativa de una realidad difícil de representar como la de los campos de refugiados, donde las botellas sustituyen a los cuerpos yermos, vacíos, agotados. A éste se suma la capacidad de operar con algunos rasgos de la tradición de la pintura española vinculados con las extensas series de bodegones que puede seguirse desde el siglo XVII, desde Zurbarán y Sánchez Cotán, en adelante, hasta llegar en el siglo XX, a Gutiérrez Solanas, por ejemplo. También los recursos de la figuración de los nuevos realismos, implicados en atmósferas metafísicas y distorsiones expresivas cercanas a la *Neue Sachlichkeit* son parte de los repertorios formales puestos en juego aquí.

Fig. 2: Manuel Ángeles Ortiz, *Naturaleza muerta*, 1945.

En un *crescendo* dramático, este conjunto se cierra con una de las más sombrías de estas obras: *Botellas en la sombra azul* (1945), para dar paso a página contigua a la melancólica *Cabeza de mujer* de 1922 seguida por un *Desnudo de mujer*, del mismo año, y dos *Desnudo de mujer* de 1923 –un grupo de trabajos tempranos que funciona como una interferencia, como *flash-back* dentro de la narración visual, exponiendo los primeros pasos del artista en la adquisición de sus recursos. De ellos, tal vez por su condición de estudios, tal vez porque se desmarcan de la narración que él ha organizado, no habla el ensayo de Serrano Plaja.

A continuación, el relato visual salta hacia delante, hasta finales de los años treinta, a los tiempos de la guerra, a través de *El paso del río Ebro*, de 1938, *Mujer tocada con un sombrero en forma de pie, Hombre dando de comer a un pájaro* y *El mendigo*, todas de 1939. Tanto las obras de comienzos de los veinte como las de finales de los treinta son trabajos sobre papel, a lápiz, acuarela o sanguina. La de mayor tamaño es la última, de 72 x 54 cm. En suma, unas pocas obras, de dos momentos significativos de su propia historia: desde los primeros tiempos en París, trabajando con el repertorio de recursos aprendido en su Granada natal, un par de ejemplos que exponen el tránsito hacia otras formas de exploración de la figuración donde se reconoce la impronta del encuentro con Picasso y cuatro trabajos del último tiempo de la guerra. La primera de las piezas mencionadas aquí, de una clara figuración, ilustra una escena bélica en la que se ven simultáneamente y con perspectivas diversas varios episodios vinculados al paso del Ebro, observados desde el primer plano por dos milicianos –uno de espaldas y el otro de tres cuarto perfil–. Los otros tres retoman la tradición picassiana; son trabajos realizados en París en aquellos días que, después de haber salido del campo de refugiados, Manuel Ángeles Ortiz pasó en su taller de la calle Vercingétorix a la espera de un salvoconducto que le permitiera abandonar el asfixiante clima que allí se vivía. Recordemos que entre el final de la Guerra Civil y el comienzo de la Segunda Guerra Mundial median escasos cuatro meses. Las tintas planas, la síntesis extrema y la falta de espacio aparecen revelando aspectos de aquella experiencia vital.

Siguen luego en el libro reproducciones de trabajos realizados en Argentina: algunos retratos, otra vez sencillos paisajes de la Patagonia, entre los que se cuela un toro de resonancias picassianas. Con excepción de los pocos retratos a lápiz que aparecen en su producción de estos primeros años de exilio, la figura humana está ausente de los paisajes y de cualquier otro tipo de ensayo plástico. En este sentido, reflexiona el artista:

> Sí, en la Argentina yo volví al realismo [en referencia a los paisajes] el espectáculo de la vida es lo que tiene siempre influencia en mí. Yo no es que quiera, es que participo... la expresión exacta es que yo soy un espejo, todo lo que se proyecta en ese espejo, donde estoy, pues lo veo y lo siento. Yo no me proyecto, yo presido (Ortiz 1982: s. p.).

La serie se cierra con las *Construcciones* –esculturas/objetos encontrados– que Ángeles Ortiz realiza a partir de piezas de maderas y piedras recogidas en el viaje a la Patagonia que efectuara, casi recién llegado, junto con Roger Callois para ilustrar su libro, por encargo de la editorial L'Aigle.

Las *Construcciones* revelan otro aspecto de su trabajo, signado nuevamente, y quizás de manera más intensa, por la no representación, como si detrás de estos trabajos rondara la pregunta: ¿Cómo hacer arte después de haber palpado los

Fig. 3: Manuel Ángeles Ortiz, *Botellas en la sombra azul*, 1945.

Fig. 4: Manuel Ángeles Ortiz, *El paso del Río Ebro,* 1938
(Buenos Aires: Centro Republicano Español).

Fig. 5: Manuel Ángeles Ortiz, *Mujer tocada con un sombrero en forma de pie*, 1939.

Fig. 6: Manuel Ángeles Ortiz, *El mendigo*, 1939.

límites de lo humano tan de cerca? Recordemos que Ángeles Ortiz es de los últimos en salir de España; los otros artistas españoles con quienes se encuentra en Buenos Aires –Colmeiro, Seoane, Mallo– fueron llegando a partir de 1936. El paisaje que Ortiz había dejado atrás en España, es un paisaje quebrado, destruido, de fragmentos; las imágenes que sobre los años cuarenta llegan de Europa son también ruinas de lo que fue.

La idea de ruina se contrapone a ésta de los deshechos naturales. Aquellos fragmentos de la civilización occidental que en la obra de Forner, por ejemplo, señalan el quiebre del orden conocido, se oponen a estos otros fragmentos que el artista español reconoce y aísla del medio natural. Recoge, aparta y reordena dando paso a un nuevo orden, producto de nuevas formas que no son ya naturales, pero que a pesar de todo pueden reconocerse en la naturaleza. Como un gesto de restitución, Ángeles Ortiz renuncia a trabajar con la representación, renuncia a la nostalgia y apuesta a un proyecto creador nuevo enraizado en los materiales que le provee la nueva tierra, rescatando a su vez el gesto creativo del surrealismo ligado al montaje y la asociación de elementos diversos para ofrecerlos en combinaciones aleatorias a la contemplación estética.

A diferencia de otros artistas exiliados, la opción de Ángeles Ortiz es más dramática, tanto en los silencios poderosos de sus paisajes, como en la melancolía y el agobio de sus naturalezas muertas y en la opción no representativa sino presentativa de sus *Construcciones*. Sin embargo, una vez más el movimiento del exilio es pendular, ya que estos trabajos se alejan de la nostalgia heroizante del terruño –gesto que aparece como recurso de resistencia en otros exiliados, especialmente en estos primeros años– y apuestan a una salida alternativa, a construir en las nuevas tierras nuevas imágenes, elaborando un nuevo proyecto creador como dispositivo de resistencia.

Hasta aquí, transitamos con cierto detalle un caso que está atravesado por otras historias, centrándonos en los primeros años del exilio republicano, años en los que centenares de emigrados tuvieron que ensayar diferentes estrategias que les permitieran proseguir. Fueron estrategias de resistencia que les ofrecían la posibilidad de seguir luchando por sus ideales desde fuera, creyendo que la victoria del franquismo sólo era parte de una guerra que aún no había acabado. Así se suman las agrupaciones regionales republicanas que con sus actividades solidarias dan un marco de acogida a los emigrados; las publicaciones que buscan mantener activa la lucha, como los *Cuadernos de Cultura Española* editados por el Patronato Hispano Argentino de Cultura, que en estos primeros años cuarenta sumaron títulos destinados a rescata el heroísmo español de hoy y de ayer. En estas publicaciones, por ejemplo, Sánchez-Albornoz y Serrano Plaja, entre tantos otros, encontraron un espacio para la circulación de sus ideas.

Entre los títulos de esos primeros años, *El realismo español*, ensayo del biógrafo de Ángeles Ortiz, analiza la manera de ser de los españoles entretejiendo en el texto los hitos de la literatura y la cultura españolas de todos los tiempos con las

Fig. 7: Manuel Ángeles Ortiz, *Construcción*, 1943, foto de Grete Stern.

FIG. 8: Manuel Ángeles Ortiz, *Construcción*, 1945, foto de Grete Stern.

posibilidades de definir a través del concepto de "realismo" al ser español. La memoria selectiva está abocada, en este proyecto, a sostener un prototipo de ser humano capaz de resistir en la adversidad y a reunir en ese concepto de lo real tanto la dimensión material como la espiritual. A la par de este tipo de ensayos, en los que tenía lugar una apropiación cultural de lo mejor de la tradición española que la enlazaba con los ideales republicanos, se filtraban otros títulos más pragmáticos, como el de José Venegas, *Sobre inmigración*, publicado en 1940 por la Asociación Liberal Adelante que brindaba informaciones específicas a los emigrantes, o *Los problemas de la producción agrícola española,* que analizaba las condiciones económicas de una España que pronto habrían de reconquistar. Afirma Agustín Nogués Sardá, autor de este estudio: "porque si en todo momento es de interés el estudio de estas vitales cuestiones, una información de esta clase, cuando suene la hora de reconstruir el país, puede ser, por lo menos de cierta utilidad para desbrozar el terreno de la economía agraria de España" (1943: 7). Todas estas acciones forman parte de los recursos de la resistencia destinados a sostener el frente republicano a la distancia. Pero también ellas requerían cierta integración. Es entonces cuando aparecen aquellas otras acciones vinculadas al día a día en la nueva tierra, en la ciudad de acogida, esa Buenos Aires que proveyó a artistas e intelectuales de una densa red donde insertarse, proseguir el trabajo y revisar las demandas propias y de la comunidad para desarrollar un proyecto creador en el exilio.

Para cerrar, propongo regresar al objeto indiciario a través del que fuimos hilvanando este recorrido: el libro editado por Joan Merlí, con texto de Arturo Serrano Plaja sobre Manuel Ángeles Ortiz –como dijimos, tres exiliados–. A ellos hay que sumar otros dos: Rafael Alberti, que a manera de coda publica su poema, y Grete Stern, la fotógrafa que huyendo del nazismo llega a Buenos Aires en 1935. De ella son las fotografías de las *Construcciones* y el retrato que cierra la serie de obras. Un retrato elegante, severo, melancólico del artista que se alinea en la extensa serie de retratos de artistas e intelectuales que realizara la fotógrafa alemana cartografiando la escena intelectual contemporánea, serie que empieza con su maestro en la Bauhaus en 1928 hasta llegar a los españoles, alemanes, italianos, argentinos que integraban esta constelación antifascista en la metrópolis del Río de la Plata.

Finalmente, retomemos los versos de Alberti que cierran el libro, para decir de Manuel Ángeles Ortiz y con él, de las vivencias del exilio:

> Que arranca, abriendo cicatrices
> Sobre las cosas materiales,
> Una ilusión de naturales
> Formas en vuelo de raíces.
>
> Ángel que sueña silencioso,
> Del barandal de su azotea,

Cómo se crea y se recrea
Su propio espacio misterioso.

Mientras la estrella que retrata
Su sideral fisonomía
Prende una luz de Andalucía
Que luce en el Río de la Plata.

Fig. 9: Manuel Ángeles Ortiz, *Retrato fotográfico*, 1943, de Grete Stern.

Bibliografía

AYALA, Francisco (1982). *Memorias y olvido*. Madrid: Alianza.
CARMONA, Eugenio (curador) (1996). *Manuel Ángeles Ortiz*. Madrid: Museo Nacional Centro de Arte Reina Sofía.
CAROD-ROVIRA, Joseph-Lluís (ed.) (1992). *Diccionari dels catalans d'Amèrica. Contribució a un inventari biogràfic i temàtic*. 4 vols. Barcelona: Comissió América i Catalunya/Generalitat de Catalunya.
DE SAGASTIZÁBAL, Leandro (1995). *La edición de libros en la Argentina. Una empresa de cultura*. Buenos Aires: Eudeba.
DOLINKO, Silvia (2004). "Luis Seoane, en la trama cultural del exilio español". En: *LASA 2004 XXV. International Congress of the Latin American Studies Association*. CD-ROM.
GARCÍA, María Amalia (2008). "El señor de las imágenes. Joan Merlí y las publicaciones de artes plásticas en la Argentina en los '40". En: Artundo, Patricia (comp.). *Arte en revista*. Buenos Aires: Beatriz Viterbo, pp 167-199.
NIEBURG, Federico/PLOTKIN, Mariano (comps.) (2004). *Intelectuales y expertos. La constitución del conocimiento social en la Argentina*. Buenos Aires: Paidós.
NOGUÉS SARDÁ, Agustín (1943). *Los problemas de la producción agrícola española*. Buenos Aires: Publicaciones del Patronato Hispano-Argentino de cultura (Cuadernos de cultura española, 21).
ORTIZ, Manuel Ángeles (1982). Manuscritos en correspondencias con Eugenio Carmona. En: Archivo Manuel Ángeles Ortiz en los fondos del Servicio de Documentación del Museo Nacional Centro de Arte Reina Sofía.
SERRANO PLAJA, Arturo (1945). *Manuel Ángeles Ortiz*. Buenos Aires: Poseidón.
WECHSLER, Diana B. (2000). "Pettoruti, Spilimbergo, Berni: Italia en el iniciático viaje a Europa". En: Wechsler, Diana B. (coord.). *Italia en el horizonte de las artes plásticas. Argentina, siglos XIX y XX*. Buenos Aires: Asociación Dante Alighieri, pp. 143-189.
— (2005a). "Hacia la delimitación de una crítica sociológica del arte en la Argentina (Sobre Francisco Ayala en la trama cultural de la Argentina de post guerra)". En: Giunta, Andrea/Malosetti, Laura (comps.). *Arte de postguerra*. Buenos Aires: Paidós, pp. 221-243.
— (2005b). "Bajo el signo del exilio". En: Aznar, Yayo/Wechsler, Diana. *La memoria compartida. España y la Argentina en la construcción de un imaginario cultural (1898-1950)*. Buenos Aires: Paidós, pp. 271-299.
— (2006). "Melancolía, presagio y perplejidad. Los años 30 entre los realismos y lo zúrrela". En: Wechsler, Diana B./Brihuega, Jaime/Eder, Rita (curadores). *Territorios de diálogo. España, México y Argentina, entre los realismos y lo zúrrela (1930-45)*. Buenos Aires: FMN, pp. 17-35.
— (2007). "El exilio antifascista. Clement Moreau y Grete Stern en Buenos Aires". En: *Índice. Revista de Ciencias Sociales* 37, 25 (*Argentina durante la Shoá*), pp. 187-201.
— (2008). "Cosmopolitismo, cubismo y arte nuevo. Itinerarios latinoamericanos". En: Eugenio Carmona (curador). *El cubismo y sus entornos en las colecciones de Telefónica*. Santiago de Chile: Fundación Telefónica, pp. 57-70.
ZULETA, Emilia de (1983). *Relaciones literarias entre España y la Argentina*. Madrid: Ediciones Cultura Hispánica del Instituto de Cooperación Iberoamericana.

Notas bio-bibliográficas

ALICIA ALTED VIGIL es catedrática en el Departamento de Historia Contemporánea de la UNED (Madrid). Sus investigaciones tienen como eje la historia política y sociocultural españolas en el siglo XX, con especial referencia a los periodos de la Guerra Civil y el régimen de Franco. Sus líneas de investigación principales en la actualidad son el exilio republicano español de 1939; la incidencia de los conflictos bélicos en los niños a lo largo del siglo XX; y los movimientos migratorios en la España contemporánea. Ha publicado cerca de cien estudios en obras colectivas y publicaciones periódicas. Entre sus libros dedicados al exilio de 1939 se destaca *La voz de los vencidos. El exilio republicano de 1939* (2005).
Email: aalted@geo.uned.es

WALTHER L. BERNECKER es profesor de la Universidad Erlangen-Nürnberg (Alemania), donde dirige desde 1992 la Cátedra de Estudios Internacionales, y preside la Asociación Alemana de Profesores de Español (desde 1996). Entre 2002 y 2003 dirigió la Cátedra Extraordinaria Guillermo y Alejandro de Humboldt (México, D.F.). Entre otros libros ha publicado *España: del consenso a la polarización. Cambios en la democracia española* (ed. con Günther Maihold, 2007); *Eine kleine Geschichte Kataloniens* (con Torsten Eßer y Peter A. Kraus, 2007); *Eine kleine Geschichte Mexikos* (con Horst Pietschmann y Hans Werner Tobler, 2007); *Spanien heute* (2008); *Memorias divididas. Guerra Civil y Franquismo en la sociedad y la política españolas* (con Sören Brinkmann, 2009); *Geschichte Spaniens im 20. Jahrhundert* (2010); y *Die Welt im 20. Jahrhundert bis 1945* (ed. con Hans Werner Tobler, 2010).
Email: bernecker@wiso.uni-erlangen.de

FRANCISCO CAUDET es catedrático de Literatura Española de la Universidad Autónoma de Madrid. Ha obtenido el Premio Humboldt de Investigación en Humanidades (1996) y ha sido profesor visitante en las universidades de Aix-en-Provence, Göttingen, Tübingen, Stanford, Duke, Johns Hopkins, Sheffield, Buenos Aires y La Plata. Sus libros más recientes son: *En el inestable circuito del tiempo. Antonio Machado. De "Soledades" a "Juan de Mairena"* (2009); *Mirando en la memoria las señales. Diez ensayos sobre el exilio republicano de 1939* (2010); *Clío y la mágica péñola. Historia y novela, 1885-1912* (2010); y *Narrativa completa* de Leopoldo Alas Clarín (2010, 2 vols.).
Email: f.caudet@uam.es

ALEJANDRINA FALCÓN es licenciada en Letras por la Universidad de Buenos Aires, candidata doctoral en el área de Literatura de la misma universidad y becaria del

Consejo Nacional de Investigaciones Científicas y Técnicas (CONICET, Argentina). Se especializa en historia de la traducción. Entre otros artículos ha publicado "El idioma de los libros: antecedentes y proyecciones de la polémica 'Madrid, Meridiano editorial de Hispanoamérica'" (2010).
Email: alejafal@gmail.com

FERNANDO LARRAZ ELORRIAGA es investigador postdoctoral en la Universidad Autónoma de Barcelona y miembro del Grupo de Estudios del Exilio Literario (GEXEL-CEFID). Doctor en Literatura Española Contemporánea por la Universidad Autónoma de Madrid, ha desarrollado su tarea docente e investigadora en las universidades de Tübingen y Birmingham. Sus líneas de investigación se centran en la literatura del exilio republicano y en la historia editorial de España y América Latina. Ha publicado sobre esos temas, además de varios artículos en revistas académicas, los libros *El monopolio de la palabra. El exilio intelectual en la España franquista* (2009) y *Una historia transatlántica del libro. Relaciones editoriales entre España y América Latina (1936-1950)* (2010).
Email: fernando.larraz@uab.es

CLARA E. LIDA es historiadora. Entre 1968 y 1988 enseñó en Estados Unidos y actualmente es profesora-investigadora en el Centro de Estudios Históricos de El Colegio de México, donde dirige la Cátedra México-España. Ha publicado extensamente sobre los movimientos sociales y socialistas en España y América Latina. Asimismo, ha estudiado la inmigración española a México y el exilio republicano español. Ha sido acreedora de diversas becas y distinciones internacionales, y es asesora de revistas especializadas de distintos países. Recientemente la Universidad de Cádiz le confirió un Doctorado Honoris Causa y el Consejo Nacional de Ciencia y Tecnología de México la ha nombrado Investigadora Nacional Emérita. Entre sus publicaciones sobre el exilio se encuentran los siguientes libros: *Inmigración y exilio. Reflexiones sobre el caso español* (1997); *México y España durante el primer franquismo* (2001); y *Caleidoscopio del exilio* (2009).

RAQUEL MACCIUCI es catedrática de Literatura Española II en la Universidad Nacional de La Plata y ha sido profesora invitada en el CSIC y en las universidades de la Patagonia Austral, Valencia, Autónoma de Madrid, Köln, entre otras. Es codirectora de *Olivar. Revista de Literatura y Cultura Españolas*; autora de *Final de plata amargo. De la vanguardia al exilio. Ramón Gómez de la Serna, Francisco Ayala y Rafael Alberti* (2006); y directora de los volúmenes colectivos *Literatura, soportes, mestizajes. En torno a Manuel Vicent*, *Crítica y literaturas hispánicas entre dos siglos: mestizajes genéricos y diálogos intermediales* y *La Plata lee a España. Literatura, cultura, memoria*. Coeditó los números monográficos de *Olivar* dedicados a Max Aub y a la Guerra Civil española, y el

libro *Entre la memoria propia y la ajena. Tendencias y debates en la narrativa española actual.*
Email: raqma@speedy.com.ar

ANDREA PAGNI es profesora de Literatura y Cultura Latinoamericana en la Universidad de Erlangen-Nürnberg (Alemania). Sus áreas de investigación son la literatura de viajes, la traducción cultural, las culturas de la memoria y la historia de los intelectuales en América Latina. Ha editado, entre otros, *América Latina, espacio de traducciones* (2004); *Memorias de la nación en América Latina: Transformaciones, recodificaciones y usos actuales* (con Hans-Joachim König y Stefan Rinke, 2009); *Argentinien Heute* (con Peter Birle y Klaus Bodemer, 2010); y *Traductores y traducciones en la historia cultural de América Latina* (con Gertrudis Payàs y Patricia Willson, en prensa). Integra el consejo editorial de la revista *Iberoamericana*. Actualmente preside la Sección Iberoamérica del Centro de Estudios de Área de la Universidad de Erlangen-Nürnberg.
E-Mail: andrea.pagni@roman.phil.uni-erlangen.de

FRIEDHELM SCHMIDT-WELLE es investigador en Literatura y Estudios Culturales en el Instituto Ibero-Americano de Berlín, y entre 2008 y 2010 ocupó la Cátedra Extraordinaria Guillermo y Alejandro de Humboldt en El Colegio de México y la Universidad Nacional Autónoma de México (UNAM). Ha enseñado Literatura Latinoamericana, Comparada y Alemana en la Universidad Libre de Berlín, la UNAM, la Universidad Autónoma de Nuevo León, Monterrey, y la Universidad de Guadalajara, y ha sido Harris Dinstinguished Visiting Professor en el Dartmouth College (EE UU). Ha coeditado varios libros sobre culturas y literaturas latinoamericanas y europeas, entre ellos, *Hugo Brehme y la Revolución mexicana* (con Claudia Cabrera Luna, Mayra Mendoza Avilés y Arnold Spitta, 2009); *El Quijote en América* (con Ingrid Simson, 2010); *La Revolución mexicana en la literatura y el cine* (con Olivia Díaz Pérez y Florian Gräfe, 2010).
Email: schmidt-welle@iai.spk-berlin.de

DIANA B. WECHSLER es doctora en Historia del Arte e investigadora del Consejo Nacional de Investigaciones Científicas y Tecnológicas (CONICET, Argentina). Dirige la Maestría en Curaduría en Artes Visuales de la Universidad Nacional de Tres de Febrero (Buenos Aires, Argentina). Es profesora de Arte Argentino Contemporáneo de la Universidad de Buenos Aires. Ha recibido becas y subsidios, entre otros del Post Doctoral Fellowship (Getty Foundation) y del Ministerio de Ciencias de España. Entre sus últimas publicaciones: *Imágenes entre la realidad y la utopía* (2010); *Relatos curatoriales, relatos políticos* (2009); *Imágenes entre espacio y tiempo* (2009); *Territorios de diálogo, entre los realismos y lo surreal* (2006); *La memoria compartida. España y la Argentina 1898-1950* (comp. con Yayo Aznar, 2005). Diseñó y curó la exposición *Realidad y Utopía* para la Aka-

demie der Künste de Berlín (2010). En 2009 fue nombrada miembro honorario del Centro Argentino de Investigadores de Arte (CAIA).
Email: wechslerdiana@gmail.com

PATRICIA WILLSON es profesora e investigadora en El Colegio de México, en el área de la literatura comparada y de los estudios de traducción. Por *La constelación del Sur. Traductores y traducciones en la literatura argentina del siglo XX* (2004) obtuvo en Argentina el Premio Ensayo del Fondo Nacional de las Artes. En 2005 recibió en Madrid el Premio Panhispánico de Traducción Especializada. En 2008 ocupó la Cátedra Gerhard Mercator (DFG) en la Universidad de Erlangen-Nürnberg. Desde 2004 coordina el Seminario Permanente de Estudios de Traducción en el Instituto de Enseñanza Superior en Lenguas Vivas de Buenos Aires. Entre otros autores, ha traducido a Paul Ricœur, Roland Barthes, Gustave Flaubert, Jean-Paul Sartre, Mary Shelley, H. P. Lovecraft y Mark Twain.
Email: patriciawillson@colmex.mx

A pesar de extensas investigaciones no ha sido posible a los editores averiguar los propietarios o herederos de los derechos de reproducción de todas las fotos. A los interesados que puedan hacer valer sus derechos se les ruega que se pongan en contacto con la editorial.

Otros títulos de esta colección

Bernecker, Walther L. (ed.): **1898: su significado para Centroamérica y el Caribe. ¿Cesura, Cambio, Continuidad?** 1998, 272 p. (Erlanger Lateinamerika-Studien, 39) ISBN 9788488906946

Bernecker, Walther L.; Krömer, Gertrut (Hrsg.): **Die Wiederentdeckung Lateinamerikas. Die Erfahrung des Subkontinents in Reiseberichten des 19. Jahrhunderts.** 1997, 408 S. (Erlanger Lateinamerika-Studien, 38) ISBN 9783893547388

Blancpain, Jean-Pierre: **Les Araucans et la frontière dans l'histoire du Chili des origines au XIXième siècle: Une épopée américaine.** 1990, 215 p. (Erlanger Lateinamerika-Studien, 26) ISBN 9783893547265

Ette, Ottmar; Bernecker, Walther L. (Hrsg.): **Ansichten Amerikas. Neuere Studien zu Alexander von Humboldt.** 2001, 272 S. (Erlanger Lateinamerika-Studien, 43) ISBN 9783893547432

Ette, Ottmar; Heydenreich, Titus (eds.): **José Enrique Rodó y su tiempo. Cien años de "Ariel".** 2000, 240 p. (Erlanger Lateinamerika-Studien, 42) ISBN 9788495107794

Fischer, Thomas (Hrsg.): **Ausländische Unternehmen und einheimische Eliten in Lateinamerika. Historische Erfahrungen und aktuelle Tendenzen.** 2001, 320 S. (Erlanger Lateinamerika-Studien, 44) ISBN 9783893547449

Fischer, Thomas; Sitarz, Anneliese (Hrsg.): **Als Geschäftsmann in Kolumbien (1911-1929). Autobiographische Aufzeichnungen von Hans Sitarz.** 2004, 313 S. (Erlanger Lateinamerika-Studien, 46) ISBN 9783893547463

Fischer, Thomas; Sitarz, Anneliese (Hrsg.): **Die Grenzen des "American Dream". Hans Sitarz als "Gelddoktor" in Nicaragua, 1930-1934.** 2008, 192 p. (Erlanger Lateinamerika-Studien, 50) ISBN 9783865274205

Guthunz, Ute; Fischer, Thomas (Hrsg.): **Lateinamerika zwischen Europa und den USA.** 1995, 280 S. (Erlanger Lateinamerika-Studien, 35) ISBN 9783893547357

Heydenreich, Titus (Hrsg.): **Chile. Geschichte, Wirtschaft und Kultur der Gegenwart.** 1990, 277 S. (Erlanger Lateinamerika-Studien, 25) ISBN 9783893547258

Igler, Susanne; Spiller, Roland (eds.): **Más nuevas del imperio. Estudios interdisciplinarios acerca de Carlota de México.** 2001, 324 p. (Erlanger Lateinamerika-Studien, 45) ISBN 9788484890232

Igler, Susanne; Stauder, Thomas (eds.): **Negociando identidades, traspasando fronteras. Tendencias en la literatura y el cine mexicanos en torno al nuevo milenio.** 2008, 280 p. (Erlanger Lateinamerika-Studien, 49) ISBN 9788484893608

Krosigk, Friedrich von: **Panama - Transit als Mission. Leben und Überleben im Schatten von Camino Real und transisthmischem Kanal.** 1999, 280 S. (Erlanger Lateinamerika-Studien, 40) ISBN 9783893547401

Spiller, Roland (Hrsg.): **La novela argentina de los años 80.** 1993, 324 S. (Erlanger Lateinamerika-Studien, 29) ISBN 9783893547296

Spiller, Roland (ed.): **Culturas del Río de la Plata. (1973-1995). Transgresión e intercambio. Edición de Roland Spiller.** 1995, 605 p. (Erlanger Lateinamerika-Studien, 36) ISBN 9783893547364

Spiller, Roland et al. (eds.): **Memoria, duelo y narración. Chile después de Pinochet: literatura, cine, sociedad.** 2004, 334 p. (Erlanger Lateinamerika-Studien, 47) ISBN 9788484891673

Stauder, Thomas (ed.): **"La luz queda en el aire". Estudios internacionales en torno a Homero Aridjis.** 2005, 318 p. (Erlanger Lateinamerika-Studien, 48) ISBN 9788484892106

Steger, H.-A. (ed.): **La concepción de tiempo y espacio en el mundo andino.** 1991, 332 p. (Erlanger Lateinamerika-Studien, 18) ISBN 9783893547180

Zoller, Rüdiger (Hrsg.): **Amerikaner wider Willen. Beiträge zur Sklaverei in Lateinamerika und ihren Folgen.** 1994, 352 S. (Erlanger Lateinamerika-Studien, 32) ISBN 9783893547326

www.ingramcontent.com/pod-product-compliance
Lightning Source LLC
Chambersburg PA
CBHW030742170426
43202CB00028BA/109